新时代高校理论与实践教学深度融合若干问题观察报告

（2019）

中国高等教育学会　组编

北京理工大学出版社
BEIJING INSTITUTE OF TECHNOLOGY PRESS

图书在版编目（CIP）数据

新时代高校理论与实践教学深度融合若干问题观察报告．2019/中国高等教育学会组编．—北京：北京理工大学出版社，2020.9

ISBN 978－7－5682－9039－5

Ⅰ．①新…　Ⅱ．①中…　Ⅲ．①高等学校－教学研究－研究报告－中国－2019　Ⅳ．①G642.0

中国版本图书馆 CIP 数据核字（2020）第 173489 号

出版发行／北京理工大学出版社有限责任公司
社　　址／北京市海淀区中关村南大街 5 号
邮　　编／100081
电　　话／（010）68914775（总编室）
　　　　　（010）82562903（教材售后服务热线）
　　　　　（010）68948351（其他图书服务热线）
网　　址／http：//www.bitpress.com.cn
经　　销／全国各地新华书店
印　　刷／保定市中画美凯印刷有限公司
开　　本／787 毫米×1092 毫米　1/16
印　　张／14
字　　数／281 千字
版　　次／2020 年 9 月第 1 版　2020 年 9 月第 1 次印刷
定　　价／72.00 元

责任编辑／时京京
文案编辑／时京京
责任校对／刘亚男
责任印制／李志强

编 委 会

提高人才培养质量　做实“三个融合”
（代序）

中国高等教育学会副会长

张大良

一、以提高人才培养质量推进高等教育现代化

当前，我国高等教育正处于内涵发展、质量提升、改革攻坚的关键时期和全面提高人才培养质量、建设高等教育强国的关键阶段。党的十八大以来，我国高等教育发展取得了历史性成就，综合改革全面推进，高校办学更加聚焦人才培养，立德树人成效显著。建设教育强国是中华民族伟大复兴的基础工程，高等教育是国家发展水平和发展潜力的重要标志。统筹推进“五位一体”总体布局和协调推进“四个全面”战略布局，建设社会主义现代化强国，实现中华民族伟大复兴，对高等教育的需要，对科学知识和优秀人才的需要，比以往任何时候都更为迫切。高校必须坚持问题导向，以全面提高人才培养能力为牵引，改革创新，优化结构、加强建设，全面振兴本科教育，推动形成更高水平的人才培养体系，培养德智体美劳全面发展的社会主义建设者和接班人，更好服务国家发展战略和经济社会发展新需求，为实现中华民族伟大复兴的中国梦提供强有力的人才支撑和智力支持。

习近平总书记强调，办好我国高校，办出世界一流大学，必须牢牢抓住全面提高人才培养能力这个核心点，并以此来带动高校其他工作。立德树人是高校的立身之本，人才培养质量是高等教育的生命线。推进高等教育现代化，重在理念、要在行动、贵在创新。我们要以习近平新时代中国特色社会主义思想为指导，贯彻党的教育方针，落实党的十九大和十九届四中全会精神，紧密结合高等教育的实际，着力推进高等教育治理体系和治理能力现代化，为落实立德树人根本任务提供全面制度保障。

二、全面提高高校人才培养质量

（一）全面提高高校人才培养质量要坚持党的全面领导和社会主义办学方向

习近平总书记指出，办好我国高等教育，必须坚持党的领导，牢牢掌握党对高校工作

的领导权，使高校成为坚持党的领导的坚强阵地。人才培养是高校的核心使命和根本任务。我们要坚持党的全面领导，坚持社会主义办学方向，加强马克思主义理论教育，践行社会主义核心价值观，把高等教育的体制机制和制度优势转化成高校的治理效能，着力谋划和推进高校建设配套制度，在人才素质标准、人才培养模式、教学质量管控、教育管理运行等方面加强实践探索。

（二）人才培养要坚持“德育为先、德学兼修”

高校立德树人，要坚持“德育为先、德学兼修”的全面育人观，进一步健全思想政治工作体系，把思想政治工作融入人才培养全过程和各教学环节、融入学生科研实践和社会实践、融入学生课余生活，引导高校学生增强中国特色社会主义道路自信、理论自信、制度自信、文化自信，立志为中国特色社会主义事业奋斗终身。要把立德树人的成效作为检验学校一切工作的根本标准，真正做到以文化人、以德育人，不断提高学生思想水平、政治觉悟、道德品质、文化素养，做到明大德、守公德、严私德。

（三）构建更高水平的人才培养体系

习近平总书记指出，要努力构建德智体美劳全面培养的教育体系，形成更高水平的人才培养体系。建设好以课程和教材为重点的教学体系，建设好有利于学生成长、成人、成才、成功的管理体系和学业成绩评价体系。要以学生全面发展为宗旨，着力优化课程体系；以现代信息技术为抓手，着力丰富优质课程资源。要高度重视教材体系建设，以教材体系建设的新成果来体现、支撑人才培养体系。课程体系与教材体系建设要主动适应信息技术与教育教学深度融合的现实需要，满足互联网时代学习者学习特性和终身学习需求，建设高质量、多样化课程和新形态教材，实现教材形式创新、与教学过程融合，打造具有互动式教学特点的课程教材。要建立科学的评价机制，着力构建教学工作评价、学生学业成绩评价、教师业绩考核评价“三位一体”的教学评价体系。

（四）进一步加强教育教学质量保障体系建设

强化教学质量日常管理、内控和动态监测，关注用人单位对毕业生的综合评价，促进人才培养质量全面提升。还要进一步健全考试招生制度体系，进一步完善毕业生就业创业指导制度体系。要完善教学质量管理和监控体系，形成以质量提升为导向的资源配置模式，构建覆盖育人全过程的质量管理体系，加强教学质量监测评估，确保人才培养水平持续提升。

三、做实科教融合、产教融合、理实融合培养人才

高等教育现代化实质上是人的现代化，要在高校人才培养中彰显现代化，科教融合、

产教融合、理实融合培养人才是三个有机联系、不可或缺的着力点。

（一）科教融合是世界一流大学办学的核心理念

高水平科技创新与高层次人才培养的密切结合，已经成为大学教育教学规律；由师生组成的探究式学习共同体，已经成为知识创新和传承的交汇点。科教融合的本质就是在“科研—教学—学习”的过程中进行知识的创新、传授、传播和传承，使师生在学术共同体进行互动式学术探究，取长补短、开拓进取。科教融合培养人才的过程中，教学与科研始终是相互促进、相辅相成的。推进科教融合培养人才，就要以学生发展为中心，加强科研同教学的结合，推动高校与科研院所深度合作培养人才，推动高校内部的科研与教学紧密结合培养人才，把优质科研资源转化为育人资源和优势，把科研设施转化为教学创新平台，把科研成果转化为教学内容，把“科学研究的密度”转化为“教学创新的浓度”，把学生参与科研作为一种有效的教学形式。通过制度安排使学生成为教师科研的伙伴，共同开展科研活动，进行有效的自主性、创新性学习。师生在共同探索、整合、应用、传播知识的过程中相互学习、共同提高，真正实现研究性教学、探索式学习。要营造鼓励探索、自主创新的学习氛围，为学生开展科学研究搭建平台，支持学生早进课题、早进实验室、早进科研团队参与各种科研活动，支持校内教师和科研机构研究人员将最新科研成果引入人才培养，开设更多研究性课程，提供研究性学习条件，着力培养学生的创新思维和创新能力，以高水平的科学研究支撑高质量的人才培养。

（二）产教融合是产业与教育的深度合作，是高校提高人才培养质量的必然选择

推进产教融合培养人才，就要坚持产业需求导向与教育目标导向相统一，推动高校与行业企业深度合作培养人才，着力提高学生的综合素质和适应能力。要创新办学模式，把产教融合、协同育人理念贯穿人才培养全过程，在校内打通融合渠道，实现资源共享、平台共建，促进跨学院、跨学科的交叉融合、互动发展；在校外汇聚各类社会资源、拓展育人空间，与政府、行业产业和用户实现多元主体的跨界整合、协同创新，面向产业需求深化教学内容与课程体系改革，以学科前沿、产业和技术最新发展成果更新教学内容。要对接需求，加强产学研协同育人，扩大校企合作科研的溢出效应，从理论、实践、应用三个维度，打造校企联合培养人才的平台，联合开发课程、编写教材，共建专业、实习实训基地和产业学院，把企业员工培训内容和技术咨询成果有机嵌入专业教学计划，通过制度安排使学生成为企业工程技术人员开展技术革新的伙伴，建立紧密对接产业链、创新链的专业体系，提高特色专业、优势专业的集中度，打造一批行业产业急需、优势突出、特色鲜明的应用型专业。要构建校内实践教学基地与校外实习实训基地相联动的实践教学平台，建成一批共享型、区域化的产学研合作、协同育人实践平台，促进校企间合作育人、合作发展。要深化产教深度融合，推动专业学位研究生培养改革，完善与经济社会发展相适

应、具有中国特色的专业学位研究生培养新模式，将一流大学和一流学科建设与推动经济社会发展密切结合，着力提高高校对产业转型升级的贡献率。要加强“双师型”教师队伍建设，聘请行业企业的技术与管理专家到高校兼职任教，并作为青年教师的实践实习导师，促进企业主动为青年教师提供挂职实习锻炼岗位，增强教师实施产教融合培养人才的实践能力。

（三）理实融合是教育教学的基本规律

要坚持理论联系实际的马克思主义学风，坚持问题导向，坚持理论与实践相统一，学以致用，用以促学，夯实学生的理论基础，扩大知识面；加强实践教学，增长见识和胆识，提升学生分析问题、解决问题的能力。推进理实融合培养人才，就要促进高校理论教学与实践教学紧密结合，加大课程整合力度，更新课程教学内容，积极探索开设一批交叉学科研讨类的课程、多视角解决问题的课程；创新教学方式方法，积极运用现代信息技术，探索线上线下混合式教学、“互联网+”和“智能+”教学，采用案例教学、项目式教学、启发式教学等研究性教学方法，激发学生的学习兴趣、志趣和探索未知的激情，增强学生的创新思维能力。要运用创新型、综合化、全周期教育新理念，着力优化人才培养体系，加强创新创业教育，完善“创意—创新—创造—创业”教学体系，促进“学、研、创”结合。在课堂教学、实验实践、科学研究、竞赛活动过程中，加强学生的设计思维、系统思维、辩证思维、批判性思维训练，着力培养学生的创新精神、创业意识、实践能力。要着力开发专业课程中的思政资源，理论联系实际，加强学生思想政治教育，形成思政课程+课程思政同向同行的思想政治工作新格局。要厚植爱国主义情怀，注入红色基因和劳模精神、工匠精神，注重文化熏陶、以文化人，还要从严治教、从严治学、从严治研、从严治考，加强品德修养和职业道德教育，塑造未来人才之魂，培养服务国家、服务人民、造福人类和可持续发展的优秀人才。

总之，只要各高校高度重视科教融合、产教融合、理实融合培养人才，并采取有力措施、下更大功夫做实“三个融合”，就一定能够全面有效提升教学水平和人才培养质量。

（原文刊载于《中国高教研究》2020年第3期第1-3页）

前　言

新时代，人才培养是本，本科教育是根。建设高等教育强国必须坚持“以本为本”，加快建设高水平本科教育，培养大批有理想、有本领、有担当的高素质专门人才，为全面推进两个百年战略目标、基本实现社会主义现代化、建成社会主义现代化强国提供强大的人才支撑和智力支持。为贯彻落实《关于加快建设高水平本科教育全面提高人才培养能力的意见》精神，教育部启动实施了“六卓越一拔尖”计划2.0，大力推进新工科、新文科、新医科和新农科建设，完善协同育人机制，加强理论与实践教学融合的一体化平台建设，强化科教协同，深化国际交流合作，实施一流课程、一流专业的“双万计划”，通过拓围、增量、提质、创新，扩大各个计划的实施范围，增强各项改革举措的力度，提升改革发展的质量内涵，探索出一套人才培养的中国模式、中国方案和中国标准。鉴于上述背景，从微观行动视角来看，理论与实践教学融合不仅符合高等教育基本规律的要求，也成为新时代高校人才培养模式改革的关键一招，这也是本报告的出发点。

2016年，由中国高等教育学会申报的“高校理论与实践教学深度融合若干问题观察报告”被列入教育部《中国教育报告・发展与质量》立项计划。中国高等教育学会联合厦门大学、东南大学、中国矿业大学、桂林理工大学、陕西科技大学、合肥学院、厦门理工学院、华南农业大学、温州医科大学、西安电子科技大学等高校，设计完成《高校理论与实践教学深度融合若干问题观察报告》框架体系，启动了报告研究与撰写工作。本报告力图用发展趋势审视新时代中国高等教育理论与实践教学融合过程中取得的经验、存在的问题、改革发展趋势，用数据、事实和多维角度进行调查和评价。报告面向100多所各类型、不同层次的中国高校发放了调查问卷，并从人才培养模式、课程体系设计、实践活动、理论与实践融合度、能力培养、设施投入、师资队伍建设等方面，对部分高校进行深入访谈和调研，有不同领域的专家参与深度访谈。本报告所用的数据、资料和理论依据主要来源于以下四个方面：一是通过调查问卷获取的数据，问卷从人才培养、条件支撑、质量保障三个观测点来观测我国目前高校理论与实践教学融合的现状；二是不同专业领域的专家参与深度访谈的记录；三是利用新时代高等教育教学理论和“四新”建设计划，设计高校理论与实践教学融合的理论体系；四是面向全国11所高校征集的理论与实践教学深度融合案例。

本报告共分四章，按照背景分析、基础研究、体系设计及应用研究的基本思路展开。第一章是背景分析，运用文献调查法、比较研究法解读新时代高校理论与实践教学融合的基本规律、时代要求和世界格局变化的要求，并揭示高校理论与实践融合在教学模式、全域课堂、实习实训、社会实践、毕业设计（论文）、创新创业教育、实验教学等方面所面临的主要障碍。第二章是基础研究，运用文献调查法、观察法、定性分析法，揭示了新时代理论与实践教学深度融合在教学模式、人才培养模式、条件支撑、质量保障等方面的现状。第三章是理论与实践教学融合体系设计，从学科体系、专业体系、教学体系、课程体系、管理体系视角构筑我国高校理论与实践教学融合的集成体系，并分别设计创新创业体系、新工科培养体系、新农科培养体系、新文科培养体系、新医科培养体系。第四章是案例研究，运用个案研究法，研究分析了厦门大学内部质量保障体系、东南大学创新创业教育实践、中国矿业大学实习改革实践、西安交通大学“两交叉四融合”菁英班实践育人新模式、华南农业大学基于“三本位”理念协同人才培养模式、西安电子科技大学“深化工程能力”教育教学实践、桂林理工大学新工科建设路径、陕西科技大学“教师发展工作”实践、温州医科大学全科医学人才培养模式、合肥学院“模块化课程体系构建”、厦门理工学院创意教育的探索与实践。

本报告在高校调查数据统计分析的基础上，集成了新时代高等教育发展理念，整合了承担报告研究高校数十位教师的实践与理论研究成果，通过系统总结我国高校理论与实践教学深度融合存在的问题与不足，寻求解决理论与实践教学深度融合发展的有效途径，以期为我国高等教育教学改革提供示范借鉴。本报告的研究目的有：一是探寻影响大学理论与实践教学深度融合的内外动因；二是研究理论与实践教学深度融合的有效性，论证理论与实践教学深度融合同人才培养质量、就业以及学校管理决策方面的相关性；三是寻找中国高等教育理论与实践教学深度融合的优秀创新案例，引导各高校结合自身办学特色建立健全自己的理论与实践教学体系。

目　录

第一章　新时代高校理论与实践教学深度融合的机遇与挑战 …………………… 1

一、理论与实践教学深度融合是教育教学的基本规律…………………………… 2

二、理论与实践教学深度融合是新时代教育改革发展的要求………………… 3

三、理论与实践教学深度融合是世界格局变化的要求………………………… 6

四、高校理论与实践教学深度融合的主要障碍………………………………… 12

第二章　新时代我国高校理论与实践教学深度融合的进展与现状 ………… 28

一、新时代理论与实践教学深度融合的成效…………………………………… 29

二、高校理论与实践教学深度融合人才培养体系建设现状…………………… 40

三、高校理论与实践教学深度融合条件支撑现状……………………………… 61

四、高校理论与实践教学深度融合的质量保障机制现状……………………… 66

第三章　迈向高等教育强国：理论与实践教学融合体系设计 ……………… 72

一、理论与实践教学融合的集成体系 ………………………………………… 73

二、高校理论与实践教学深度融合的创新创业体系…………………………… 100

三、理论与实践教学深度融合的新工科培养体系 …………………………… 109

四、理论与实践教学深度融合的新农科培养体系 …………………………… 115

五、理论与实践教学深度融合的新文科培养体系……………………………… 121

六、理论与实践教学深度融合的新医科培养体系 …………………………… 127

第四章　改革与创新：案例分析……………………………………………… 137

一、厦门大学内部质量保障体系探索与实践…………………………………… 138

二、东南大学创新创业教育的探索与实践……………………………………… 145

三、中国矿业大学实习改革的探索与实践……………………………………… 153

四、西安交通大学“两交叉四融合”菁英班实践育人新模式的探索与实践 ……… 159
五、华南农业大学基于“三本位”理念协同人才培养模式探索与实践 ……………… 167
六、西安电子科技大学“深化工程能力”教育教学探索与实践 ………………………… 172
七、桂林理工大学新工科建设路径的探索与实践……………………………………… 178
八、陕西科技大学“教师发展工作”的探索与实践 …………………………………… 184
九、温州医科大学全科医学人才培养模式探索与实践………………………………… 191
十、合肥学院“模块化课程体系构建”的探索与实践 ………………………………… 198
十一、厦门理工学院创意教育理论与实践教学深度融合的探索……………………… 203

后　记 ………………………………………………………………………………… 211

第一章

新时代高校理论与实践教学深度融合的机遇与挑战

从人才培养定位看，理论教学和实践教学要相互融合，充分发挥各自的长处，相互促进。理论与实践教学深度融合是教育教学的基本规律，是新时代教育改革发展的要求，是世界格局变化的要求。在新时代高校理论与实践教学深度融合的过程中，高校在教学模式、全域课堂、实习实训、社会实践、毕业设计（论文）、创新创业教育、实验教学等方面存在诸多障碍。新时代高校如何遵循教育教学规律，满足新时代教育改革发展的要求，顺应世界格局变化，解决高校在理论与实践教学深度融合中遇到的各种问题，已经成为高校必须面对的重大挑战。

一、理论与实践教学深度融合是教育教学的基本规律

（一）理论与实践的概念和关系

理论来源于实践，实践反作用于理论，实践是检验真理的唯一标准。实践能力是人们在具体情境中发现问题、反思解决实际问题的创新能力。而创新能力是人们的思维方式的彻底改变，能够多角度思考问题，形成独特的解决问题的方式方法的能力。实践能力与创新能力是相辅相成、相互促进的。创新能力的提升可以指导实践能力的发展，实践能力的增强在一定程度上促进创新能力的开发和验证。一般地，创新实践能力的内涵包括学生的多样化思维方式、实践动手解决实际问题的能力、自主学习探索研究能力、人际交往的能力，等等。爱因斯坦曾经说过："我没有特殊的天赋，我只是极度地好奇。"从人的左右大脑功能来看，左半球负责逻辑性思维，右半球负责创造性思维。创造性思维的形成基于下列四个层面的综合培养：熟练掌握某领域知识及知识成因；培养自身的质疑能力；一定的发散思维训练；最终聚合思维从而产生创造性思维。

这就要求在教育教学中要注重培养学生的批判性思维和创造性思维。通常批判性思维主要具有两个层次：能力层次，即学生应该获取批判性思维的能力，此处能力不是指学科知识，而是一种超越学科，或是说适用于所有学科的一种思维能力，也称为可迁徙能力；心智模式层次，即应该获取批判性思维的心智模式，是一个价值观或价值取向的层次。通常，创造性思维主要由知识、好奇心和想象力、崇高的价值和人生态度取向三个因素决定。

（二）理论教学与实践教学的概念和关系

我国高校教育教学一般分为理论教学和实践教学。理论教学与实践教学紧密联系，相辅相成、相互促进、不断融合。理论教学是在先进的教育教学理论指导下，按照一定的教学原则，通过教师的讲授使学生获得间接的专业的认知经验的过程。而实践教学是相对于理论教学的另一种基本形式的教育教学活动，主要是通过教师提供或指导学生直接体验的各种情景，促进学生主动地在认知、情感和动作技能等多个领域，掌握知识，发展能力，

提升创新实践能力的教育教学活动。从人才培养定位看，理论教学和实践教学要相互融合，充分发挥各自的长处，相互促进。理论教学与实践教学活动是落实以生为本，满足学生个性化与多样化学习需求的重要途径。通过理论教学向学生传授系统的理论知识，有助于提高学生理论水平，培养学生理论思维能力与创新能力。通过实践教学启发和训练学生动脑与动手能力，有效掌握认识世界、改造世界的理论性、实践性、应用性、创新性方法和本领。诚然，理论教学与实践教学活动最终目标都是为了培养人的创新能力，造就创新型人才。

位于美国纽约布鲁克林的亚伯拉罕－林肯中学一名专职实验员沃尔芙（Sophie Wolfe）女士开设了一个科学俱乐部，她是唯一一个为世界培养三名诺贝尔奖获得者的老师。这三名曾经在该校学习过的人都对沃尔芙女士的教育方法推崇备至，对这位启蒙“恩师”的培养难以忘怀。在这三名获奖者接受记者采访时，都称沃尔芙女士是在他们漫长的获奖道路上发挥了最关键作用（Key Role）的人。纽约市教育局为了表彰沃尔芙女士在培养人才方面的杰出贡献，将该校的一栋科学大楼命名为沃尔芙楼，并将其三个楼层分别用上述三位诺贝尔奖得主的名字命名。其中之一诺贝尔化学奖获得者伯格（Paul Berg）在回忆录中写道：“沃尔芙女士是一位鼓舞人心的高中‘老师’，她激励我树立了远大的科学抱负。她通常不直接回答我们提出的问题，而是鼓励我们自己寻求解决方案，这经常演变成小型研究项目。有时，她会引导学生在她布置的小实验室参与实验，但有时这意味着要到图书馆以及其他地方去寻找答案。通过实验解决了问题后，可以产生极大的满足感，这整个过程是一种非常令人兴奋的经验，让几乎所有参与的学生都非常着迷甚至上瘾。回顾过去，我认识到，培育好奇心和强化渴求答案的本能也许是我获奖最重要的原因之一。随着时间的推移，我学到的很多具体知识都被遗忘了，但我永远不会忘记她引导我们通过努力发现答案有多么激动人心。”这个实例表明实践教学设计及其方法的重要性。

总的来看，我们必须转变传统的以教为中心、以传授为主要教育手段的教育状况，树立以有利于学生的学习和发展为中心的教育指导思想。即要坚持理论联系实际的马克思主义学风，坚持问题导向，坚持理论与实践相统一，学以致用，用以促学，夯实学生的理论基础，扩大知识面；加强实践教学，增长见识和胆识，提升学生分析问题、解决问题的能力。在尊重个体的独特性和差异性的基础上，为受教育者提供多样化的教育资源，允许受教育者自主选择教育内容，推进理论教学与实践教学深度融合，实现提升学生的创新能力和促进学生的全面发展的教育目标。

二、理论与实践教学深度融合是新时代教育改革发展的要求

（一）理实融合是高等教育强国和教育现代化的基本要求

目前，我国高校教育改革进入了一个关键时期，高校教育要面向全社会，立足经济社

会发展现状，围绕国家需求不断地进行教育改革与实践，注重对学生实践能力的培养，不仅让学生掌握扎实的理论知识，还要通过各种实践活动来训练技能操作，培养学生的抽象思维能力和实操动手能力。2010 年，我国在《国家中长期教育改革和发展规划纲要（2010—2020）》中明确“坚持以人为本、全面实施素质教育是教育改革发展的战略主题，是贯彻党的教育方针的时代要求，其核心是解决好培养什么人、怎样培养人的重大问题，重点是面向全体学生、促进学生全面发展，着力提高学生服务国家、服务人民的社会责任感、勇于探索的创新精神和善于解决问题的实践能力”。党的十九大报告提出了建设教育强国的宏伟目标，要求加快教育现代化，使教育为社会主义现代化强国建设提供有力人才支撑和智力支持。强国必须强教，人才培养是大学的本质职能，本科教育是大学的根和本，在高等教育中是具有战略地位的教育、是纲举目张的教育。习近平总书记明确指出高等教育是一个国家发展水平和发展潜力的重要标志，一个国家的硬实力、软实力，归根到底要靠人才实力。为了落实教育强国要求，中共中央、国务院印发《中国教育现代化2035》明确提出，要通过深入贯彻“更加注重以德为先，更加注重全面发展，更加注重面向人，更加注重因材施教，更加注重知行合一，更加注重融合发展”等基本理念来实现我国教育现代化。

理论教学与实践教学的关系源于理论与实践的关系，二者之间相辅相成，共同组成教学体系不可分割的整体，共同服务于人才培养目标。因此，高校要适应教育强国背景下教育现代化提出的新要求、新责任、新使命，培养出具有创新能力的社会所需人才，就必须处理好理论教学与实践教学的关系，实现二者融合发展，只有这样才能做到知行合一，更好地服务于人才培养目标的实现。教育部高教司吴岩司长说，大学成为国之重器，体现在镇国的国之重器，兴国的国之重器，强国的国之重器，复兴的国之重器，肩负着人才培养的主要任务；在新形势下，不断深化理论与实践教学深度融合，健全高校的人才培养体系，卓有成效地开展理论与实践教学，增强学生的创新实践意识以及锻炼创新创意实践能力，切实加强学生创新实践能力的培养，解决我国社会对创新实践型人才的需求与高校人才培养模式的矛盾，彰显高校办学特色和提高教学质量。

（二）理实融合是推进“四新”建设的必然要求

教育要实现战略转型，即从关注毕业、就业到重视创新创业，创新引领创业、创业带动就业。新时代人才的培养应突出以学生为主体，教师为主导，研究式教学为核心，构建宽口径、厚基础、跨学科、国际化、重实践、求创新、多元化的培养体系，让学生能够自主性学习、探究性学习、实践性学习，学得主动、学得投入、学有成效。目前，高等教育创新发展已经势在必行，围绕一流专业建设，实施“六卓越一拔尖”计划 2.0，全面推动“四新”（新工科、新医科、新农科、新文科）的建设，为 2035 年建成高等教育强国、实现中国教育现代化提供有力支撑。“四新”建设工程，此处的“新”不是新旧的“新”，而是凸显创新的新，路径上需要探索学科专业建设的新路子、新模式、新的组织形式，在内容上实现更新换代，在机制上实现教育流程再造；原则上强调质量革命、结构优化和守正创新。教育部高教司原司长、高教学会副会长张大良指出："高等教育现代化本质上是人的现代化，要在高校人才培养中彰显现代化，科教融合、产教融合、理实融合培养人才是三个有机联系、不可或缺的着力点。科教融合是世界一流大学办学的核心理念；产教融合是产业与教育的深度合作，是高校提高人才培养质量的必然选择；理实融合是教育教学的基本规律。"这些都需要深化理论与实践教学深度融合的教育教学改革，由此为经济转型和产业升级构建产教融合的良好生态。

（1）新工科建设，是国家应对新经济的挑战，从服务国家战略、满足产业需求和面向未来发展的高度，提出的一项持续深化工程教育改革的重大行动计划，是国家硬实力提升的要求。强调从早期的学科导向转到创业需求导向，即工程教育改革要与产业发展密切联系，起到相互支撑的作用；强调从专业教育适应产业和社会服务转到支撑引领，即要求人才培养符合时代发展与产业行业要求；强调从早期专业分割模式的培养转到多学科、多专业跨界交叉融合培养，即突破工程教育专业的教学方式、课程结构与市场需要相脱节的瓶颈，增强工科人才培养与产业经济发展协调性，旨在提高学生创新实践能力。

（2）医学教育一手连着民族昌盛和国家富强的健康中国，一手连着中华民族伟大复兴基础工程的教育强国。医学教育的定位可概括为三个"大"：大国计、大民生、大学科。创新是新时代医学教育改革发展的生命线，加强新医科建设，需要站在预防、治疗、康养角度统筹兼顾来提升全民健康力，一是要实现从治疗为主到生命全周期、健康全过程的全覆盖医疗体系；二是以人工智能、大数据为代表的新一轮科技革命和产业变革扑面而来，医学教育要顺应技术驱动；三是医工理文等学科的融通，这就对原有医学专业提出新要求，发展精准医学、转化医学、智能医学等医学新专业。

（3）加强新农科建设，要用现代生物技术、信息技术、工程技术等现代科学技术改造现有涉农专业，加快布局涉农新专业，助力打造天蓝水净、食品安全、生活恬静的美丽中国。

（4）加强新文科建设，要把握新时代哲学社会科学发展的新要求，培育新时代中国特色、中国风格、中国气派的新文化，培养新时代哲学社会科学家，推动哲学社会科学与新一轮科技革命和产业变革交叉融合，创造光耀时代、光耀世界的哲学社会科学的中国学派，提升文化软实力。

全面推进"四新"建设，要把握新工科和新医科、新农科交织交融、交叉发展；新文科为新工科、新医科、新农科注入新元素；新工科、新医科、新农科为新文科提供新命题、新方法；学科专业发展的小逻辑服务于社会经济发展的大逻辑。从教育教学要求看，一是通过以专业学科课堂教学为中心的创新能力培养方式，即"理论教学"，可以使学生系统地学习和掌握学科的概念体系，培养学生的理性思维能力。二是通过以课外科技活动和校外实践为中心的创新能力培养方式，即"实践教学"，可以增强学生社会责任感、创新精神、实践能力。由此可见，理论教学与实践教学是整个教学活动的两个分系统，既有各自的特点和规律，又处于一定的相互联系中，只有二者相互融合、相互促进才能实现创新型人才的培养目标。

三、理论与实践教学深度融合是世界格局变化的要求

（一）世界格局的变化

20 世纪 70 年代以来，经济全球化和政治多极化推动高等教育发展和改革。高等教育紧密适应经济和社会发展需要，极大地推动社会的进步。教育的文化功能得到了加强，以学生为本的教学理念开始受到高校关注，人们的意识观念也开始转而重视学生的素质完善提升。这就要求教育不能局限于传统的理论教学、讲授系统化的知识，而是要改革传统的教育教学方法，培养具有创新实践探索精神、有较强的实践操作能力、理论与实践相融合、具有批判性思维和创新思维的新世纪高素质、能够胜任未来挑战的人才。

当今世界科技进步日新月异，人才竞争日趋激烈，人力资源是最重要的资源。随着知识经济的到来，科技创新的重要性更加凸显。国际竞争日益激烈，谁能站在前沿科技的高峰，谁能掌握最先进的科学技术，谁就能在竞争中获胜。创新创业人才的培养是衡量高等教育教学质量的关键，理论与实践教学深度融合模式是培养创新性人才的必由之路。教育部原副部长、高教学会会长杜玉波在世界 5G 大会上说：在 5G 环境下，人才培养模式也将发生转变。传统网络和技术环境下学习资源供给千人一面的情况将被打破，教育资源将主动适应个体的特定需求，主动为学生营造学习环境、规划学习路径、推送适应性的学习资源。事实上，现代技术快速发展与广泛运用也倒逼高校必须加快教育教学模式改革。

面对现代社会经济和政治的双层压力，世界各国都开始重视理论与实践教学的深度融合，突出表现在高校加强理论教学改革和实践教学模式的创新。深化理论与实践教学改革成为很多发达国家大学教学体系变革的风向标。如 2016 年麻省理工学院发布的《高等教育改革催化剂》强调新工科转型关注全员育人，让学生学会反思，推行跨学科人才培养。伦敦大学综合工程项目关注学生跨学科学习，旨在培养引领未来的工程型人才。

（二）德国“工匠摇篮”

享誉工匠摇篮的德国教育，十分重视实践教学，把实践教学和理论教学放在同等重要的地位，参照行业标准，邀请企业参与制订教学计划，明确要求实践教学与理论教学之比高达约为 1∶1，实践教学训练不能少于 2 个学期。德国在“工业 4.0”战略的引导下，应用科学大学着重培养应用型人才的复合型能力、提高应用型人才的科学研究水平和致力于培养应用型人才的工匠精神。

1. 在课程设置与教学计划方面，突出理论教学与实践教学的融合

德国应用型大学不要求学生掌握全方位的知识，这一点和传统的工业大学不同。高校

的学科、专业规划充分考虑地区及其产业需求。同时，在专业培养计划普遍采用了“模块化”的课程设置形式，即在制订专业培养计划时将与同一主题相关联的若干门课程组成一个相对独立的教学单元。一个课程模块可以由讲授、讨论、练习、实验等不同教学形式的课程组成，对提高教学质量和效率有明显的促进作用。“模块化”课程设置是当今德国应用型高等教育改革与发展的重要动向之一。一方面，“模块化”课程设置使专业人才培养目标与规格在专业培养计划中得到切实落实，每一课程模块都有明确的教学目标要求且教学内容必须保证与专业总体培养目标存在紧密的联系，与学生将来从事的实际工作内容紧密结合，有效增强了课程开设的针对性，避免了盲目性和随意性。另一方面，“模块化”课程设置改变了以单门课程为单元的教学内容组织形式，有效地整合了课程，促进了相关课程的有机衔接，实现了教学过程的模块化，保证了学生知识学习、技能与能力培养的系统性与连贯性，专业培养计划具有鲜明的方向性。

2. 在学生培养方面，突出实践能力的培养

在德国应用型大学，学生毕业之前需要去企业进行一段时间的实践活动，并且计入学分，最后作为毕业的一项必修任务。其次就是毕业设计。我国本科生都是在学校导师的指导下完成毕业设计。而在德国的应用技术型大学中，学生可以选择在企业中去完成自己的毕业设计，可以选择就自己实习的企业中所遇到的具体问题或者项目来进行研究，从而为企业提供解决方案。企业所提供的环境是学校所模拟不出来的。学生不仅能够得到学校老师的理论指导，还能得到企业中有关专家和技术人员的辅导，能够更好地培养其解决实际问题的能力并增强未来工作的胜任力。

3. 采用多种多样的教学方法，不拘泥于传统的理论学习方法

教师在教学过程中广泛采用谈话教学、四阶段教学、六阶段教学、模拟仿真、项目化教学、思维导图教学等模式，应用这些教学方法对培养学生自主学习及团队合作等方面的能力十分有益，也让学生不完全拘泥于传统的理论学习，而是采用多种方式让理论与实践教学融合，促进学生学修的有机结合。

4. “双元制”教学模式，注重校企合作教育

采用高校和企业结合的“双元制”模式教学。所谓双元制，一元是高校，一元是企业，学生既是学员又是学徒，理论教学在学校完成，实践教学在企业完成，两者有机结合，两个教学模块轮换进行，高校的理论教学必须服务于企业的生产实践和技术技能培训。以“双元制”为办学特色的德国职业教育，持续培养了大批与企业生产紧密结合的技术技能人才，是德国经济复兴和迅速发展的重要保障。这类学校以实用性强、学制短、学生胜任职业能力强和带薪学习等特点受到学生和用人单位的欢迎。

（三）法国工程训练和工程师培养

法国高校重视高校学生的综合素质的养成和工程实践能力的培养，政府、高校、企业、学生和第三方中介协同探索，构建重视工程训练和工程师培养的大系统。学生不但可以到国内企业和跨国公司实习，还可以到国外参加工程项目和企业实习。

随着欧洲一体化及博洛尼亚进程的深入，近些年发生了一些变化，主要是一体化后强调流动性，前三学年的工程训练减弱，到四、五学年（即研究生阶段）增强工程训练。推进博洛尼亚进程，以期欧洲的学位统一、学制统一。培养一个合格的工程师，大概要花七年左右的时间，分为三个大的阶段：第一阶段是大学三年理论学习，第二个阶段安排一年工程训练，第三个阶段是至少要有两年的实际工程经历，最后有一年根据需要，将其加入前述的任何一个阶段。有了这七年的理论学习、实践训练和工程经验，才能申请工程师职称。同时为了顺应培养体系改革，针对教师教学能力的提升，采取了四种不同的形式提高教师的专业素养：工作中提升锻炼；专门的校外培训计划；有经验教师的辅导；参加学术研讨会。

（四）美国通识教育

美国本科教育中最典型的教育模式是通识教育。通识教育也称一般教育，广义上是整个教育的一部分，主要关注学生作为一个认真负责的人和公民身份的人的生活需要，属于一种大学办学思想或办学观念。狭义上，在高等教育阶段，通识教育是指大学生均应接受的有关共同内容的教育，通常分属若干学科领域，提供内容宽泛的教育，与专门教育存在一定差别，是不直接为大学生将来的职业需求做准备的那部分教育。

1. 通识教育将理论课程与实践课程有效整合

现行课程划分一般包括专业课、选修课和核心课程三部分。专业课是学生在所选专业内要求必须学习的课程，包括该专业的基础知识及最新发展动态，所涉及的知识范围相当广泛。选修课旨在为学生学习想学的科目提供机会，促进学生兴趣爱好的发展。选修方式上，学生既可以选修本校开设的课程，也可选修其他有合作关系的大学里的所有选修课程。例如，核心课程是哈佛大学独具特色的课程，涉及外国文化、历史研究、文学和艺术、道德理性、自然科学、社会分析以及数量分析七类学科领域，每个学科领域都开设多门相关课程。哈佛大学为本科生开设了 2 500 多门通识教育课程，人文科学约占 40%，社会科学约占 31%，自然科学约占 19%，其余为跨学科、专业预备科、工程学等学科的课程。

2. 通识教育有助于学生将理论与实践知识相结合

美国无论是综合性大学还是理科类专业院校，通识教育都对其教学的发展起到了举足轻重的作用。特别地，通识教育的开展在一定程度上是对理工类学科的补缺。对每一所研究型大学而言，通识教育不仅渗透到了校园文化、大学精神等办学特色中去，更体现在教育教学体系和人才培养的指向性等方面。通识教育切实结合了本校的实际情况，已经真正成为学校教育整体中不可分割的一部分。美国研究型大学通过开展通识教育计划，学生更加积极地应对全球化的趋势，如芝加哥大学通识课程的文明研究模块中，大多数课程都是关于其他国家的文明进程，其中有课堂学习，更有亲身体验，这样才能让学生在走向社会以后更好地应对全球化问题。斯坦福大学《斯坦福大学2025计划》强调大学不应仅仅指向教什么，也要关注应该怎么教；也要关注学生怎么学、学得怎么样。为了提供学生学习非凡的体验，拟推行以下几个新举措。

（1）开环大学（Open-loop University）：解除入学年龄的限制，课堂、实践等渠道获取知识的等价认定，经验丰富成年人、校友作为返校实践专家参与学校教育教学活动。

（2）自定节奏的教育（Paced Education）：促进学术探索，同时提升学科的内在严谨性。打破四年级划分，按照"CEA"——调整（Calibrate）、提升（Elevate）和启动（Activate）三阶段。第一阶段（6～18个月），开设微课程，师生交互，学生可以了解不同领域以及教师的不同特长，了解不同的学习模型以及职业规划轨迹。第二阶段（12～24个月）：进入专门领域，组建个人顾问委员会，主要包括学术导师、个人导师以及高年级同学和信任的伙伴，深度互动的混合环境，帮助学生获得成就。第三阶段（12～18个月）：知识应用到实习、项目服务、高水平研究和创业中。

（3）轴翻转（Axis Flip）：将"先知识后能力"反转为"先能力后知识"，按照学生的不同能力重新建构院系，将推出十个建立在本科生能力之上的教学中心。

（4）有使命的学习（Purpose Learning）：破解"思想的巨人，行动的矮子"，为学生学以致用提供土壤，兴趣融入问题，学习与项目融合，校友指导，在世界各地建立"影响实验室"和"脑力奥运会"，浸润式学习，培养成具有行动力的全球领袖。斯坦福大学构建了通识教育、专业教育和创业技能教育相结合，文理工学科相交融、综合性课程与独立创业课程相辅相成的创业型人才培养课程体系。斯坦福大学采用模块化课程体系培养学生的综合能力，课程设置充分体现跨学科和创业教育的特色，在个性化培养方面实现了从"重视学科"到"重视能力"的转变。同时，斯坦福大学与硅谷企业深度合作，企业通过为高校提供资金和实习基地获得高校的人才和技术，高校通过转化专利实现产业化和获得科研资金。校企关系体现为既相互补充、相互结合又扬长避短、各有侧重，校企是分工协作、成功共享、风险共担的利益共同体。政府通过制定法律、政策保护校企双方的合作权益、规范各自合作行为。由此产生没有斯坦福大学就没有20世纪90年代美国硅谷的新经济，同时硅谷新经济的发展促进了斯坦福大学的可持续发展。

（五）澳大利亚高校创业教育

澳大利亚创业型大学是世界创业型大学建设案例中比较成功的典范，不但教育体系成熟而且在行政管理、校园文化、科研转化等方面都颇具特色。这种创业型大学注重学生的主动创新，结合本科教育中接受的知识理论，通过创新应用实现了学生自身的发展。

1. 层次与模块并存的课程体系

澳大利亚高校创业教育课程体系完善、特色鲜明，大多采用分层次、灵活的模块化课程。一方面，创业教育课程体系可以分为初级、中级、高级三个层次。学生在初级阶段，主要学习创业教育课程体系中的基础课程，为进一步学习创业教育核心课程打下坚实基础；在中级阶段，学生需要学习创业教育核心课程，并且可以根据自身的学习特点及兴趣在专业内选修课程中选择学习三至四门课程；在高级阶段，学生可以根据实际情况开展模拟创业，进行实践活动，学校聘请拥有丰富创业经验的企业家担任学生创业实践的指导教师。有创业意愿的学生可以在教师的指导下成功完成模拟创业，还可以在相关行业企业家的指导下实现创业梦想。另一方面，设计极具灵活性的模块化的创业教育课程。这一特点主要体现在现代技术与继续教育学院的课程体系中。该课程体系把创业教育的相关课程安排为多个灵活的模块，各个模块之间相互联系同时又可以融合或灵活调整。教师可以根据学生特点、能力不同和教学要求适当调整教学顺序，改变课程模块安排，以达到教与学的最佳效果。

2. 善用启发式案例的课堂教学

澳大利亚高校创业教育普遍采用较为成熟的启发式案例开展教学。这种教学方式不以讲授单一的专业知识或者传授简单的操作技能为目的，而是结合本地经济发展的实际情况采用启发式案例开展教学。尤其是在创业实践类课程的教学过程中，教师向学生介绍大量成功创业的最新真实案例，在激发学生创业激情的同时，使学生对新创小企业的流程以及企业的运营有更加深刻的体会与理解。教师针对案例中出现的问题，教会学生如何分析和研究市场、设计创业方案、评价市场潜力等。在开展启发式案例教学的过程中，学生收获的不仅是实用性很强的创业知识和创业技能，而且更重要的是学生的创业意识逐渐增强，创业动机也日趋强烈。

3. 兼具理论与实践经验的师资

在澳大利亚，普通大学从事创业教育的教师专兼职比例约为4∶6。其中，绝大多数教师是具有高等教育背景的企业家，他们兼具理论知识和实践经验，懂得如何通过努力成功创办各自的企业。澳大利亚高校创业教育教师专业性强这一特点不仅适用于普通大学，而且也是技术与继续教育学院的重要特征。学院对创业教育的教师聘用极为慎重，这些教师不仅具备良好的专业知识，而且必须具备被行业认可的实践经验。全职教师要求具备相应的学位和证书，还要有3年以上的实践经验；兼职教师比例较大，约占教师总数的60%，兼职教师必须经过学院评定并获得了培训证书。技术与继续教育学院的创业学教师不分理论课教师和实践指导课教师，是一种一体化的身份，他们大部分为行业协会的会员，从而确保了教师教学不脱离企业实际。为了提高非兼职教师的创业实践能力，学院还要求教师定期去新创企业进行实践。与此同时，学院还有计划地聘用优秀企业家到学院担任创业教育顾问，在指导学生开展创业教育实践的同时，也促进教师与企业家之间的交流，提高教师素质。

4. 注重发掘学生的创业潜能

澳大利亚高校创业教育高度重视学生创业潜能的挖掘。普通大学的创业学课程安排始终把发掘学生的创业潜能放在重要位置，重视对创业潜能挖掘课程的开发。教师通过对学生个人素质的评估、探索与开发，增强学生的创新与创造能力，使学生在较为客观和全面了解自身潜质的前提下，能够根据市场需求在创业活动中正确确立自己的位置，逐步完善自我创业能力，最终实现成功创业。

（六）日本教养教育

日本高等教育遵从教养教育理念，旨在通过高校的本科教育将学生培养成既具有广阔的国际视野与缜密的逻辑思考能力，又具有优秀的个人修养的人。这种教育理念注重培养学生的个人修养，在学生学习专业知识的同时还要培养优秀的个人品质。优秀的个人品质成为学生学习素养的一部分。日本大学教养教育通过培养理念目标的科学定位、课程体系的一般性、课程教学的探究性、课程管理的专一性来促进教养教育目标的实现。这种教育理念将学生的素质发展和学校的教育教学紧密地联系在一起，为学生的综合素质发展提供良好的条件。

1. 教养教育的理念目标主要定位于提升学生科学创新基础能力

从日本大学本科教育课程改革演变过程的分析中可以发现一个总体特征，即非常重视教养教育，将教养教育的目标主要定位于培养学生科学创新基础能力。遵照“三三分段制”，日本大学致力于培养学生的“宽广精神”，既强调学生对人类知识的总体性把握，又强调学生对知识的“一般性”认知。所谓分段制，要么将教养教育放在前两年，要么将专业教育主要放在本科后期阶段，要么将教养教育像楔子一样贯穿于本科教育的全部过程，但总体都是强调基础性、综合性、集成性科目的学习，注重探究性学习方式，适应科学发展对人类总体性知识的认知能力、思维能力的需要，而不是局限于一个特定的专业、特定方向、特定技术创新能力的培养。日本大学重视教养教育，重视学生科学创新基础性能力的培养，这与日本企业比较重视人才的基本教养有关。日本企业家注重毕业生人格教养、专业基础能力、创新基础能力等方面的考查而弱化技能的熟练掌握程度。

2. 教养教育课程体系的一般性致力于培养学生宽广的学术视野

日本大学教养教育的一个重要特点是一般性科目在课程体系中占比较高，设置大量一般性、总论性课程，侧重于学生对人类基础知识的掌握，为学生提供尽可能广泛的人文社会科学和自然科学的一般性知识，为学生科学创新能力的形成奠定必要的知识基础。课程体系的一般性还体现在打破学科之间的传统界限，开发、设置大量跨学科、交叉学科、边缘学科和新兴学科方面内容，建设富有弹性、开放性、高集成性的课程体系，通过交叉性、跨学科课程知识的传授来提高学生知识的集成性智慧能力以及创新能力。另外，教养教育的课程结构、学分分配等也力图适应课程体系一般性的要求而取消一些必修科目，抑或设置两门外语，着重培养学生的国际化视野，不断提高课程资源的公开化程度，学生可以在充分了解教养课程体系的规划后进行选择。这样的培养模式使得学生不会过早地分化，强调创新能力的基础性训练，为未来的综合性或专业性的创新能力奠定基础。

3. 教养教育课程教学的探究性致力于提升学生的学术思维能力

在日本大学教养教育的微观教学层面，课程教学的探究性特征是教养教育实施的一个重要特征，力图通过课程教学的探究性来培养学生的学术思维能力。教养教育课程教学的探究性主要体现在三个方面。第一，通过教养教育与专业教育融会贯通，在教养教育中融合专业发展的前沿知识，在专业教育中融合教养教育知识，着重提升专业见识和基础创新能力，力图达成专业教育的“教养化”。将纯粹的专业教育放在研究生阶段进行，本科阶段着力提升学生科学创新的基础性能力。第二，注重批判性思维的训练。在教养教育课程教学中通过基础性知识、一般性知识的学习和研讨，侧重培养学生批判性地分析问题的质疑能力。第三，注重以学术为职业精神的培养，把这种精神作为从事学术职业的必备教养。日本研究型大学把学生未来发展的目标主要定位在学术素养达成，职业教养教育、专业教育的理念与模式都与这一目标紧密结合在一起。

四、高校理论与实践教学深度融合的主要障碍

（一）对传统的教学模式提出挑战

2018 年《教育部关于加快建设高水平本科教育　全面提高人才培养能力的意见》（教高〔2018〕2 号）明确提出要坚持“以学生为中心”“以学为中心”“全面发展为中心”，把思想政治教育贯穿高等教育全过程，推动课堂教学改革，积极推广小班化教学、混合式教学、翻转课堂，大力推进智慧教室建设，构建线上线下相结合的教学模式。因“课”制宜选择课堂教学方式方法，科学设计课程考核内容和方式，不断提高课堂教学质量，激发学生学习兴趣和潜能，激励学生爱国、励志、求真、力行，增强学生的社会责任感、创新精神和实践能力。要加强学习过程管理，加强考试管理，严格过程考核，加大过程考核成绩在课程总成绩中的比重。健全能力与知识考核并重的多元化学业考核评价体系，完善学生学习过程监测、评估与反馈机制。要重塑教育教学形态。加快形成多元协同、内容丰富、应用广泛、服务及时的高等教育云服务体系，打造适应学生自主学习、自主管理、自主服务需求的智慧课堂、智慧实验室、智慧校园。大力推动互联网、大数据、人工智能、虚拟现实等现代技术在教学和管理中的应用，探索实施网络化、数字化、智能化、个性化的教育，推动形成“互联网 + 高等教育”新形态，以现代信息技术推动高等教育质量提升的“变轨超车”。

2018 年《关于狠抓新时代全国高等学校本科教育工作会议精神落实的通知》（教高函〔2018〕8 号），提出“各高校要全面梳理各门课程的教学内容，淘汰‘水课’、打造‘金课’，合理提升学业挑战度、增加课程难度、拓展课程深度，切实提高课程教学质量”。

事实上，我国高等教育学术界自 20 世纪 80 年代开始理论与实践教学的探索，但我国

高校更注重实践教学的“验证性”形式设计，忽视实践教学与理论教学紧密耦合关联的教学体系及其固有的实践教学模式，缺乏教育教学机制体制和体系化的设计，生搬硬套，将实践教学看作是理论教学的辅助手段，根据理论教学的安排来确定实践教学环节。理论教学与实践教学的融合开展存在很多难点。

（1）实践教学师资队伍亟待提高。我国高校教师招聘的主要考核指标是职称高低、学历层次、科研成果、理论课堂教学能力等。大部分实践教学教师由于历史的原因，学历、职称偏低，实践的理论指导不足，发展空间受限，进取精神不高、队伍不稳定。同时，我国高校的校外兼职导师数量占比较低，甚至于某些高校较少开展“真刀真枪”的实践教学活动。许多高校的理论教学和实践教学实际是两套班子，理论教学为理论而灌输理论，实践教学与理论分离。理论教学教师实际实践经验欠缺，对相关课程的实验内容、实践安排也不管不问，上课空讲理论，难以激发学生的学习兴趣。

（2）实践教学在形式和内容上的开放共享和创新不足，理论与实践教学缺乏实质性的融合。本科生实验实训所用实验室条件相比科研实验室差；同时，科研实验室接纳本科生极少，甚至部分追求升学率的高校的教师不得不关注考研相关理论课程教学，实践教学在一些高校被安排在“教辅”相应的位置，难以最大限度地发挥理论教学和实践教学在教学教育中的交互作用，也难以实现融合教育的效果。

（3）学生在实践过程中的主体地位重视不够。学生是实践教学的主要受益者和参与主体，但我国高校中的大多数学生重理论课程轻实践课，甚至被动参与实践教学活动。加之教师对实验教学内容更新不及时，综合性、研究性、创新性、自主设计性实验不多；实验内容学科壁垒高，跨学科融合有限；现代信息技术驱动实验教学改革的动力认识不足，如虚拟仿真、VR 等与理论教学的深度运用在很多高校只局限于极少数专业，学生体验感不强、兴趣缺乏。

（4）校企合作培养人才机制有待完善。目前，多数高校签署的校企合作协议多为形式化，企业参与人才培养过程大都浮在一些表面文章上。仅就实习而言，实习学生的费用、实习学生的住宿、实习导师的配备等都是令企业捉襟见肘的问题。究其原因，是校企之间合作缺乏利益分配和风险共担机制，高校科技成果转化激励措施和平台不健全，政府和高校保障和激励校企双方利益的政策不明晰。现阶段的校企合作模式既无法满足建设研究型以及应用型大学的需要，也无法满足支撑经济发展方式转变的需求，在合作方式、机制和效果等方面还有待于进一步完善。可见深度的产学研合作路径仍然有待于进一步拓展。

（5）实践教学质量保障体系不健全。实践活动总结积累推广不够，教师指导点评不够具有针对性，学生对实践活动并没有得到深切的认识和学习，实践教学并没有达到预期效果。

（6）实践教学达成质量不高。虽然高校一直在强调实验实践能力培养，但总是被当作技能训练并以验证性“知识”的形式加以传授。很多实验课程、实践课程完成质量不高，如很多实验课程、实验教学活动中学生多处于被动接受的状态。同时，课程的实践内容由于受到时间、场地和经费等的限制，存在走马观花的现象。再从毕业设计（论文）看，一般安排在临近毕业的学期，学生忙于找工作或者联系出国而不愿意去深入探究，加之指导教师不认真更保证不了毕业设计（论文）的质量。部分实践教学环节没有严格执行，计划中规定了较高比例的学时数，但实际开展实践教学时却不断地压缩，甚至于取消了实践内容。

（二）对全域课堂提出挑战

《国家中长期教育改革和发展规划纲要（2010—2020）》中明确指出："深化教育教学改革，创新教育教学方法""坚持教育教学与生产劳动相结合。开发实践课程和活动课程，增强学生科学实验、生产实习和技能实训的成效。"人才培养涉及全域课堂融合。大学全域课堂主要包括四个课堂，其中第一课堂为理论教学课堂，第二课堂为创新创业训练、校内实践活动等，第三课堂为实习与实践活动，第四课堂为国内外交流学习。从新时代人才培养目标看，需要把第一课堂与第二、第三、第四课堂相互促进、深度融会贯通。四个课堂作为高校人才培养的重要组成部分，相辅相成，对培养学生的综合能力与素养起到重要的作用，是实现人才培养目标的基础保证。这就决定了高校的理论与实践教学不能仅仅重视第一课堂，还必须与第二课堂、第三课堂、第四课堂进行深度融合才能实现人才培养的预期效果。

目前，国内高校及其相关的教育主管部门已经认识到了四个课堂深度融合进行育人对于学生共性和个性和谐发展的重要意义，并有意识地探索四个课堂统合的教育方式，取得了一定的积极成果，但仍然存在着下列几方面的问题。

1. 相互分离问题

由于历史原因以及对现代高等教育理念把握不到位的问题，高校中某些管理人员、教师不能把第二、第三、第四课堂置于与第一课堂平等的地位。大部分高校注重第一课堂教学计划甚至尚未对第二、第三、第四课堂做出具体教育教学计划部署，四个课堂相互争夺时间和资源的现象严重，容易造成四大课堂相互分离，难以形成一体化的育人体系。

2. 组织管理问题

长期以来，第一课堂是学生学习知识的主要阵地，是学生成长发展的重要平台；而其他课堂在高校教育中被置于相对次要地位，相应的地位和功能没有得到应有的重视和发挥。对此，许多教育管理者认识已经固化。教务处等部门主要负责第一课堂教学管理服务工作，往往是学校团委、宣传部、学生处和院系学生工作部门等负责其他课程管理服务工作。部门之间对第一课堂与其他课堂统合育人的必要性和作用没有形成统一的认识，重视和配合程度不够。四大课堂教育活动实施时的"模块化"、各行其是的隔离现象严重。

3. 保障不足问题

在实践中，缺乏对四大课堂一体化的保障机制。当前一些高校重视第一课堂的教学，相对忽视其他课堂的教育作用，缺乏对学生各方面素质发展和培养的规范化运行机制。没有有效结合四大课堂的特色进行组织和规划，尚未形成一体化的组织运行机制、管理机制、评价机制，使得参与四大课堂的教师、学生和相关辅导人员的行为缺乏可供参考的标准和有效的评估，影响参与主体的积极性。目前一些高校第二、第三、第四课堂的内容以娱乐型、兴趣型活动较多，与专业衔接的理论研究、科技探索、创新实践等相对欠缺，即使开展了相关活动但彼此之间仍呈现“碎片化”现象，没有形成完整的理论与实践的融合，没有兼顾到培养学生分析问题、解决问题的动脑、动手能力和创意创新、创造能力的目的。

（三）对实习实训提出挑战

近年来，教育部高度重视学生创新精神和实践能力的培养，出台了一系列政策和重要举措，特别是在新时代本科教育工作会议后，实施的“双万计划”、“六卓越一拔尖”计划2.0等项目，开启了全面振兴本科教育的新进程。高校积极响应并扎实推进产学研协同育人改革，主动邀请企业参与人才培养，在实践教学改革方面创造了许多可复制、可推广的经验和做法。但在实习实训环节，现阶段大部分高校仍存在教育教学理念相对滞后、机制不够完善、内容方法陈旧单一等问题，实习实训“缩水放羊”和“落地难”的问题普遍存在。2018年两代会期间，教育部原副部长林蕙青直言：“实习实训难，已成为影响高校人才培养的瓶颈”。具体有以下几点。

1. 对实习实训的认识不到位

一些高校领导、相关职能部门和学院系（所）没有把实习实训工作摆在应有地位，重理论轻实践，重知识轻能力，固守传统知识型、学术型培养模式，使得人才培养偏离了社会需求和就业导向。实践表明，实习实训是高校人才培养供给侧结构性改革的重要切入点，是人才培养链和市场产业链有机对接的重要途径。加强实习实训，能够引导高校在专业设置上更加注重以社会需求为导向，在课程设置上更加注重理论和实践能力的融合，在教学方法上更加注重发挥学生的主体作用，在外部合作上更加注重用人单位的参与。

2. 对实习实训投入保障不足

随着各级政府对高等教育的投入大幅增加，各高校特别是部属高校办学经费明显改善，但一些高校新增生均拨款用于实习实训的经费投入明显不够，实习实训活动很难按照培养方案规定的学分数足额开展。实习基地建设深层次推进步伐缓慢，基地数量不足和质量不高，无法满足实习实训活动内在需求。行业企业参与人才培养的内生动力不足，产教融合、校企合作依靠“人情维系”，而不是真实落地的“制度保障”。政府、行业、企业等不同主体参与办学的责权利尚未明确界定，相应出台的政策吸引力、可操作性不够，缺乏“政策保障”。

3. 对实习实训统筹管理不够

目前，绝大部分高校的实习管理体制和运行机制不够顺畅，实习管理的主体责任不够清晰。一些高校相关职能部门在实习工作统筹规划指导、落实保障措施和质量监控管理等方面工作推进不够，实习工作规范、实习经费管理、实习基地建设、实习安全管理和实习质量监控方面的制度办法不健全。一些学院系（所）层面在实习任务安排、实习组织管理、指导教师配备和实习考核评价等环节的工作落实不细，专业负责人和指导教师工作职责不清晰、不明确。一些高校采用“放羊式”分散实习，管理组织松散，有的集中实习纯粹走马看花式，深度不足、质量不高。

4. 对实习实训内涵建设不足

一些高校签订的校外实践基地形式上数量不少，但落地的数量有限、层次不高，不能满足专业需求，未能充分发挥产学研合作、校友资源等对实习实训的促进作用。实习岗位的选择与专业培养目标要求的契合度不高，实习活动开展与专业对口的针对性和适应性不强。实习内容安排与现场实际某种程度上存在脱节，有的高校没有很好地会同实习单位根据专业人才培养方案要求，包括共同制订实习计划，明确实习目标、实习任务、必要的实习准备、考核标准等，使学生了解各实习阶段的学习目标、任务和考核标准。一些高校“双师型”教师队伍建设推进缓慢，实习带队教师普遍缺乏工程实践背景和现场经验，现场指导教师全程参与指导和共同管理学生实习的积极性不高。

5. 国家层面的法律法规不完善

目前，国家层面大学生实习相关法律法规尚属空白，特别是国有企事业单位、接受国家财政补贴与税费优惠的非国有企业和社会组织接收学生实习实训的义务尚不明确，没有“硬约束”。从国际看，许多国家都确立了比较完善的大学生实习法律规范。例如，德国《企业基本法》等相关法律法规明确了政府、企业、高校在组织大学生实习方面的责任和义务；《实习条例》对学生参与企业实习的社会意义、规则、实习生法律地位、合同规范、实习期限及报酬、实习证明等问题作了详细规定。

6. 企业接收学生实习实训的政策支持和制度保障不到位

企业不愿接收大学生实习一个重要原因是缺少专项资金保障和相关财税优惠政策。企业接收学生实习，无论从工资还是培训上，都是有成本的。而一旦企业的付出得不到补偿，接收学生实习积极性就不高。2016 年度《中国工程教育质量报告》显示，用人单位认为阻碍企业参与高校人才培养的重要因素是“国家缺少相关的鼓励政策”。“与此同时，安全保障制度不到位、实习期间的意外伤害等问题也成了企业的后顾之忧。”目前，我国对于学生实习人身安全事故责任尚无明确的法律规定，《工伤保险条例》《劳动法》没有把学生实习纳入适用范畴，发生意外伤害事故各方责任无法清楚界定。

（四）对社会实践提出挑战

社会实践是高校加强和改进大学生思想政治教育、加强理论与实践教学融合的重要途径和有效形式，有组织地开展大学生社会实践，也是高校落实“立德树人”根本任务的内在要求。大学生社会实践既是高校教育的延续，理论教学的延伸，也是接受社会教育的过程。马克思主义实践观表明，人的本质的意义是一种“实践存在物”，人在实践中能够认识世界、改造世界，从而更好地进行自我生成、自我影响，因此大学生通过社会实践可以完成从“校园人”到“社会人”的转化，实现思想品德、价值取向的良性发展。总之，大学生参与社会实践，可以更好地进行世界观、人生观、价值观的重塑。从社会实践看，大学处于社会多利益相关者关系的环境下，主要反映出以下几点。

1. 参与的价值取向功利化

价值取向主要来源于自身能力的提高、经验的积累，但有的学生注重唯分数的追求，对通过社会实践活动增强自身的沟通协调和服务社会能力的意识比较淡薄，急功近利倾向较明显，片面强调个性、自由和权利，存在少付出、多回报的投机心理，缺少国家情怀和奉献精神。

2. 参与的态度不端正

部分学生将社会实践看作为获得规定学分的手段，参与态度不端正。有的学生对社会实践缺乏认同感，将社会实战当作“旅游”的机会，形式化、表面化，囿于参观、体验等形式；实践报告东拼西凑，敷衍了事。再加上，有的家长认为学生的任务是理论学习，出于安全考虑，对社会实践采取消极态度。

3. 组织管理不科学

一些高校存在组织管理不科学的问题：一是社会实践教育的质量保障体制不健全；二是缺乏激励体制、评价体制；三是对社会实践支持不够体系化，比如实践安排时间不合理，实践基地分散甚至实战基地选择标准低，指导教师投入不够等。

4. 内容与形式缺乏创新

很多高校社会实践以参观红色革命圣地、厂矿，组织学生进行勤工助学、开展调研等传统的形式为主，存在社会实践过程类似盲人摸象，走马观花；或者过于追求形式，所选定的社会实践内容，严重脱离所学专业理论，非学以致用，甚至选择一些低质量企业让学生产生自卑、“理论无用”等消极心理，背离社会实践初衷。

（五）对毕业设计（论文）提出挑战

毕业设计（论文）是实现培养目标的重要教学环节。毕业设计（论文）在培养大学生探求真理、强化社会意识、进行科学研究基本训练、提高综合实践能力与素质等方面具有不可替代的作用，是教育与生产劳动和社会实践相结合的重要体现，是培养大学生的创新能力、实践能力和创业精神的重要实践环节。同时，毕业设计（论文）的质量也是衡量整个培养过程的教学水平、学生毕业与学位资格认证的重要依据。本科毕业设计（论文）的质量直接反映学生的综合素质和能力，是培养、锻炼、提高学生专业综合素质与能力最集中的一个阶段。其目的在于巩固和加强学生所学理论知识，培养学生综合运用所学的基础理论、基本知识和技能，独立分析问题和解决问题的能力，使学生在查阅文献能力、实验能力、创新能力与创业能力等方面得到综合训练。本科毕业设计（论文）在整个教学过程占用学时最长，是最能衡量学生综合水平的重要教学实践环节，在本科教学工作中占据着重要的地位，也是衡量和检验一所大学人才培养质量的重要环节。因此，在教育部推行的本科教学工作各类评估以及目前全面推行的专业认证中，毕业设计（论文）均作为一个重要指标用于评价教学水平及效果。目前毕业设计（论文）工作主要存在以下几方面的问题。

1. 就业和考研的影响

高校追求毕业率、就业率的风向标，一方面毕业设计（论文）安排的时间与找工作时间产生冲突，另一方面部分学生由于已经找到工作或保送研究生，对学习放松要求，对毕业设计（论文）投入精力有限。

2. 选题问题较多

毕业设计（论文）选题存在诸多问题，如选题空泛、不够科学，没能起到综合培养学生知识运用、基本技能和综合能力的作用；选题缺乏创新、观念陈旧；选题缺乏实际应用价值，较少结合科研项目或者实际背景的问题，过分偏重于宏观问题，对学生起不到综合训练的作用；指导教师重视程度不够。有的教师过分结合自身科研项目，选题较偏，把学生当成廉价的劳动力，对学生未进行综合的训练；教师对学生指导不力，或指派自己的研究生协助指导；在毕业设计（论文）执行过程中，教师没能起到质量监管的作用，放松对学生的要求，评定时给分随意，造成毕业设计（论文）质量下降。

3. 过程管控问题

传统的毕业设计（论文）教学环节多采用学校主导、院系实施的二级管理模式。高校管理部门多是例行地设定开题、中期检查、答辩三个环节，整个实施过程管理相对松散。院系通常在答辩成绩评定之后才向学校递送论文文档、工作总结、论文质量分析报告等材料，此时即便发现质量问题，学生已经毕业离校，这使得学校层面难以在实施过程中及时进行质量监控和过程管理，导致学校对毕业设计（论文）工作的过程管理和质量监控力度不够，对完成毕业设计（论文）的各个阶段缺乏有效的考核、监控和督导手段。

4. 学生自身重视程度不够

大学生对毕业设计（论文）在大学教育教学中的重要地位和意义认识模糊，认为只要把专业知识学好了考试不挂科，毕业设计（论文）应付了事，最终都会毕业的。在执行毕业设计（论文）过程中，不少学生比较重视理论运用，对实践探索重视不够；论文撰写基本功薄弱，论文结构布局不合理，缺乏逻辑性，语言论述性不强，思路不清晰，往往会出现用词不当及语言表达不通顺等问题；网络资源获取便捷，抄袭拼凑现象严重、创新较少；甚至有的学生把毕业设计作为毕业前的放松时间。

（六）对创新创业教育提出挑战

习近平总书记在2018年全国两会上强调：发展是第一要务，人才是第一资源，创新是第一动力。中国如果不走创新驱动道路，新旧动能不能顺利转换，只能是大而不强。强起来靠创新，创新靠人才，人才培养靠高校，因此，高校开展创新创业教育不仅是提升大学生创新创业能力的现实需要，也是国家实现强国战略的重要支撑，更是新时代对高校提出的新的挑战。创新教育是指以培养具有创新思维和创新能力的人才为目标的教育活动，创业教育是使受教育者具备从事创业活动所需要的综合能力和意识。创新创业教育注重培养学生的创新意识、逻辑思维和实践能力，理论和实践并重，弥补传统教学的缺陷。高校通过推行创新创业教育，能够全方位地对高校人才培养体系进行改造，促进高校人才培养模式的转型。目前创新创业教育主要面临以下几点问题。

1. 创新创业教育认识不清晰

创新创业教育是与大学生思想政治教育并行的素质教育方式之一，目的在于提升大学生的整体创新意识、实践水平和创业能力。但目前高校的创新创业教育大部分都停留在政策要求层面，不论是管理者，还是老师和学生，对创新创业教育的认识不清晰。对于管理者来说，创新创业教育就是建设多少门创新创业课程、多少个创新创业基地、立项多少个创新创业项目、获得多少项创新创业大赛奖项等明显可见的指标数据，对于学生真正达成的成效的考察很少；对于教师和学生来说，有的高校把创新创业教育看成是商学院或者管理专业的事情，跟专业课程的联系不大，教师对于创新创业教育理念没有正确的理解，对学生的引导效果必然不好。由此造成创新创业教育的实际动作不实，创新创业教育内生动力不足。

2. 创新创业课程目标认识不清晰

创新创业教育具有创新性与创造性特征，本质上是一种实用性教育，是一种方法论。目的在于启发大学生的创造性思维，是培养大学生将创意想法付诸实际的一系列技术、技能、管理的教育过程。但是在实际教学过程中，一些高校的课程的教学目标和学生的实用技能没有显著关联性。很多大学生把创业教育简单地认为是如何创业，尤其是非商科专业的大学生，认为创业是商学院的事情，跟自己无关，在自己的课程学习中也认为创新创业教育部分无足轻重。创新创业课程内容单薄，目前高校开设的创新创业必修课，主要是依托现有的“就业导论”“思想品德与道德修养”等公共基础课，增加创新创业元素，就变身为创新创业课程，可想而知这类课程的质量如何。课堂教学方式也多是“填鸭式”，与传统的教学方式差别不大，并没有做到与实践相结合。而依托“互联网＋”“挑战杯”等大型赛事设置的创新创业培训，多是为大赛服务，并不能很好地教授创新创业直接关联的知识和方法。一些高校的创新创业教育还未彻底融入专业主干课，或者只与商学、管理学等专业融合，与工科、理科等专业和偏应用的专业几乎无结合。这就直接导致创新创业教育与专业教育断层，出现两张皮的现象。另外，停留在理论层面的创新创业教育不能激发学生创业的兴趣和积极性，也不能有效地指导学生创业。再者，创新创业教材种类单一。虽然现有的创新创业教育教材品类繁多，但教材内容多是创新创业教育的原理、方法等理论知识，与不同专业的实际接轨并不紧密，这样的教材对学生开展创新创业活动并不能起到很好的指导作用。最后，创新创业教学方式落后，当下的创新创业教学因相关师资不足多采用大班授课、批量实践的方式，不但不能引导学生涌现发散性思维，更是磨平了学生的棱角，成为标准化的“产品”。

3. 创新创业教育师资配备不足

一方面，创新创业师资数量不足。创新创业教育对我国的教育事业来说，既是一个新兴的专业，也是一种新的教育类型，当所有的高校都要进行创新创业教育改革时，专业化的创新创业教师出现巨大的缺口。虽然高校引进了一些校外的知名校友、成功创业人士、创业指导专家、风险投资人等，但是他们也只能偶尔进校园开讲座或是临时培训，并不能承担日常的创新创业教学和指导工作。另一方面，创新创业师资水平参差不齐。创新创业教育作为实践性较强的教学活动，对专业教师综合素质提出了较高要求。不少高校创新创业相关的教学与管理人员，数量有限、质量有待提高。有的高校创新创业相关的教学与管理人员缺乏在创业型企业的深度体验经历，专业化有待加强。学科领军人物、世界500强、国内100强、重点行业重点领域的知名企业家等相关学科专家学者在高校创新创业团队中的比例还屈指可数。创新创业教育对教师的创意意识、拓展应变能力要求较高，既要求具备专业的理论知识，也要有一定的创业经验。目前高校中负责就业、创业教育教学的老师大部分来自校内行政管理者和低职称的教师，这些老师经过简单的培训就上岗，教学形式单一，知识面狭窄，教学内容局限于理论讲授，而且由于自身缺乏创新创业的实践经验，很难在学生面前现身说法，只能照本宣科，直接影响了高校创新创业教育的成效。再者，专业教师参与创新创业教学的积极性不高。创新创业教育需要课内外相结合，教师的工作除了课堂教学，学生在课外的创新创业实践过程中会遇到更多的问题需要教师来协助指导，这将占据教师的大量时间和精力。但是现在的教师都承担着较大的教学和科研压力，而参与创新创业教学并不能给教师带来立竿见影的成果，所以相关教师的积极性并不高。

4. 缺乏完整的创新创业教育课程体系建设

发达国家创新创业教育的亮点之一在于将理论与实践融合课程内容系统化、科学化和完善性。我国多数高校除大学生就业与创业指导之类的课程外，以学生自发组织的课外活动为主，系统化的创新创业理论课程体系还在探索和建设中。

5. 缺乏贯通开放的创新创业教育平台或者环境

高校之间、高校与企业、政府之间的产政学研合作有待加强，理论教学、实践教学和科学研究三者的有机融合只是冰山一角。高校在科研基地对学生开放以及创新俱乐部、创客中心等建设，强化创新创业实践意识、提升学生创新创业能力等诸多方面，还需要根据自身办学特色，多方位、多途径加强投入，亟待需要尝试探索理论教学、实习实训、创新创业等多种教育教学活动深度融合的一体化培养体系。

（七）对实验教学提出挑战

实验是人对自然、对环境的一种积极干预，人们通过主动地改变环境，提取所需要的科学信息，从中找到客观规律。因此，实验是我们发现客观规律的一种很重要的科学方法。无论是自然科学还是社会科学，实验都是从事科学研究必不可少的方法之一，尤其是对于理工科而言，实验的地位显得更为重要。实验教学对高校人才培养具有极为重要的意义。其不仅能够直接培养学生的观察能力、动手能力、独立操作能力，更重要的是能培养学生的独立思考能力、分析解决实际问题的能力和综合应用创新的能力。在严格、科学的实验过程中，学生在学习实验方法和科学思想的同时，还可以养成理论联系实际、一切从实际出发的严谨作风，形成唯物主义的科学世界观，使学生掌握抽象、假说、数学和逻辑等自然科学研究的基本方法；并逐渐养成科学的思维方法、研究方法，形成良好的科学素养。因此，实验对于人才培养具有理论教学不可替代的重要作用。

习近平总书记在全国教育大会上指出，要着力培养德智体美劳全面发展的社会主义建设者和接班人，形成更高水平的人才培养体系，这对高校人才培养提出了更高的要求。同时，面对迅猛发展的科技创新与剧烈的国际竞争，培养高素质拔尖人才已经成为实施创新驱动发展战略和建设创新型国家的核心要素。其中，学生的独立思考、动手实践以及综合创新能力是衡量人才培养质量的重要标准。因此，教育部在“高等学校本科教学质量与教学改革工程”中重点强调要以强化实践教学为重点，进一步强化实践教学平台建设，培养大学生实践能力和创新创业能力，并提出了主要建设目标：整合各类实验实践教学资源，建设开放共享的大学生实验实践教学平台；支持在校大学生开展创新创业训练，提高大学生解决实际问题的实践能力和创新创业能力。其实质就是加强理论与实践的深度融合，提升创新人才培养的能力与质量。目前实验教学主要存在以下几方面问题。

1. 对实验教学的重要性认识不够

早先高等教育理念中，实验室和教师、图书馆并称为高等院校的三大支柱，是高校开展教学、培养人才的基本条件之一，是高校教学、科研的重要基地。由于受传统教学体制以满堂灌讲授为主的影响，人们认为实验教学是课堂理论教学的一种辅助手段，实验课是验证和加深理解理论课讲授知识的手段，实验队伍是教学辅助人员，甚至在历史上实验技术队伍由安置家属及闲置人员聚集而成；不少课程，特别是基础课程，理论课教师与实验课教师教学上相互独立，学生培养计划的编制和课程大纲的编写过程中，理论课程与实验课程的结合欠缺。这些因素导致了理论教学与实验教学相互之间严重脱离，体现在实验教学与理论教学过程中各自为政，给新时代创新人才的培养带来了严重的负面影响。

2. 实验教学与理论教学脱节

高校的教育教学工作是一项庞大的系统工程，主要分为理论教学和实验教学两部分。理论教学又称为课堂教学，以教材为媒体，教师课堂讲授为主要形式，学生通过听课、思考、讨论、演练等来接收理论知识。理论教学传授给学生系统的科学文化知识，培养学生科学的形象和抽象的思维能力，是学生获得基础知识和基本理论的主要来源。实验教学是以实验室为主要场所，在教师指导下，以学生操作仪器、观察现象、记录数据、思考解决问题等为主要教学形式。理论教学是实验教学的前提，动手能力是建立在明确的概念与理论知识基础之上的，若缺乏理论的支持，学生实践活动必然变得盲目，无法深入分析、解决实验中出现的问题。实验是理论的来源，实验先于理论，成功的新实验往往是新兴学科的生长点，为科技的发展开辟新的研究领域。脱离实验学理论，学生将难以理解理论知识的深刻内涵。大量的事实证明，在实验中应用过的理论知识，学生理解得比较透彻，掌握得比较牢固，也能在需要时得以灵活应用。目前很多高校依然把理论课程教育的好坏当成是培养高水平拔尖人才的金标准，只注重抓好理论教学的质量，而对实验教学的重要作用认识不够，从而造成了理论教学与实验教学在体系上脱节，培养出来的学生动手能力不强，创新意识淡薄，创新能力不足，与社会实际对大学毕业生胜任工作能力的需求严重脱节，以至于许多大学生毕业后很难立即适应社会工作。世界经济论坛《2012—2013 年全球竞争力报告》指出，美国工程专业的毕业生中 81% 可以立刻胜任工作，印度为 25%，而中国仅 10%。

（1）体系脱节。理论教学与实验教学不是主从关系，而是辩证统一的关系，是两个相互独立、相互依存、相互促进和相互发展交融的教学体系。理论教学固然重要，而实验教学相对理论教学更具有直观性、综合性与创新性，是实现素质育人和创新人才培养目标的重要教学环节。培养学生的创新意识、创新能力，造就创新人才，只有在实验室动手、动脑才可能实现。然而受长期以来重理论、轻实验的影响，实验教学作为理论教学的一个附属品，其体系只是简单的作为理论教学体系框架内的一种补充。实验教学内容和安排完全依赖于理论教学。在教学计划制订、教学内容安排和教材编写等方面，长期存在着滞后本行业的技术发展和应用普及，表现出实验内容长期不变，缺少新的实验技术和实验方法的引入，实验教学多侧重于验证性试验、学时偏少等特点。实验内容缺少特色鲜明的主题，缺少一条主线将各个实验项目串联成为一个整体。实验教学安排没有遵循有计划地循序渐进、分阶段分层次围绕一至两个综合性目标来实施。而独立设课的实验课程长期与理论课程体系相互独立，导致学生缺少针对性的理论知识做铺垫。实验教学计划极大地制约了综合性、设计性和创新性实验教学的内容和教学效果。实验课程体系和理论课程体系还长期存在着理论知识与实验安排内容上机械式的简单的一致性，通常体现在实验教学内容安排上满足于孤立的验证单一的理论知识点，并在实验教学时间的安排上，机械式地与该理论知识点的理论教学保持一致性，未能够根据培养新时代创新型人才的需要，即将实验课程体系与理论课程体系有机地深度融合。

（2）内容脱节。实验教学能够促进知识吸收、能力培养、创新思维、素质教育等全面协调发展，实验教学内容的设置是影响实验教学质量最主要的因素。但是实验内容必须要在课堂理论教学内容的基础上进行合理的设置，不能把精力只放在内容设置的多样性、层次性上，而忽略了与理论课内容相呼应、相融合。同时，理论课的内容在近十几年内已发生了很大的变化，诸如大数据、云计算、石墨烯、基因组编码等先进的技术和知识体系已经进入理论课本，而实验内容却没有进行与时俱进的修订，导致部分课程实验内容与理论课内容严重脱节的现象。

（3）与学生需求脱节。目前高校在实验教学的过程中缺乏科学设置，教学过程中主要依照教学目录开展各项内容设计，并未结合学生需求形成针对性教学体系，造成实验教学与学生需求、能力等出现断层，严重影响了学生学习的主观能动性。大部分实验教学开展的过程中将核心放在实验讲解上，并未对学生的基础实验能力及对常用仪器设备使用方法的掌握情况做深入了解，于是便使用同一种教学方法、相同的教学内容、相同的实验方法来要求具备不同基础的学生，打击了部分基础薄弱同学的实验热情和积极性，同时也严重制约了拔尖学生创新实践能力的培养。因此，针对目前高校实验教学体系及内容设置的弊端，应设计出适应学生自主选择和个性培养的实验教学环境，吸引学生愿意主动进入实验室，确保学生想做的实验在实验室里都可以完成，确保学生在实验过程中遇到的问题都可以有教师给予及时的指导和解答。在高等教育普及化快速发展的进程中，大规模的教学群体彰显出多样化的生源、多元化多层次的需求，必须避免采用传统的、统一的教学模式。所以，在尊重学生个性化发展前提下，必须从实验课程体系的设置到实验教材内容的分层性和递进性，再到教学方法和指导模式的多样化等方面进行深入系统的改革与建设。

3. 实验教学队伍建设不足

实验教学的顺利进行，离不开一支稳定的师资队伍；高素质拔尖人才的培养，离不开一支高水平的师资队伍。目前国内高校仍然存在实验配套建设经费紧张、岗位有限、人员短缺、水平不高，实验技术岗位相对于教学和管理岗位存在着晋升渠道不畅、待遇不匹配等客观情况。近年来，随着国家对高等教育的重视和大量投入，大批高精尖设备陆续进入实验室，为实验教学提供有力的硬件支撑，但是作为软件支撑的实验教学队伍水平远远落后于硬件，远未跟上实验室建设的步伐，所谓的“现代化实验室”空有一副好皮囊，高精尖的硬件设施也远未发挥其真正的能量和效益。因此，如何科学合理地探索高校实验队伍建设，打造分管有度、专业过硬、教学水平够强的实验队伍是建设高水平大学的迫切需要。细观国内各大高校，实验队伍建设水平参差不齐，但存在的问题大同小异，主要体现在以下几方面。

（1）重视程度不够。一是长期以来受传统重理论、轻实验思想的影响，很多高校从领导到教师，普遍认为实验教学附属于理论教学，实验教学远没有理论教学受重视，同时实验教学的工作量计算不尽合理，导致实验教师全身心投入实验教学的热情和积极性难以激发。二是很多高校由于师资不足，将实验技术人员当成实验教师使用，但却没有一线教师的待遇，不仅挫伤了实验技术人员的工作积极性，使技术人员岗位职责不清，工作重点不明，使实验室的建设管理、技术开发、实验教学工作等都受到了不良影响。

（2）双师型人才缺乏。高水平的实验教学队伍既要有较强的实验教学能力，也要有丰富的工程实践经验。但是由于一些高校理论教学与实验教学长期相对独立，特别是基础实验室课程和部分独立设课的专业实验课程，实验课教师很少参与理论课教学和科研，部分实验教师理论水平欠缺，大部分实验教师工程实践经验不足，致使教师进行创新创业教育的内生动力不足，难以承担高质量人才培养的历史使命。调查数据表明，制约高校理论与实践教学融合最重要的因素就是教师能力；另外，实验教学工作在教师能力要求、人才培养方案设计、企业合作难度、各个高校重视程度、教学硬件支持方面占比较高，但是实验教学对学生能力提升、实验教学内容与教学方式等指标相对较低，一定程度上反映实验教学质量有待于大幅度提高。

（3）实验技术队伍结构不合理。年龄结构、学历结构和职称结构是构成我国高校实验队伍结构的三大主要指标，合理的实验技术队伍结构应该是三大指标均呈现出“金字塔”队形；但是调查数据显示，目前国内传统高校实验队伍的结构大多都呈现出“橄榄球”队形，与合理结构相差甚远。从年龄角度看，青年人员比例低，主要以中年及以上年龄的人员为主，面临着出现人员结构断层的状况。从学历结构看，拥有硕士及以下学位的人员较多，经验丰富但创新性不够；拥有博士学位的较少且多为近年新进入实验室人员，管理、技术开发及实验教学经验等明显不足。从职称结构看，以副高及中级职称的人员为主，正高级和初级职称的人员所占比例较低，有些高校甚至没有设置实验系列的正高级职称。在这三种主要指标之外还有另外一个指标，即专职实验教师比例。目前国内高校实验教师的结构是兼职多、专职少，兼职实验教师均为一线专职理论课教师，专职实验教师则多为实验技术人员。这种专兼职比例存在一个很大的弊端，即兼职实验教师忙于理论课教学和科研，没时间、没精力和热情投入实验教学；专职实验教师有时间、有精力、有热情去上课，但由于多为实验技术人员，大量的教学工作及以教学工作量为主的考核方式导致实验室管理、开放、技术开发及建设等工作受到极大影响。

（4）渠道不畅通。渠道不畅通主要体现在两个方面：一是培训渠道不畅通，二是晋升渠道不畅通。培训渠道不畅通主要表现在学习、培训、交流、调研机会少。随着国家对高校实验室建设的重视，大量的经费投入实验室硬件设施提升，实验教师及技术人员却缺乏相应的学习、培训和交流，更谈不上有进一步深造机会。晋升渠道不畅通主要表现在高级职称名额少和职称条例中聘岗条件的墨守成规。国内高校普遍把实验系列的职称评聘与图书馆、档案馆、校医院等教学辅助单位的职称评聘归为一类，名额的设置也与其他几类大致相当。这种评聘方法已经不能适应新时代培养高素质、高水平的拔尖人才对实验技术人员的要求。

4. 实验教学课程体系和教学内容、方法陈旧

作为理论教学的补充，传统的实验教学更多是理论知识的验证性应用。验证性试验多为指定程序化的实验项目，主要包括详细的实验原理、仪器使用方法、测试方法、实验步骤乃至数据记录表格，等等。即告诉了学生进行实验的全过程，学生只需要按指定的程序一步一步去操作，就能完成实验，得出所需结果，学生完全不用去查资料、思考和创新。这种“抱着走”的教学模式使得教师不曾讲过的东西学生就不会，学生接受照葫芦画瓢的训练，学生的创造性难以激发。这样的教学模式完全失去了对学生主观能动性的激发和培养，不可能达成新时代人才培养目标。随着高等教育水平的日益提高，教育理念的日渐先进，高校的实验水平必须与时俱进。但目前不少高校实验课程体系建设较为混乱，缺乏前期的研究和设计。多数实验项目不仅侧重于验证性实验，且实验内容陈旧、实验方法单一。按照合理的实验教学课程体系设计的要求，从低年级到高年级，实验课程的设置要呈现出从简到繁、从易到难、从旧到新、从验证到设计、从基础到创新的递进规律，高年级的实验项目及体系安排上必须要从实验内容的广度和深度满足创新型实验教学要求。大多数高校低年级的实验教学基本可以满足要求，但高年级的实验教学模式相对传统，教学、授课和考核模式与基础验证性实验大致相同，教师和学生主观能动性和积极性都难以发挥。教师因为熟悉教学项目内容和仪器而思维固化，学生认为按照讲义上的步骤进行机械化的实验操作，实验就没有问题。传统实验指导书或讲义更侧重于针对固定实验仪器的原理操作和实验内容，强调数据处理和分析思考，与应用联系不强，探索式实验性基本没有，创新性思维难以达成。因此，造成学生思维僵化，实验教学质量较差。这种实验模式显然已经无法满足新时代人才培养目标的要求，也无法满足国家和社会对高层次人才的需求。

5. 实验教学管理模式落后

高校的实验教学管理主要包含以下五个方面：实验教学计划、实验教学文件、实验教学任务的下达与执行、实验教学组织与实施和实验考核与成绩评定。通常情况下，很多人会把实验教学管理误解为实验室管理。目前，国内高校在实验教学环节中，最重视的是实验内容及实验教学方式的设置，大部分都忽略了实验教学管理环节。没有严格统一的管理标准，每个实验教师有各自的上课流程和要求，如何制订教学计划？如何起草教学文件？如何组织教学？如何考核和成绩评定？这些都因人而异，没有统一规范标准。总的来看，主要存在以下几个方面的问题。

（1）管理观念滞后。在实验教学管理中，许多高校仍然存在着“重事轻人”的思想，即在管理过程中强调事的重要性而忽视人的作用。即主要通过行政名义落实管理措施，是一种自上而下的管理，在管理过程中更多地要求学生服从学校的规定和安排，服从集体的统一行动，管理者缺乏服务意识，管理手段单一，很少关注学生对实验教学的本质需要和个性化发展。

（2）管理体制不顺，职责不清。与理论教学体系不同，实验教学管理涉及因素众多，要保证有序良好的运转水平，必须进行统筹规划，如采用类似于企业的“6S”方式进行精细化管理。当前一些高校实验教学管理职能归属设备处，实验教学职能归属教务处，实验教学及其条件支撑分属不同的部门管理，软件和硬件建设的规划性不强，两个部门都感到职能不够、职责不清，实际管理中经常出现不协调甚至冲突的情况。

（3）管理不规范，制度不健全。实验教学本身的复杂性决定了实验教学管理的复杂性，但不能因为复杂就可以不规范管理，把复杂性作为随意性管理的借口，不遵循教学管理的普遍原则，过于强调实验教学管理的灵活性和多样性，最终导致实验教学管理刚性不足，柔性有余。实验教学管理涉及的因素众多，规范管理必须制度先行，目前国内高校都制定了相关实验教学管理办法等制度，但是在制度实施的过程中缺乏必要的制度约束、有效的监督监管、合理的考核评价制度及相应的激励制度等一系列配套制度，从而导致实验教学管理水平停滞不前，甚至出现实验室事故经常发生的情况。

（4）管理技术手段落后。在理论教学管理手段方面，国内诸多高校都采用了教务管理信息化系统，顺利实现了理论教学排课、学生选课、成绩录入、课程评价等功能，有效促进了理论课教学的顺利便捷开展。但是实验课的安排多数高校依然延续了多年来的传统，没有信息系统，手动排课，自行安排，并把原因归结为实验课程本身的复杂性和多变性。尽管近几年来，部分高校也陆续引进了实验教学管理系统，但大多运行不够便捷，达不到全过程闭环管理的要求。实验教学的核心目的是培养和提高学生的实践能力和创新意识，因此，应该把更多的精力投入实验教学管理模式的研究和改革上，不断探索适合本校人才培养目标的实验教学管理模式，更新观念，健全完善相关制度，构建科学高效的实验教学管理系统，提升实验教学质量，有效推动实验教学改革的深入开展，为创新型、复合型人才培养做出应有的贡献。

理论教学与实验教学是相辅相成的一个整体，理论教学需要实验教学支撑，实验教学需要理论教学指导。同时它们相互间又是一对矛盾的共同体，长期的应试教育使得我国高校存在着重理论、轻实验的问题，造成实验教学始终处在理论教学的辅助地位。实际上，对于科研型、应用型特征更显著的部分理工科大学来说，实验教学的作用甚至要超过理论教学。欧美国家和我国香港地区的高校一直都很重视实验教学，基本理念主要包括：高校必须培养综合型人才，要求学生既要能动脑，也要能动手，在进行系统设计训练的同时加强动手能力的培养。要改变现状，首先要对我国高校理论教学和实验教学融合度低的现状进行全面深入的分析和研究，揭示普遍存在的若干共性问题，并提出切实有效的应对策略，从而有效推动高校理论教学与实验教学的深度融合。

参考文献

[1] 张大良．提高人才培养质量，做实“三个融合”［J］．中国高教研究，2020（3）：1－3.

[2] 国家中长期教育改革和发展规划纲要工作小组办公室．国家长期教育改革和发展规划纲要（2010—2020）［R］．教育部，2010.

[3] 习近平. 决胜全面建成小康社会 夺取新时代中国特色社会主义伟大胜利——在中国共产党第十九次全国代表大会上的报告 [R/OL]. 人民网，2010.

[4] 陈宝生. 坚持以本为本 推进四个回归 建设中国特色、世界水平的一流本科教育——在新时代全国高等学校本科教育工作会议上的讲话 [R]. 教育部，2018.

[5] 习近平. 坚持中国特色社会主义教育发展道路 培养德智体美劳全面发展的社会主义建设者和接班人 [R/OL]. 人民网，2018.

[6] 教育部. 教育部关于加快建设高水平本科教育全面提高人才培养能力的意见 [Z]. 2018.

[7] 孙莉莉，赵慧娥，等. “双创”背景下中外高校实践教学的比较与启示 [J]. 产业与科技论坛，2017 (17)：169－170.

第二章

新时代我国高校理论与实践教学深度融合的进展与现状

我国高校一直在探索理论与实践教学深度融合的路径，在教学模式、人才培养模式、发展模式方面取得了较大的成效。本章通过对高校理论与实践教学深度融合调查问卷获取数据的统计分析，结合不同领域专家的访谈资料，对我国高校人才培养体系建设、条件支撑和质量保障现状进行深入探讨。

一、新时代理论与实践教学深度融合的成效

（一）我国理论与实践教学深度融合的教学模式

我国高校一直在探索课堂理论教学变革，从以教师为中心转变为以学生为中心，从以教为中心转变为以学为中心，从传统教学模式转变为研究型教学模式，涌现出一批研究型、混合式、“翻转课堂”等教学新模式。

传统教学模式以教师为中心，由教师通过讲授及教学媒体辅助，把教学内容传递或灌输给学生。这种教学模式是教师为主体，主导整个教学过程、讲授教材的内容，学生被动地接受教师灌输的知识。而研究型教学模式以知识教育为依托，以能力培养为主要内容，把学习、研究、实践等有机结合以引导学生高度参与以及主动性的充分发挥，并能创新创造性地运用知识和能力；属于培养学生自主地发现问题、研究问题和解决问题，在研讨中积累知识、培养能力和锻炼思维，养成科学研究的精神和态度的一种教学模式。

当前，互联网 + 教育模式正改变教育新形态甚至改变高校的结构，在社会化自组织的开放教育教学环境下，优质教育资源和教学方法不断涌现，如：研究型教学法、混合式教学法、翻转课堂教学法等；学生的获取知识通道和学习方式也在不断变革，出现了基于互联网的混合式学习、协作学习、移动学习等新方式。Teach Thought 根据大数据发布了《2018 年美国教育发展趋势》，其中成长型学习、创客学习和布罗姆分类教学方法排在前三位，爱因斯坦说过“大学教育的价值，不在于学习很多事实，而在于训练大脑会思考。”鉴于此，高校教师要采取教育行动反思，加强自身的教学学术研究，善于思考、创新与实践，在教学中争取做到“人无我有，人有我优”，不能拿来主义，更不能生搬硬套。教师要注意积累教学资源、熟练掌握现代技术驱动下的教学设计的内涵，探求并遵循人才培养的科学规律，合理选择多样化的教学方法，准确把握以学生学习为中心的教学组织形式，创设与教学相适宜的育人环境。

（二）我国理论与实践教学深度融合的教育培养模式

近年来，我国高校根据自身的人才培养定位，积极深化理论与实践教学相融合的人才培养模式改革，构建适合本校实际、独具特色的实践教学体系。进一步深化教学内容、教学场所、教材建设、教学方法、师资队伍和业绩考核等方面的教学改革，不是理论和实践

教学在形式上的简单组合，而是从学生技能技巧能力培养的规律出发，实现理论与实践的有机结合，师生双方共同在教学场所内边教、边学、边做来完成整个教学过程，围绕“教、学、做”来实现的教学模式变革。

目前，我国高校理论与实践教学相融合的教育培养模式主要分为两类，一类为“研究型人才”培养模式，另一类则为“应用型人才”培养模式。“应用型人才”培养模式，以服务产业需要的能力培养为目标，主要培养学生职业能力和创新创业能力；实践教学侧重实训技能培养，能够充分掌握实际工作岗位所需要的操作技能，使学生毕业就能胜任相关岗位工作。“应用型人才”的培养在理论知识传授的基础上需要一大批高水平实践指导教师和大量的实践场景来进行实践操作能力培养，通过与企业、行业等单位合作建立产业学院、联合协同育人，在实验室、实践基地、企业现场等实践场景培养学生的应用操作等基本能力。“研究型人才”培养模式主要培养科研型、学术性人才，实践教学在内容的设计上以引导学生着力科研项目研究为主体，注重培养学生的分析研究能力和创新创造创意能力。“研究型人才”的培养需要有雄厚的师资队伍和学术大师，具有前沿的科学研究、深厚的理论基础，以及相配套的不断深化的产学研协同育人机制。

当前“双一流”高校主要以“研究型人才”培养模式为主，设置个性化的人才培养方案，因材施教，全面实施“六卓越一拔尖”计划 2.0，以深厚的学科和一流的科研水平为基础，整合校内外资源、借助大师引导、深化科教融合、建立广泛的国际合作，推动产学研协同创新，注重人才的科研能力培养，推进在前瞻性基础研究、引领性学科原创应用等方面创新，面向未来新一轮的科技革命和产业变革，培养未来的引领者和领军人才。应用型高校主要通过与企业、行业等单位合作建立产业学院等形式，以服务并引领特定产业、行业发展能力的人才培养为目标，通过产教融合、校企合作，共同制定培养方案、设置课程体系，协同培养应用型技术人才。

1. 研究型人才的培养模式

研究型人才是具有坚实的基础知识、系统的研究方法、高水平的研究能力和创新能力，在社会各个领域，特别是战略新兴产业领域从事研究工作和创新工作的人才。研究型人才必须在兼顾具备基础知识与专业技能的同时，注重实践过程对研究能力的提升。

完善人才培养体系，一要突出特色、强化实践、加强创新、提升能力；二要注重基础知识与基本研究能力的培养，高阶阶段注重“产、学、研、用”一体化的培养；三要注重学生综合素质的培养，人文与技术并重，形成一个完整的研究型人才培养体系，以培养出适应社会发展需要，掌握扎实的自然科学基础知识和必备的专业知识，具有良好的学习能力、实践能力与创新能力，具有团队合作精神与国际视野，面向科学技术发展前沿，满足人类不断认识和勇于进入新的未知领域等方面的研究、设计及工作能力的引领未来的拔尖创新人才。

完善课程体系设计，以学为中心，即以培养学生思辨能力，抑或综合能力、高级思维能力、创新创意能力等为根本，需要进行“递阶式”的理论与实践教学一体化设计和调整课程体系、教学环节。按照基础理论知识教学、专业能力培养和综合素质与创新能力提升，理论与实践教学相融合，"递阶式""育+学+修+研+评"一体化地设计课程，建立完整的教学培养方案。"育+学+修+研+评"是生产实践、学习、科研、应用、修身、评价等一体化密切协同，充分利用高校与企业、科研单位等多种培养资源和优势，把以课堂传授知识为主的大学教育与生产、科研实践有机结合，注重理论与实践教学相互融通，通过加强对实验教学、实习实训等环节的强化训练，培养学生实践能力，实现理论和实践教学在内容和时间上的整合优化，真正实现从知识走向智慧再走向创造，培养拔尖创新人才。

深化实践教学改革，需要推进高校内部资源与外部资源优化整合。理论与实践教学深度融合，在高水平理论教学支持下，需要构建"激发兴趣，引导参与，培养能力"的课外校外实践创新体系，在实际教学过程中充分发挥理论课教师和实践课教师协同交互的教学主导作用，这里的协同包括知识体系的协同、课堂教学的协同等，由此激发学生学习和实践积极性，驱动学生理论与实践的同步融合学习。

优化教学管理，完善质量保障体系。积极吸收先进理念，探索教学管理新模式，完善理论与实践教学相融合的闭环质量保障机制。通过严格的过程管理监督和质量保障体系建设，形成对教学质量客观评估、系统分析、及时反馈、整改发展的闭环，保障教学质量根本点在于保证人才培养有灵魂的质量提高，有方向的水平提升，有坐标的内涵发展。

例如，东南大学在理论与实践教学深度融合积极探索，制定并实施"理论导研、实践强研、课外拓研、网络助研"的"四位一体"研究型教学模式，通过700多门研讨课和600多门实验课建设，纵向上自成系列循序进阶，横向上与专业基础、专业主干和专业方向课程交叉并行，助推研究型教学与专业教育的深度融合。再如，厦门大学健全本科教学内部质量保障体系，整合内部资源，协调教学过程各个环节，形成一个"自我约束、自我激励、自我改进、自我发展"的有效运行机制。以"全面发展、因材施教、差异培养、学科交叉、知行合一"为原则，优化人才培养方案。主要体现在：按照OBE理念，以"能力"为导向重构课程体系，精益课程，及时更新课程内容，理顺课程逻辑，厘清课程关系，编制课程修读导图；推进创新创业教育与专业教育有机融合，强化实践教学环节，提升创新创业创造能力；突出学生"能力+努力"双轴翻转，全面调动学生的学习兴趣和学习潜能，支持学生根据禀赋、志趣、能力、规划等自主选择成长路径。深化理论与实践教学相融合，强化学生创新实践能力培养，构建了"基础、综合、创新"三层次实验教学体系，推进教师将科研项目与学生创新性实验相结合。加大实验教学投入，加强校外实践基地建设，持续加强"本科生早期科研训练平台"和"学业竞赛平台"建设。推进精品课程建设和开放共享，建立了课内课外相融合、校内校外相补充，多层次、立体化、开放性的"一体四翼"实践教学体系。将创新创业教育贯穿人才培养全过程，不断完善政策催动、地域联动、兴趣带动、资源推动"四轮驱动"的创新创业教育体系，激发了广大师生的创新创业热情，推动了教育教学改革，促进了人才培养质量的提升。

2. 应用型人才的培养模式

应用型人才是能将专业知识和技能应用于所从事的专业社会实践的一种专门的人才类型，是熟练掌握社会生产或社会活动一线的基础知识和基本技能，能够主要从事一线生产的技术或专业人才。随着经济全球化与科技的发展，结合我国经济结构调整，紧缺人才的短缺已成为经济社会发展的主要矛盾之一，诸如“人工智能 +”为趋向的高科技人才，是我国成为世界制造业强国、创新型国家的短板所在。应用型人才培养是立足于中华民族伟大复兴战略需求下我国高校高等教育发展的重要任务。高校的应用型人才培养应注重模式创新，要科学制定应用型人才培养方案，以应用为导向设置课程模块，注重课程内容与能力培养的衔接，现代前沿技术与方法的融合，课程体系设置要体现培养目标和支撑培养目标的内容，要强调职业综合能力和创新创造创意能力的培养。同时，当前就业形势严峻而复杂，缓解当前就业压力、提高就业质量，迫切要求提高劳动者素质和创新创造能力。事实上，应用型人才的培养成为我国经济转型升级和高质量发展、保持就业稳定、缓解就业结构性矛盾等方面的重要举措和支撑。

深化产教融合，合校企合作、产学合作协同育人。很多应用型大学、高职院校以提升高校服务特定产业、行业能力为目标，整合高校、政府、行业、企业资源，建立的以应用型人才培养为主，兼有学生创业就业、技术创新、科技服务、继续教育等功能的多主体深度融合实体性办学组织形式——高校产业学院。目前，教育部推进的高校产业学院模式是通过与企业、专家、学校共同制定应用型培养方案，模块化设置课程体系，学校与企业相结合、理论与实践相融合的教学模式，通过现实环境与虚拟教学相结合以及教学资源要素相融合，进一步拓展教学的内涵，形成教师、学习任务、学习环境和教学过程及其评价深度融合，即这些大学要营造师生共生的涵盖师生共同探究、共同思考、共同演示、交互评价的教育教学环境。教师要以能力为导向构建科学的课程体系，打造“金课”，从以传授为主转变为指导为主，采用直观、灵活的教学方法和生动、活泼的教学形式，充分激发学生的学习热情，调动以学生能力培养为导向的参与性与学习主动性，学生从被动听课转变为主动学修，通过实情实景、实练实训结合虚拟仿真，学中做、做中练，优化知识结构，提高实操能力，支持学生自主选择成长路径，促进学生全面成长。

2019 年教育部重点围绕服务国家需要、市场需求、学生就业能力提升，在应用型大学、高职院校试点“学历证书 + 若干职业技能等级证书”制度。启动 1 + X 证书制度试点工作，将 1 + X 证书制度试点与专业建设、课程建设、教师队伍建设等紧密结合，推进“1”和“X”的有机衔接，提升职业教育质量和学生就业能力。试点院校要根据职业技能等级标准和专业教学标准要求，将证书培训内容有机融入专业人才培养方案，优化课程设置和教学内容，统筹教学组织与实施，深化教学方式方法改革，提高人才培养的灵活性、适应性、针对性。试点院校通过培训、评价使学生获得职业技能等级证书，也可探索将相关专业课程考试与职业技能等级考核统筹安排，通过同步考试（评价），获得学历证书相应学分和职业技能等级证书。深化校企合作，坚持工学结合，充分利用院校和企业场所、资源，与评价组织协同实施教学、培训。

例如，东莞理工学院深化改革，将特色产业学院定位为创新人才培养模式的重要载体，设立华为网络学院、中兴通讯学院、西门子自动化学院、微软 IT 学院、粤台产业科技学院、智汇谷现代网商学院、先进制造学院（长安）和360 网络空间安全产业学院。高校与新型研发机构、行业领军企业、专业镇街园区共建，结合国际合作等多种形式的开放式办学，实施“政府支持下的学校 + 大学创新城（新型研发机构）+ 国（境）外优质教育资源 + 园区、专业镇街 + 龙头企业”的合作办学模式，引进与培育国内一流的师资队伍，与东莞现有创新团队、专家实现共育共享，建设集人才培养、技术研发与社会服务于一体的特色产业学院，推进学科专业交叉融合，培育新的专业增长点，旨在打造智能制造领域新型专业群。

（三）新时代理论与实践教学深度融合的发展模式

在新时代，我国各高校需要深化教育综合改革，以创新发展为主旨，对理论与实践教学进行系统改革，强化校内教育与校外实践教学之间的联系，提高实践教学比例及其质量，努力将理论与实践教学相结合，实现融合碎片化管理，构建一套比较科学、与国家战略吻合的人才培养体系。

1. 注重能力阶梯递进

各高校必须以理论教学为核心，注重培养学生对理论知识的系统掌握，把实践作为验证理论，从理论到实践、创新的重要手段；深化实践教学改革，合理增加实践教学的课程占比，在理论教学和实践教学中实现知识容量、授课学时、交互形式等的合理配置，不断探索理论与实践教学深度融合发展新模式，设计“递阶式”的理论与实践教学相融合的课程设计和教学内容；同时，要以学为中心，不断创新丰富教学手段，满足学生个性化发展的需要，提高学生的学习兴趣和研究式学习能力，形成理论与实践教学相融合的培养体系，在每一个教学环节都要注重实践教学和理论教学的进度的结合，让理论教学真正能起到指导实践教学，实践教学对理论教学起到巩固、致用的目的，彻底破解二者相互脱节、各行其是的局面。

2. 注重实践教学过程管理

实践教学计划的执行要落到实处、提高成效。实践教学改革要使实践设计符合专业发展特色，实践活动要培养学生在理论指导下的动手能力，使学生掌握实践操作技能。对实践教学要做到计划落实、内容落实、指导教师落实、经费落实、场所落实和考核落实，避免流于形式；同时，要提高实验室（特别是科研实验室）、实践基地的开放共享程度，多开展驱动学生探索为主体的实践教学活动。指导教师要做好实践计划，实践教学之前要激发学生的创意思维，实践过程中要把控全局，深入了解学生个性化需求的实践活动的内容并加以引导，提高学生分析解决问题的能力以及对理论的更广泛的认知和运用，充分发挥实践在教学过程中的主导作用，提升教学效果和质量，促进教学水平全面提高。

3. 加大资源投入

实践教学并不是多建几间实验室、几个实践基地就能实现。理论与实践教学相融合的教学体系需要建设一批实践教学场所。高校必须在场地、资金、设备等方面加大投入，深耕校企合作，搭建校企合作、理论与实践教学一体化、多层次、模块化实践教学平台，多维度立体化培养学生实践能力。同时，要结合现代教育技术，开发或引入虚拟仿真教学资源平台，既要关注 HI + AI + VR + AR 智能技术、信息技术等与实验教学的结合；同时，要打造线上线下融通、课内课外实时互动的全链接学习空间，实现教学的趣味性、实践性、探索性，使教学目标与人才培养目标紧密对接，让学生通过在实验室、实践基地验证理论知识、学习技能，模拟企业、社会环境、科研场景等，提高学生解决问题、探索问题的能力，使理论与实践教学切实地融为一体，强化学生能力的成长，真正实现生命在场、止于至善的教育。

4. 加强校企协同，与企业搭建战略合作关系

当前我国的校企合作模式已形成了联合开发、共同建立经济实体、合作技术创新等多种形式。高校在开展实践教学过程中需要做到企业、高校和学生三者的利益统筹兼顾，让企业通过项目立项并提供资金支持，资助高校开展专业建设、课程体系建设、教学内容改革、师资培训、实践条件建设等工作，资助大学生开展创新创业训练，接收学生实习实训等。在进行校企合作的实践教学过程中，在内容安排上要密切联系企业，以企业迫切需要解决的问题为研究重点，一方面有效地提高学生的职业胜任能力，同时又能帮助企业解决实际问题，从而协调好企业、高校、学生的三方利益，进而保证实践教学的可持续开展。

5. 优化结构，加强师资队伍建设

高校教师队伍应该进行优化分类管理。一方面，一部分教师专职于科学研究，提高科研水平；另一方面，需要建设一支具备创新精神以及创业能力的师资队伍，对学生进行创新创业方面的实践教育。要定期对教师开展培训，加强教师与企业、校外导师之间的联动，不仅要鼓励高校与世界 500 强、国内 100 强企业，特别是重点行业、重点领域的深度合作；同时，要激励教师深入这些部门去学习，并采取激励措施吸引这些部门的技术骨干深度参与高校人才培养过程，这样才能提高实践教育教学水平往高质量推进。

6. 积极引导学生提高认识、参与实践教学

实践教学是培养学生实践能力和创新能力的重要环节，也是提高学生社会职业能力和就业竞争力的重要途径。高校要努力提高学生对实践教学重要性的认识，让学生从主观上积极参与实践教学，发挥主观能动性，特别是借助前沿理论和技术在综合设计实验、探索性实践项目以及自主性设计实践项目给予学生更大自主权，更好地推进理论与实践教学的融合开展并提高学生的创造性能力。

目前，调查显示，高校着力从培养方案、课程体系、校企合作、创新创业等方面深化理论与实践教学深度融合（如图 2 - 1 所示）。具体而言，高校主要在教学中结合实际案例和最新科研成果、将学生实践创新能力培养列入课程目标等，基本契合人才培养适应国家和经济社会发展的需要，但是任课教师担任实践指导比例，特别是学生结合所学理论提供相应的实践机会、实践项目源于理论教学内容占比不高。从教学效果来看，对理实融合效果满意度总体达 55.1%（较满意以上）（如图 2 - 2 所示），但是实践与专业理论学习的结合度不高，需要各个高校要加强与专业理论紧密关联的实践环节的设计。

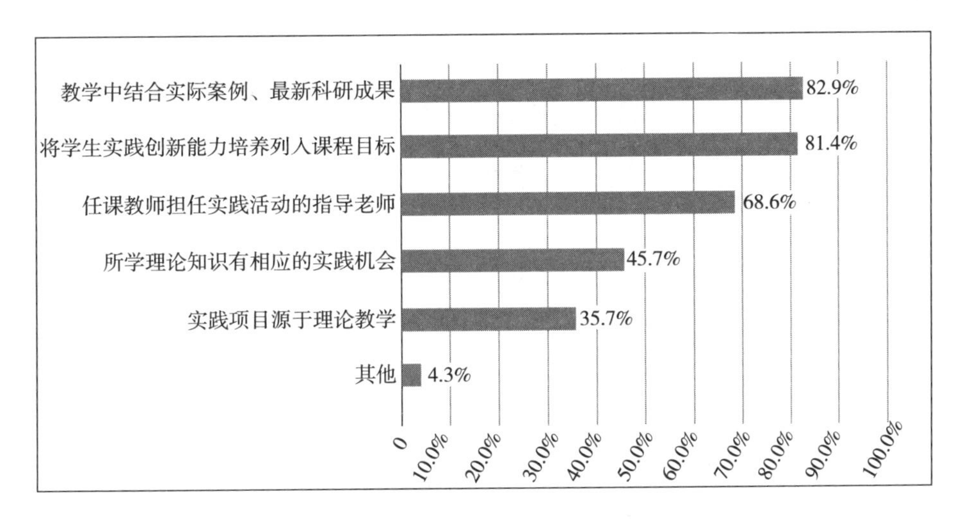

图 2 - 1　理论与实践教学相融合的高校做法占比

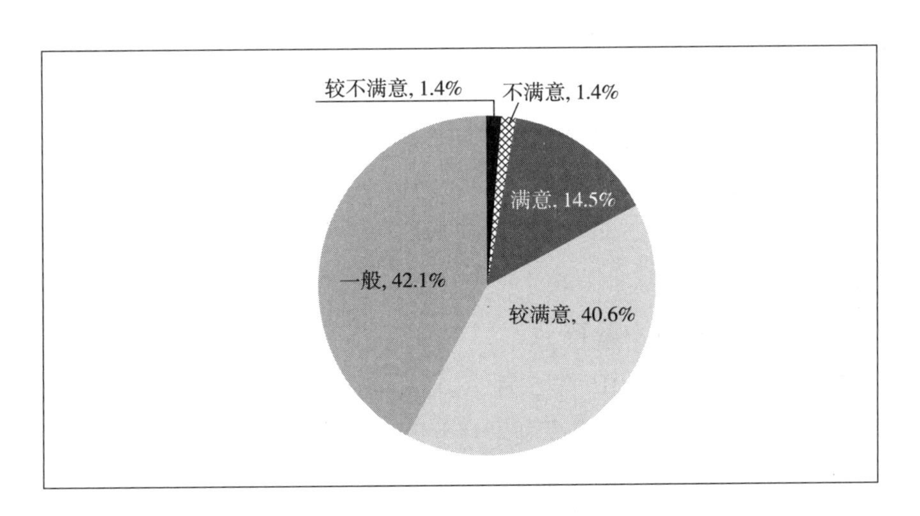

图 2 - 2　高校对理论与实践深度融合的实际效果满意度

理论与实践教学深度融合受到多方面因素的影响，调查显示，主要受制于师资队伍以及教师能力、教学硬件、与企业合作难、人才培养方案设置以及高校重视程度（如图2－3所示）。排序在前的各种主要制约因素中，教师能力占比54.3%，教学硬件设施占比40.0%，人才培养方案设置占比37.1%，与企业合作占37.1%，高校的重视程度占比35.7%。一定程度上，这五大要素是制约高校理论与实践教学融合瓶颈所在，特别是教师能力和教学硬件设施方面，需要高校教师充分认识到理论与实践教学深度融合的重要性，并落实到自己的教育教学行动中，同时要加强理论与实践教学融合配套的硬件建设。

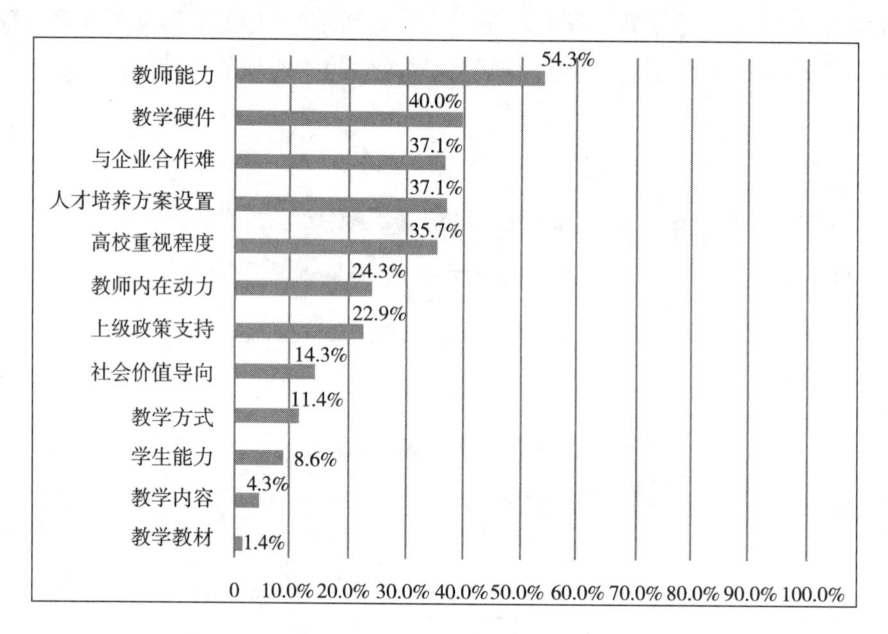

图2－3 制约高校理论与实践相融合的重要因素

（四）理论与实践教学深度融合改革举措——以创新创业教育为例

国内高校创新创业教育的实施始于20世纪末。1998年，清华大学举办首届清华大学创业计划大赛，成为第一所将大学生创业计划竞赛引入亚洲的高校。2002年，高校创业教育在我国正式启动，教育部将清华大学、中国人民大学、北京航空航天大学等9所院校确定为开展创业教育的试点院校。近年来，各级政府出台了多项支持政策，高校的创新创业教育取得良好的成效。

1. 国家大力支持创新创业教育

（1）构建完善政策体系。2015年5月，国务院办公厅印发了《关于深化高等学校创新创业教育改革的实施意见》（国办发〔2015〕36号），对相关工作作出全面部署。全国各高校根据国家部署专门制定了相应的实施方案。

（2）形成协同推进新机制。国家层面，建立了教育部牵头，国家发展改革委、财政部、科技部等部门多方参与的创新创业教育改革工作机制；教育部建立了高教司牵头，综改司、财务司等16个司局分工协作的工作机制；高校层面，普遍成立了工作领导小组，建立了教务部门牵头，学工、团委等部门齐抓共管的工作机制。

（3）健全课程体系。教育部前后修订了全部 92 个本科专业类教学质量国家标准，将创新创业能力作为人才培养的重要指标之一。具体举措包括：明确了各专业类创新创业教育目标要求及课程要求；推动高校面向全体学生开设创新创业教育专门课程，依托国家级线上线下精品课程建设，推出了一批创新创业教育精品课；推动高校挖掘和充实专业课程的创新创业教育资源，在传播知识过程中加强创新创业教育，促进创新创业教育与专业教育的有机融合。

（4）推动教学管理制度改革。推动高校设置创新创业学分，普遍建立创新创业学分积累与转换制度。发布专门文件，对工程类专业学位研究生的课程学习、专业实践、学位论文研究工作、导师指导等提出了指导意见，首次将“创新创业活动”纳入选修课程并计入学分。

（5）强化教师队伍。推动高校进一步明确全体教师肩负创新创业教育责任，聘请各行各业优秀人才担任创新创业指导教师，并在此基础上建立全国万名优秀创新创业导师人才库，首批遴选 4 600 多名导师入库。印发实施《教育部关于深化高校教师考核评价制度改革的指导意见》（教师〔2016〕7 号）、《教育部 科技部关于加强高等学校科技成果转移转化工作的若干意见》（教技〔2016〕3 号）、《促进高等学校科技成果转移转化行动计划》（教技厅函〔2016〕115 号），这些文件都进一步明确要求鼓励教师积极参与技术创新和产品研发，进一步激发高校创新活力。

（6）狠抓实践训练。实施“国家级大学生创新创业训练计划”，强化创新创业实践，千所高校的 50 万名大学生参与了创新创业计划；建设了一大批国家大学生校外实践基地，推动高校面向在校学生全面开放各类实验设备资源。持续推进全国高校实践育人暨创新创业基地培养建设，打造“四位一体”实践育人共同体。连续成功举办四届中国“互联网 +”大学生创新创业大赛，累计有 225 万大学生、55 万个团队参赛，已成为我国覆盖面最大、影响最广的大学生创新创业赛事。

（7）突出示范引领。教育部专门成立工作指导小组，着力推进基地建设，北京大学、清华大学等 19 所高校入选国务院双创示范基地。认定 200 所深化创新创业教育改革示范高校，会同财政部设立大学生创新创业教育专项资金，“十三五”期间每年划拨专款 5 000 万元，支持示范校开展创新创业教育。积极推动各高校深入推进创新创业教育与专业教育、思想政治教育、职业道德教育紧密结合，全力打造一批创新创业教育优质课程、开展一批高质量创新创业教育师资培训、发掘一批“青年红色筑梦之旅”优秀团队，带动全国高校创新创业教育工作走向深入。

2. 各省推进创新创业教育改革

（1）政策支持。国务院办公厅印发《关于深化高等学校创新创业教育改革的实施意见》（国办发〔2015〕36 号）后，各省市地区根据具体情况，制定各省的关于深化高等学校创新创业教育改革的一系列政策。江苏省出台《江苏省深化高等学校创新创业教育改革实施方案》《江苏省大学生创新创业示范基地认定及管理办法（2017—2020）》等，进一步推动高校深化创新创业教育工作，加强大学生创新创业示范基地建设，培养创新创业人才，促进大学生自主创业。湖北省政府办公厅专门印发《关于深化产教融合的实施意见》，明确要求每所高校至少要建设一个众创空间。陕西省委、省政府先后出台《关于全面深化高等教育综合改革的意见》《关于建设“一流大学、一流学科，一流学院、一流专业”的实施意见》《关于大力推进大众创业万众创新工作的实施意见》等系列文件，明确把深化创新创业教育改革作为“十三五”高等教育综合改革的突破口，进行重点部署。湖北省出台了《关于进一步深化高等学校创新创业教育改革的意见》，提出建立需求导向的学科专业调整机制，面向全体学生开设创新创业课程。

（2）经费支持。湖北省财政每年安排创新创业教育专项资金 1 亿元，支持高校创新创业教育、大学生创新创业项目和实习实训基地建设。同时，要求各高校日常教学经费中用于创新创业教育的经费应不低于 20%，并纳入预算管理，作为绩效考核的重要指标和生均拨款的重要依据。

（3）空间建设。河北省委实施孵化器和众创空间倍增计划，要求各地各高校要加快建设众创空间，提高学生创新创业能力。省政府办公厅专门印发《关于深化产教融合的实施意见》，明确要求每所高校至少要建设一个众创空间。全省已有 112 所高校投入 4. 6 亿多元，建成众创空间 144 个，其中省级高校创业孵化示范园（众创空间）63 个，基本实现了每所高校至少一个众创空间的任务目标，大大激发了大学生创新创业热情。与此同时，全省已有 2 325 个创业项目通过遴选入驻高校众创空间，注册企业 700 余个，配备专兼职创业导师近 4 500 人，带动参与创新创业实践学生达 3 万余人。

（4）整合资源。江苏省成立了高校和企业共同参与的江苏省高等学校教学管理研究会创新创业教育工作委员会，共同参与人才培养方案制订、课程体系设计和课程开发和教学内容改革。湖北省大力实施“荆楚卓越人才”协同育人计划，推动高校与行业企业、科研院所、实务部门等建立战略联盟，形成科教结合、产教融合、校企合作协同育人长效机制，促进专业链与创新链、课程内容与职业标准、教学过程与实践环节等融合发展。北京市建设了 3 个创新创业人才培养指导中心，在课程建设、师资培养、教学改革等方面提供支持服务，促进创新创业教育与专业教育的融合。

3. 高校建设创新创业教育体系

在社会需要、国家支持的形势下，各高校结合各自情况展开了如火如荼的创新创业教育改革，建立了不同类型的创新创业教育体系。如南京大学通过构建“五位一体”教学体系以及相关制度体系，整合院系、学科、专业的教学资源，引导教师、学生积极投入双创教学，旨在破解创新创业教育与专业教育分离的问题；通过构建“四创融合”支撑平台，建设丰富的校院两级创新创业实训平台和众创空间，全方位支持学生双创实践，旨在破解学与做分离的问题；通过构建“三个协同”育人机制，积极引入校外优质双创教育资源，大力推进产学合作协同育人，弥补学校双创教育教学资源不足的问题（如图 2 - 4 所示）。

东南大学着眼于学思知行的有机结合，全面构建了完备、贯通、互动的创新创业实践教育体系，推动创新和创业、理论和实践、训练和实战相结合，深入实施大学生创新创业训练计划，积极组织“互联网 +”大学生创新创业大赛等各类创新创业竞赛和创新创业沙龙、创新创业过程辅导等活动，助力创新创业项目孵化转化。

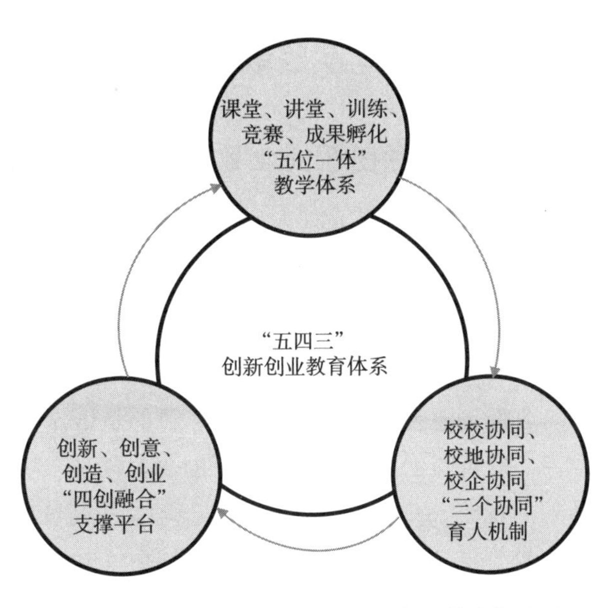

图 2 –4　南京大学“五四三”创新创业教育体系图

常州大学根据行业、区域对于创新创业教育的外部需求，结合学生成长成才等内部需求，厘清创新创业教育的目标要求，通过搭建创新创业课程体系、确立各类平台实现创新创业教育目标，扩大创新创业教育成果，通过信息化支撑的基于学生发展目标的评价平台，实现创新创业教育质量的动态持续改进（如图 2 –5 所示）。

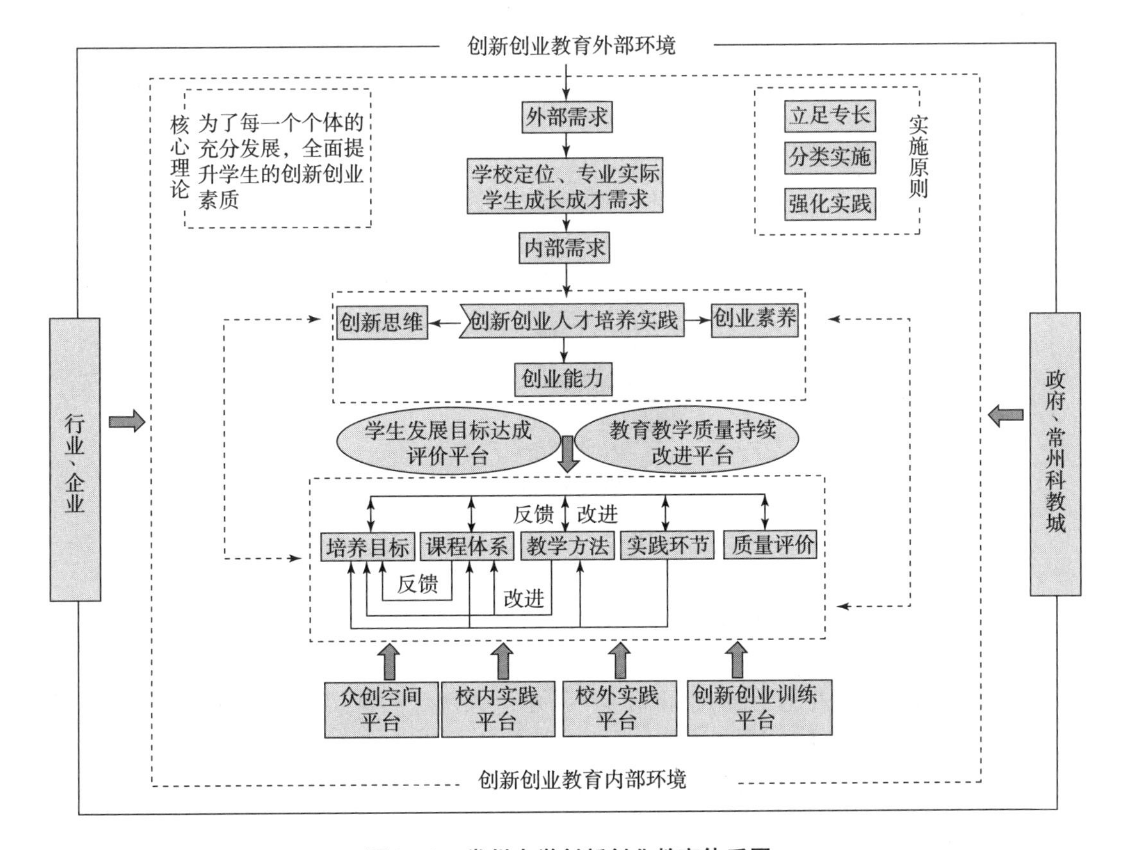

图 2 –5　常州大学创新创业教育体系图

二、高校理论与实践教学深度融合人才培养体系建设现状

（一）创意创新创业教育开展情况

很多高校都建立起了从教学到实践再到孵化比较完整的创新创业教育体系。为了解高校创新创业教育的具体措施，对人才培养方案、课程设计、组织设计、实践环节、师资队伍和氛围营造方面进行了详细的调查。

1. 创意创新创业学分

创新创业教育是普适性教育，目的是培养大学生的创新精神和创业能力。高校通过设置专门的创新创业学分，将创新创业教育改革落实到人才培养的顶层设计中，这已经是很普遍的现象。在本次调研中，有 73.0% 的高校要求全体本科生必修创新创业学分，10.8% 的高校要求指定专业必修，16.2% 的高校要求选修。

高校学生获得创新创业学分的途径如图 2－6 所示。学生获取创新创业学分的途径多样，根据类型主要分为课内理论和课外实践。修习课程掌握理论知识是基础，同时提供多样的实践平台，让大学生在实践中提升自我。在创新创业学分获取途径的调查中发现：修习课程是最普遍的创新创业学分获得途径，占 49.3%，通过参加相关学术讲座、科研训练、学科竞赛、发表论文等是比较常见的获得创新创业学分的方法。另外也有一些高校将实验室开放基金项目、社会实践活动等认定为创新创业学分。

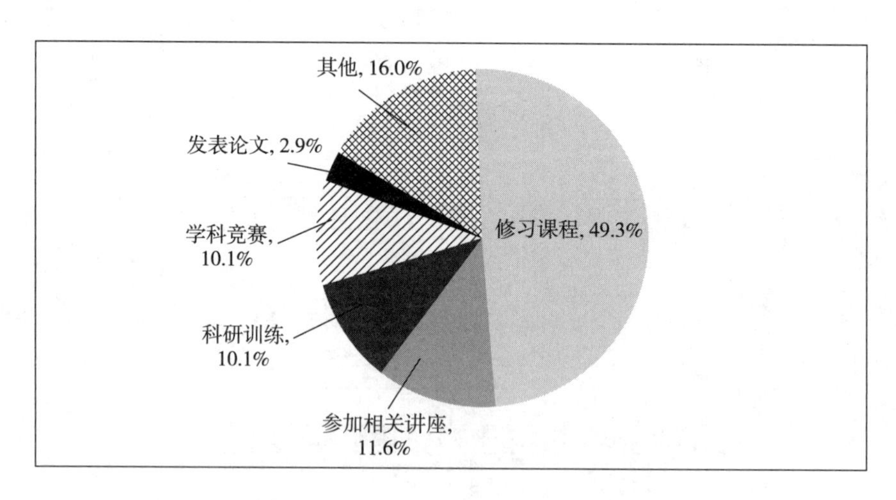

图 2－6　高校学生获得创新创业学分的途径

高校加强创意教育的主要做法如图 2－7 所示。大部分高校将创意教育融入素质教育，同时探索独立设置创意课程或慕课。目前，将创意教育纳入创新创业内容的高校占比 71.2%。有 27.3% 的高校设置创意教育学分，22.7% 的高校能够建立“创新、创意、创业”三位一体融合的教学体系。

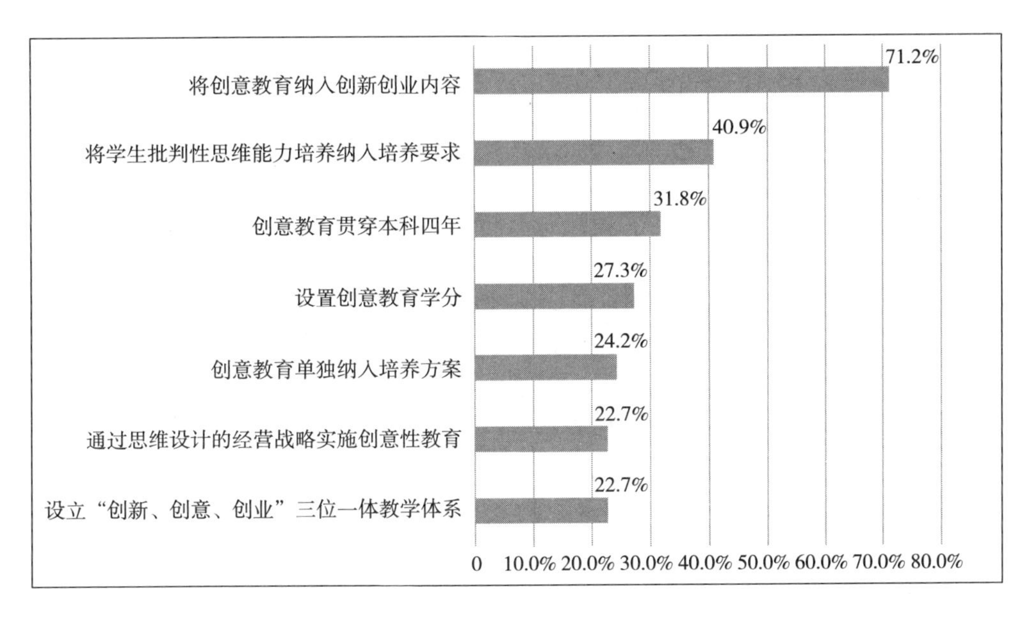

图 2－7　高校加强创意教育的主要做法

2. 创意创新创业课程建设

各高校在不断加强创新创业教育课程建设。图 2－8 是高校在创新创业教育课程方面做的探索工作。普遍开展的工作是：面向全体学生开设就业创业方面的必选修课，并纳入

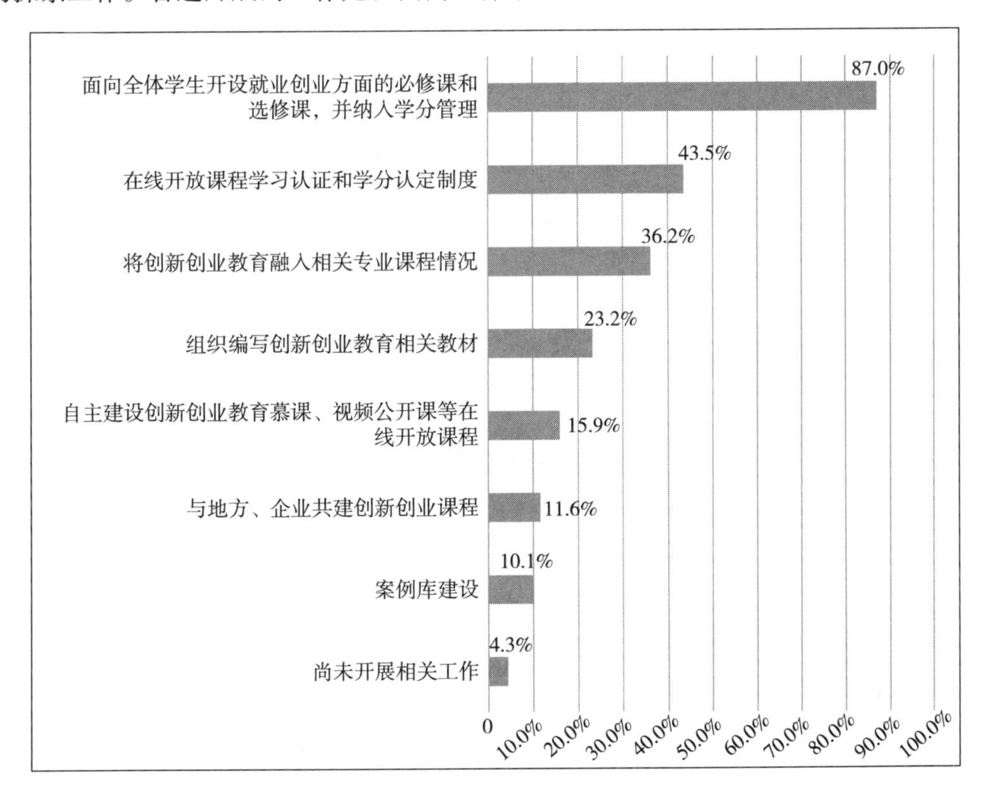

图 2－8　高校在创新创业教育课程方面做的探索工作

学分管理。该工作主要是依靠现有的《就业导论》等课程，将创新创业教育融入相关专业课程。

总的来看，各高校做法体现多样化，或是建设平台课、行业课、嵌入式专业课三种类型的创新创业课程，其中嵌入式专业课主要是创新创业教育与专业教育相结合而建设的课程；或是在专业导论和新生研讨课程中加强工程意识、创新思维等方面的训练，在经济管理类课程中增加创业基础模块，在专业基础与专业方向课程中强化创新能力培养，将创新创业教育深入现有的课程内容中去。各高校根据学校的实际情况进行了多方面的尝试，建设了一批优秀的创新创业课程，包括《生产实习与化工技术创新》《新能源工程实践》《民间美术与创意设计》《数学建模和创新能力综合培训》《机械创新设计》等。各高校总结现有工作经验，组织编写创新创业教育相关教材，出版了一批创新创业教育相关教材，诸如《大学生创新创业教育理论与实务》《互联网 + 创新创业基础与实务》《大学生创新创业教程》《大学生创新创业基础》《创新写作与实践》等，并制定在线开放课程学习认证和学分认定制度。但调查显示，目前自主建设在线开放课程、创新创业案例库以及与地方政府和企业的合作等方面的工作做得还相对不够。

面向全校专业开设创意基础教育课程的高校仅占54%，这说明国内高校的创意教育还处于发展阶段，应试教育理念及方式多于真正的创意教育成分，许多专业课程偏向设计，双师型、创意型师资力量不足，创意教育培养模式有待深化改革，创意教育实践与研究亟待加强（如图2－9所示）。

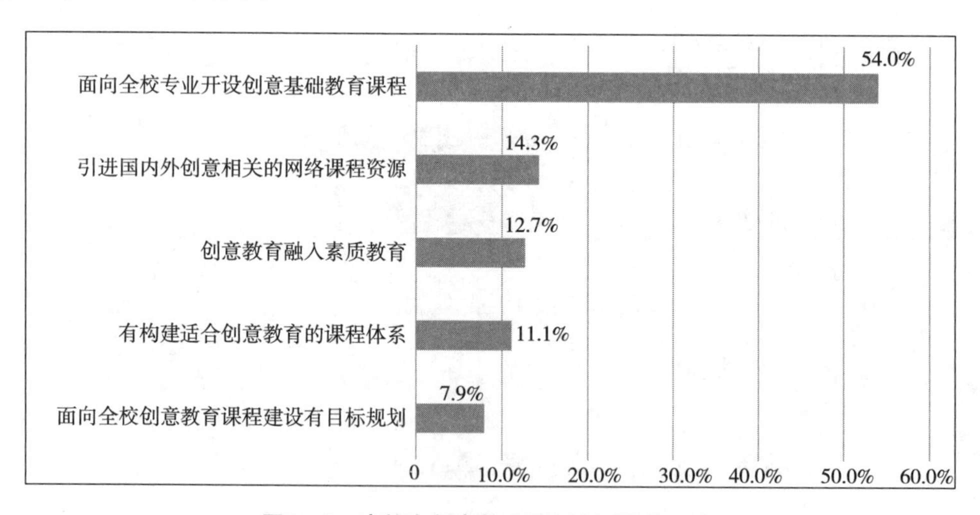

图2－9　高校在创意教育课程方面做的工作

创新创业教育不是针对大学生学习过程中的特殊环节进行的专门训练，而应融入教学的各个环节。高校的创新创业教育融入教学的环节情况如图2－10所示。在实际教学中，创新创业教育的融入效果较好，75.4%的高校表示已将创新创业教育融入人才培养全过程，尤其是实践、实习实训等方面。探讨如何提升创新创业教育与实验教学特别是科研训练的融入效果，仍然是各个高校需要关注的问题。

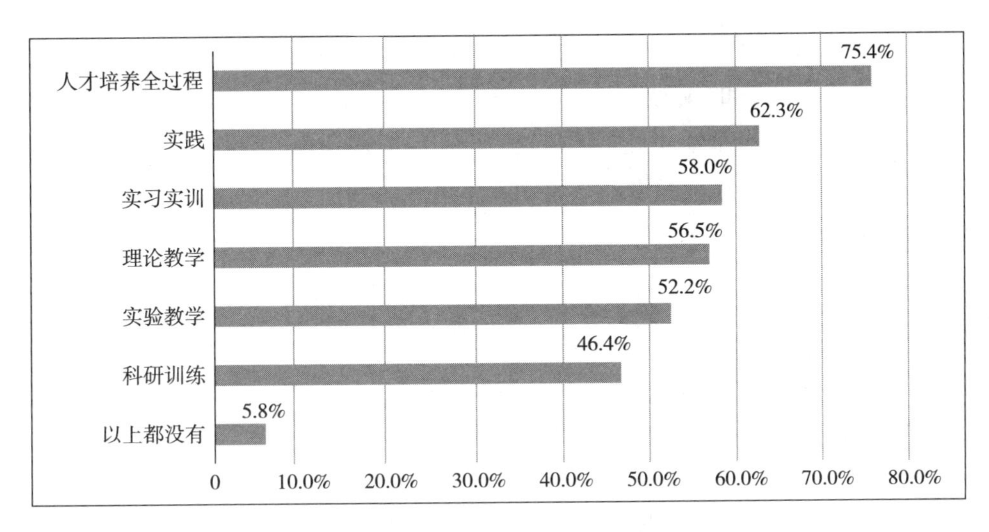

图 2-10　高校的创新创业教育融入教学的环节

3. 师资队伍建设

教师是否具有实践经验对于教学效果有着直接的影响，教师的创新创业教育能力对创新创业教育实施效果的影响更是毋庸置疑，这在高等教育管理者层面达成了共识。调查显示，有94.2%高校认为教师具有企业工作经历对提高专业教师理论与实践教学融合能力很重要。

为了促进高校创新创业教育的发展，目前高校都在不断引进创新创业类专职教师，并建设创新创业导师库，由知名科学家、知名校友、成功创业人士、创业指导专家、风险投资人等组成，来承担双创竞赛和相关课程教学指导任务。调查显示：近八成高校建立了相应的指导教师激励制度和工作量认定设计。但是，由于目前对教师的激励政策还不完善，还不能充分调动教师投身创新创业教育的积极性。当前高校对于教师开展创新创业教育活动工作量的认定存在缺失，只有34.8%的高校将创新创业创意教育纳入了教师的考核评聘中。另外部分高校虽然采取了认定，但认定的工作量很少。特别地，针对教师参与指导创新创业活动给予奖励的高校数量更是不多。

4. 条件保障

创新创业实践平台是大学生开展创新创业活动的重要保障。调查显示，目前有78%的高校建设有自身特色的创新创业实践平台，包括创新创业俱乐部、工程师训练营、创客空间，还有众创园、创业苗圃、创客训练营、创意工作室、创新实验室、实践创新基地、学科竞赛基地、创新创业实验室、青创广场、创业一条街、大学生创业园和大学生创业街等各具特色的创新创业平台。

大学生创业服务中心和大学生科技园，能够为大学生的创业活动提供完善的项目孵化、路演、展示等支持服务系统，是大学生开展创业活动的重要指导服务部门，是创新创业人才培养的重要平台、高校科技成果转化与产业化的重要基地、科技型中小企业孵化的主要载体。因此，设立大学生创业服务中心或科技园对于推动高校的创新创业教育具有重要意义。目前已有87%的高校建设有创业服务中心或科技园，为高校的创业活动保驾护航，提高大学生创业孵化的成功率。

大学生校外实践教育基地建设是加强校企合作、搭建高校人才培养和社会人才需求的桥梁，已成为全国众多高校立足专业、推动人才培养的一种新型模式。一方面，高校能够为校外企事业单位提供高质量的创新创业型人才，促使企业依靠科研进步与专业人才获得持续稳定的发展。另一方面，高校以社会实际需求为中心，能够及时主动调整人才培养目标和课程设置，改革教学内容、教学方法与教学管理制度，使学校的创新创业教育教学活动与社会需求密切接轨。学生通过基地参观、实地操作等形式，通过学习到理论运用于实践，提升对社会的全新认知。94.2%的高校都建设了学生校外实践教育基地，包括创新创业基地、孵化器、社会众创空间、创业园、科技园、高新技术开发区、创新创业实践平台、创新创业实验室、创客空间和设备图书馆、实验设备和教研资源平台等。为了能够充分调动大学生参加创新创业活动的兴趣和积极性，94.2%的高校已将创新创业资源面向全校学生开放。

5. 氛围营造

以培养学生创新精神和创业能力为目标，各高校通过组织开展创新创业讲座，举办创新创业大赛、成立创新创业协会等多种措施激发学生创新创业热情，在校园内营造“大众创业、万众创新”的良好氛围。尤其是“互联网＋”“挑战杯”等赛事，在学生中有着极大的影响力。调查显示，认为创新创业文化建设效果尚不明显的比例仅13.3%。

定期举办创新创业年会、论坛、表彰大会等活动，能够为学生提供创新创业成果交流展示的平台，同时也能增强大学生参加创新创业活动的归属感和成就感。目前有55.7%高校每年举办创新创业年会等活动，78.6%高校成立了学生创新创业协会。

高校为大学生提供了多级别的创新创业训练计划项目、多种类的专业技能竞赛和互联网＋大学生创新创业大赛等创新创业途径，充分调动了大学生参与创新创业活动的积极性。本科生参与创新创业训练、专业技能竞赛、“互联网＋”等活动的人数情况如图2－11所示。绝大部分高校在校本科生参加创新创业活动的人数超过50%。

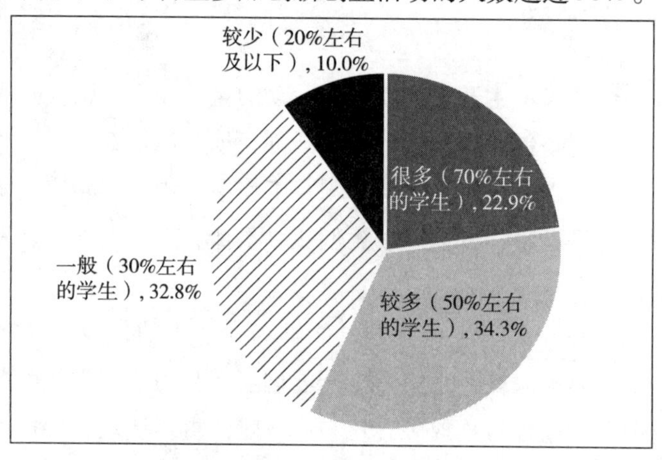

图2－11 本科生参与创新创业训练、专业技能竞赛、“互联网＋”等活动的人数

在各级政府的大力支持下，高校的创新创业教育建设取得了明显的成效。各高校根据各自学校特点修订人才培养方案，开设创新创业课程，拓展实践教育环节，发展校外双创基地，加强师资队伍建设，营造创新创业教育氛围等，为学生参加创新创业活动提供全方位的保障。

创新创业教育已成为当前高校进行教育教学改革不断探索的新方向。不少高校将创新创业教育纳入人才培养方案，拓展创新创业活动途径，搭建有自身特色的创新创业实践平台，引进创新创业类专职教师，并建设创新创业导师库，建立指导教师激励制度。建设创业服务中心或科技园，成立创新创业协会等组织，定期举办创新创业年会、论坛、表彰大会等活动，在校园内营造“大众创业、万众创新”的良好氛围，激发学生创新创业热情。但是在实际的执行过程中，虽然创新创业教育已经纳入人才培养的各个环节，但由于在人才培养计划中设置不够规范以及对教师的配套激励力度不大，不能充分调动教师的积极性，一些高校创新创业教育取得的成效仍显不多。

（二）高校人才培养方案修订情况

要推进高校理论教学与实践教学深度融合，就要着力优化修订人才培养体系，坚持产业需求导向、国家战略需求、科技发展前沿领域等与教育目标导向相统一。教育目标即人才培养方案中的培养目标及毕业要求。培养目标指的是学生未来“能做什么”，是对学生毕业后5年左右在社会和专业领域发展预期的总体描述；毕业要求指的是学生毕业时“能有什么”，是学生毕业时应当掌握的知识、能力、素质的具体描述，应能支撑培养目标的达成，并在培养过程中分解落实。针对人才培养方案修订情况的调查主要包括学生共识、人才培养方案制定的组织、课程体系建设、教材建设、人才培养模式等方面。

1. 学生共识

理论教学与实践教学深度融合，已成为学生的共识。学生普遍希望理论与实践相统一，学以致用，用以促学，夯实理论基础，扩大知识面，提升分析问题、解决问题的能力。高校对学生理实融合态度的感知情况如图2－12所示，以重视程度大小为单位，用“重视”“较重视”比例小计来反映学生的重视程度，学生对理论教学与实践教学融合的重视程度达82.8%。该比例反映多数学生了解自己毕业时所需要掌握的知识、能力和素质。

2. 人才培养方案制定的组织

高校制定人才培养方案除了保持教师、教学委员会的主体地位，应该还要汇聚各类社会资源，与行业企业、用人单位、毕业校友、在校学生、政府共同制定人才培养方案，使高校人才培养与产业需求更加紧密结合，着力提高学生的综合素质和适应能力。高校人才培养方案制定参与方的情况如图2－13所示，这说明校内组织参与占主导，和教育部明确行业、用人单位、校友等参与人才培养方案制定的要求还有一定距离。

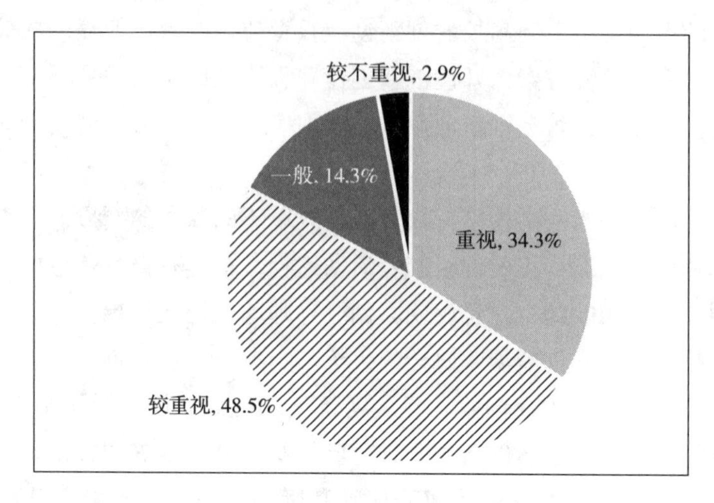

图 2－12　学生对理论教学与实践教学深度融合的态度

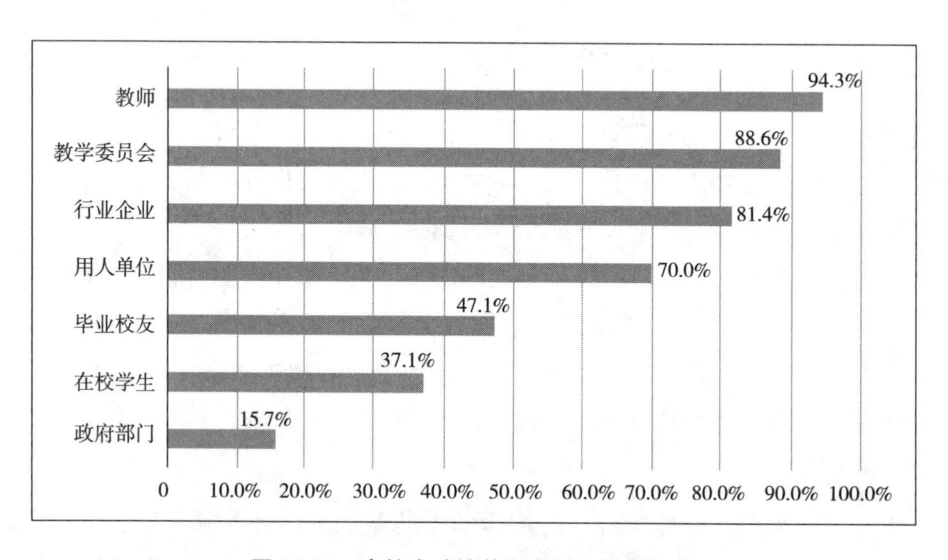

图 2－13　高校人才培养方案制定的参与方

3. 课程体系建设

课程体系建设要求与实践教学相结合，实现培养目标相对应达成的课程目标相关能力。调查显示，八成高校能做到课程体系与实践教学结合紧密，课程目标明确，要求实现培养目标要求的相关能力。从高校课程体系理论与实践教学结合的自评情况来看，高校课程体系理论与实践教学结合“很紧密”的比例为 21. 4%，“较紧密”的比例为 58. 6%，“一般”的比例为 20%。从课程目标自评情况来看，与“每门课程的课程目标明确，且能实现培养目标中的相关能力”情况“符合”的高校比例为 31. 4%，“比较符合”的高校比例为 50. 0%，“一般”的高校比例为 18. 6%。

各高校以学生发展为中心，加大课程整合力度，面向产业需求深化教学内容与课程体系改革，积极探索把科研成果转化为育人资源和优势，以科研新成果、学科前沿、产业和技术最新发展成果更新教学内容。从调查情况看，多数大学的课程设置或课程教学内容都一定程度上将理论与实践教学进行融合。高校在面向技术发展深化教学内容与课程体系改革的做法如图 2－14 所示。“将学科前沿、产业和技术发展新成果融入教学内容”达 83.6%，“将教师科研成果转化为研究型课程或有机融合到课程教学中”为 68.7%，“多名不同专业背景教师和业界专业人员共同开设课程”为 55.2%，“开设问题导向课程”为 43.3%，“开设融合多门学科知识和技能的综合类课程”为 43.3%，“开设交叉学科研讨课程”为 32.8%。可见，目前高校在多名不同专业背景教师或业界专业人员共同开设课程，融合多门学科知识和技能的综合类课程、问题导向课程、交叉学科研讨课等课程的建设上较为不足。

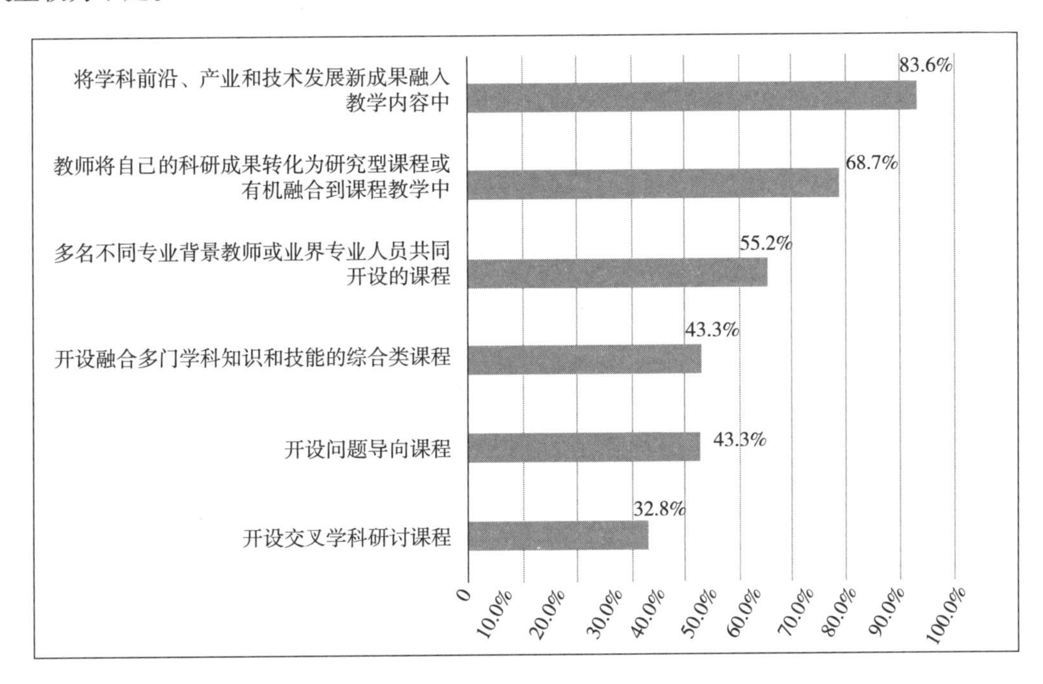

图 2－14　各高校在面向技术发展深化教学内容与课程体系改革的做法

4. 教材建设

教材建设是课程建设和教学改革的重要组成部分，是深化教学改革、提高教学质量的重要保证。理论教材与实践、实验教材适应理论与实践教学深度融合教育教学需要，要能反映当代课程建设与相关专业、相关产业发展最新成果。高校在理论教材和实践、实验教材配套建设情况如图 2－15 所示。目前，理论教材和实践、实验教材配套建设已

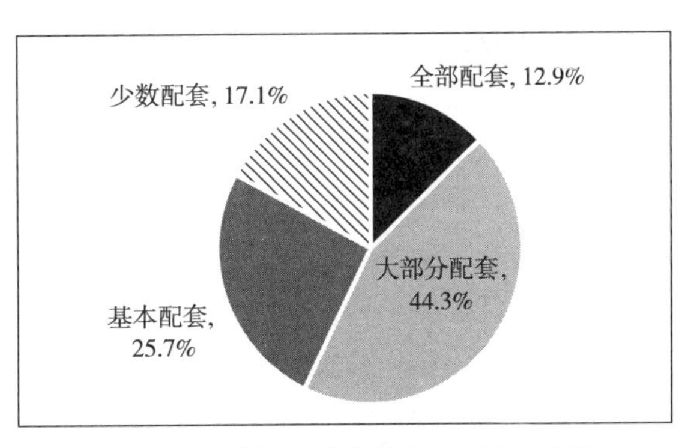

图 2－15　高校在理论教材和实践、实验教材配套建设情况

有较为明显的进展，12.9%的高校能做到理论教材与实践、实验教材全部配套使用，44.3%的高校大部分理论教材有相应的实践、实验教材配套。

5. 人才培养模式

国内各高校在人才培养模式改革方面的主要做法如图2-16所示。各高校结合自身特色实施适合本校的人才培养模式，提供学生自主选择成长路径。校企合作、卓越人才培养计划等教学改革项目、慕课学习、联合办学等是当前深化理论与实践教学融合的主要培养模式。而尊重学生个性化、差异化培养的现代教育培养模式在高校运用还相对较少。

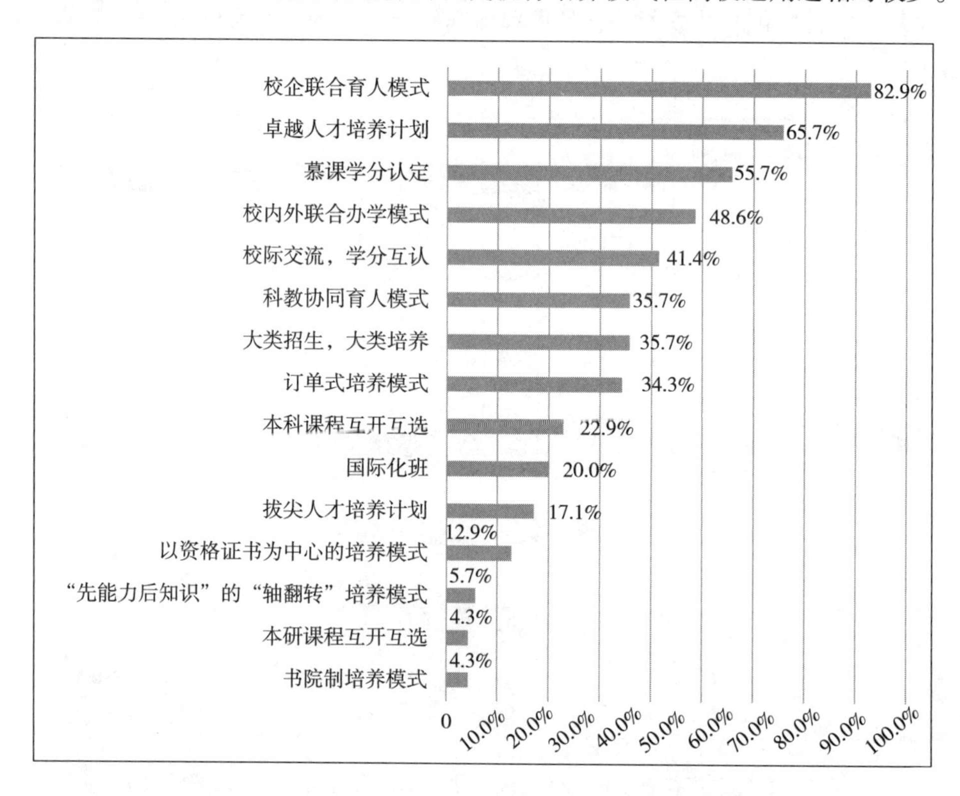

图2-16 国内各高校在人才培养模式改革方面的主要做法

（三）毕业设计（论文）开展情况

1. 毕业设计（论文）选题

毕业设计（论文）选题应符合专业培养目标要求，密切联系本学科内容，体现专业科学研究训练的基本要求，益于学生综合运用所学的专业理论知识与技能；应与科学研究、技术开发、经济建设和社会发展紧密结合，尽可能反映科技创新和社会生产创意的需要。有条件的情况下，要与科研院所、企事业单位联合拟定题目，与教师科研课题相结合，与学生科创项目相结合，体现学科交叉。高校最近一届毕业班学生毕业设计（论文）选题来源所占比例的情况如图2-17所示，毕业设计（论文）选题大部分来自导师课题，其次是学生自拟、来源于企业的课题。其中，从毕业设计（论文）选题创意性自评来看，50%的高校强调毕业设计（论文）选题应该具有创意性。

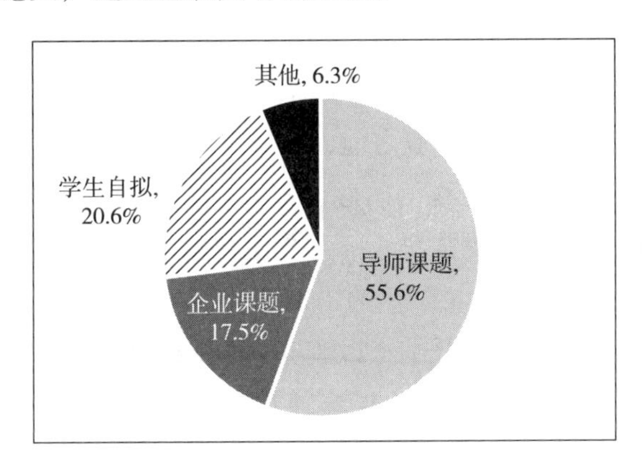

图2-17　高校最近一届毕业班学生毕业设计（论文）选题来源所占比例

2. 实行双导师制情况

指导教师一般由高校一定职称以上的教师担任，安排助教协助，同时也鼓励在校内指导教师指导的基础上聘请具有一定职称以上的校外人员担任指导教师，实行“双导师制”。一定职称以上的校外人员在实务上更有经验，有助于在毕业设计（论文）的选题、写作等尽可能做到理论与实践相结合，有助于毕业设计（论文）研究与经济建设和社会发展紧密结合。高校毕业设计（论文）聘请校外指导教师的比例如图2-18所示，95.5%高校实行了双导师制，毕业论文（设计）聘请校外指导教师的比例在3%以下的高校占37.3%，毕业设计（论文）聘请校外指导教师的5%及以上的高校占35.8%，毕业设计（论文）聘请校外指导教师的3%～5%的高校占22.4%。总的来看，全面推行双导师制指导毕业设计（论文）有待于进一步加强。

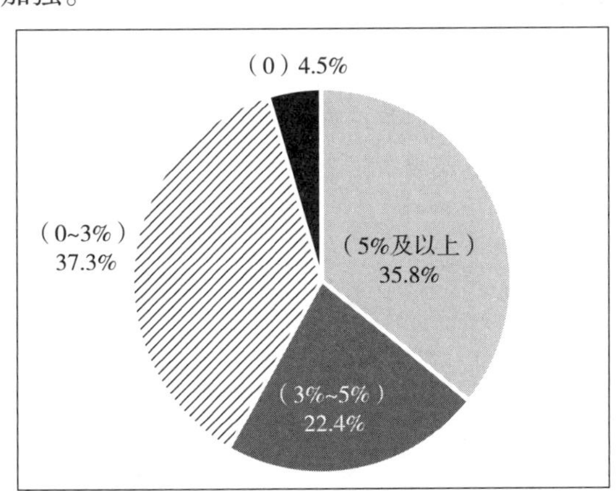

图2-18　高校毕业论文（设计）聘请校外指导教师的比例

3. 毕业设计（论文）过程管理制度

过程管理主要包括开题报告、中期检查与答辩资格审查等环节。高校毕业设计（论文）采取的管理措施如图2－19所示。高校要求学生在选题之后，对所做的课题进行开题汇报，开题报告主要包括选题依据、现状、文献资料准备情况、外文文献的翻译、毕业设计（论文）写作的总体构思等内容。这种做法改变了以往学生只会等、靠、要的主观意识，为后续的工作打下了良好的基础。这是确保完成整个毕业论文（设计）的基本保证。规定在毕业设计（论文）答辩工作开展之前，要以专业为单位组成毕业答辩小组。为了及时发现毕业设计（论文）工作中存在的问题，提高毕业设计（论文）的质量，各高校要求在毕业设计（论文）答辩工作完成之后，要对该毕业设计（论文）工作进行总结，总结经验，找出不足，并且抽一定数量学生的毕业设计（论文）进行外审，根据外审评阅表的结果与自评结果对比，进行外审总结，以利于进一步提高毕业设计（论文）环节的质量。从图2－19可见，80%以上高校开展毕业设计（论文）中期检查和公开答辩，有70%以上高校开展初期检查和校内专家检查，但只有47.8%高校组织旁听答辩，只有10.1%高校有外审环境。由此看来，要提高高校毕业设计（论文）质量，采取外部评价，即增加外审比例，是各高校需要关注的问题。

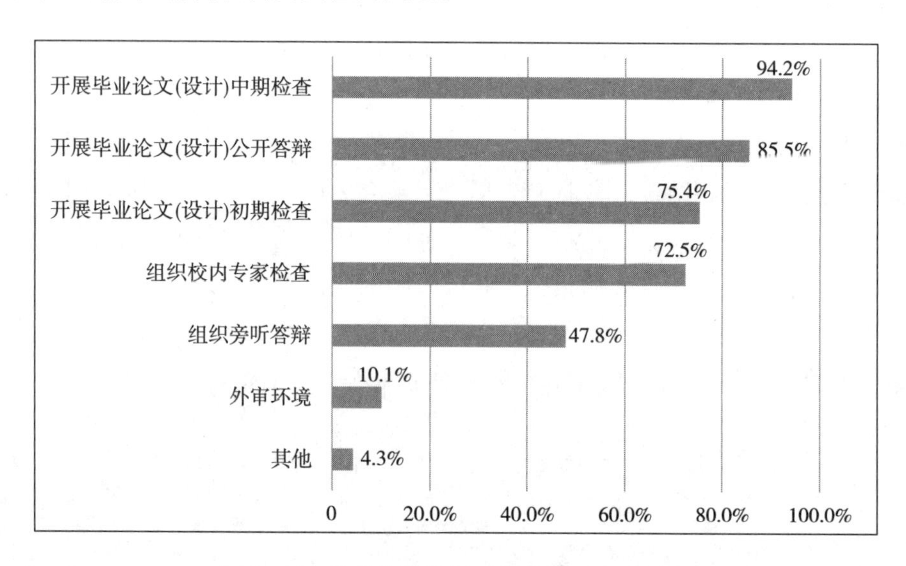

图2－19　高校毕业设计（论文）采取的措施

（四）校企合作开展情况

1. 高校对校企合作的态度

校企合作协同育人是深化理论与实践教学的一个重要手段。目前各高校主要结合学科专业，依托大学科技园、大学生创业园、创业孵化基地和中小企业创业基地等，建设了一批学生校外实践教育基地，包括共建实习实训基地，共同制定人才培养方案，企业接收学生参与实践教学、实习实训，企业提供资金或设备，与学校共建实验室等。调查显示，校企合作对理论与实践教学融合有重要影响的高校达73.6%。

校企合作是促进高校理论实践教学融合的重要途径，能够有效地提高人才培养质量。从校企合作促进理论与实践教学融合方面最重要的成果评价来看，相对于“学生学习成绩”（4.4%）、“教师教学能力”（19.1%）、“高校发展策略”（2.9%），“校企合作”在“提高人才培养质量”方面体现出的成果最为重要（73.6%）。

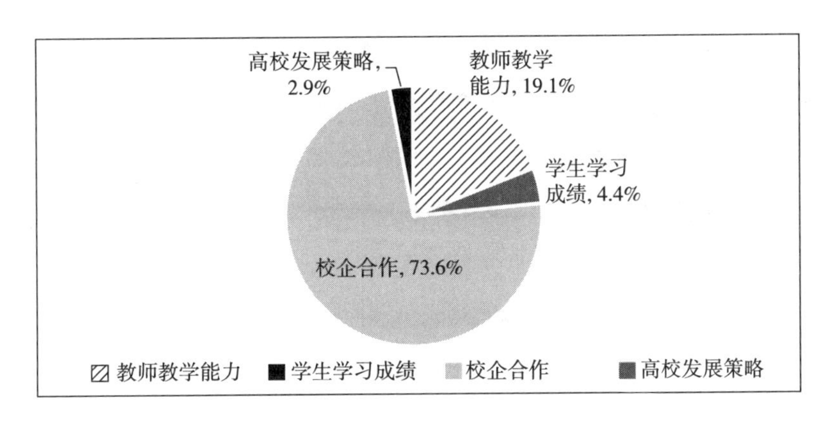

图 2-20　校企合作对高校理论与实践教学融合成果最重要的方面

2. 校企合作的满意度

校企合作要站在理论、实践、应用三个维度，打造校企联合培养人才的平台，包括与高校共同制定人才培养方案，联合开发课程、编写教材，共建实习实训基地、实验室和产业化学院，通过企业接收学生参与实践教学、实习实训，对学生进行就业指导与岗前培训等方式，使学生成为企业工程技术人员开展技术革新的伙伴；通过企业专家来校为师生举办讲座，企业接收高校教师挂职锻炼，企业人员在高校任教等方式，使企业和高校人员资源交互流动。有些高校企业还牵头与高校一同开展科研大赛或创新活动等（如图 2-21 所示）。目前高校与企业合作开展协同育人总体满意度达 58%，校企合作协同育人还有较大的扩展空间，尤其是共建实习实训基地，企业接收学生参与实践教学、实习实训，共同制定人才培养方案等方面。从新时代人才培养要求看，还需进一步在企业牵头科研大赛或创新活动、设立产业化学院、共同编写建材、共同开发课程、企业人员在高校任教等方面进行深层次的协同育人改革。

从“双师型”教师队伍建设方面来看，高校要密切深入与企业的协同合作，学校聘请行业企业的技术与管理专家到高校兼职任教，指导学生参与科技竞赛、开设讲座或课程、指导毕业论文（设计）、指导实习等；企业接受学校教师挂职锻炼，强化高校教师与企业（特别是国内 100 强企业、全球 500 强企业）的密切联系。调查显示：高校大多数教师与企业（特别是省内企业）联系的密切程度为 46.4%（如图 2-22 所示），企业兼职教师更多地通过指导实习、指导毕业论文（设计）、来校为师生举办讲座来参与高校人才培养，在理论授课、指导学生参与科技竞赛等方面参与的相对较少。七成以上高校认同企业兼职教师在上课或学生指导方面的教学效果（如图 2-23、图 2-24 所示）。

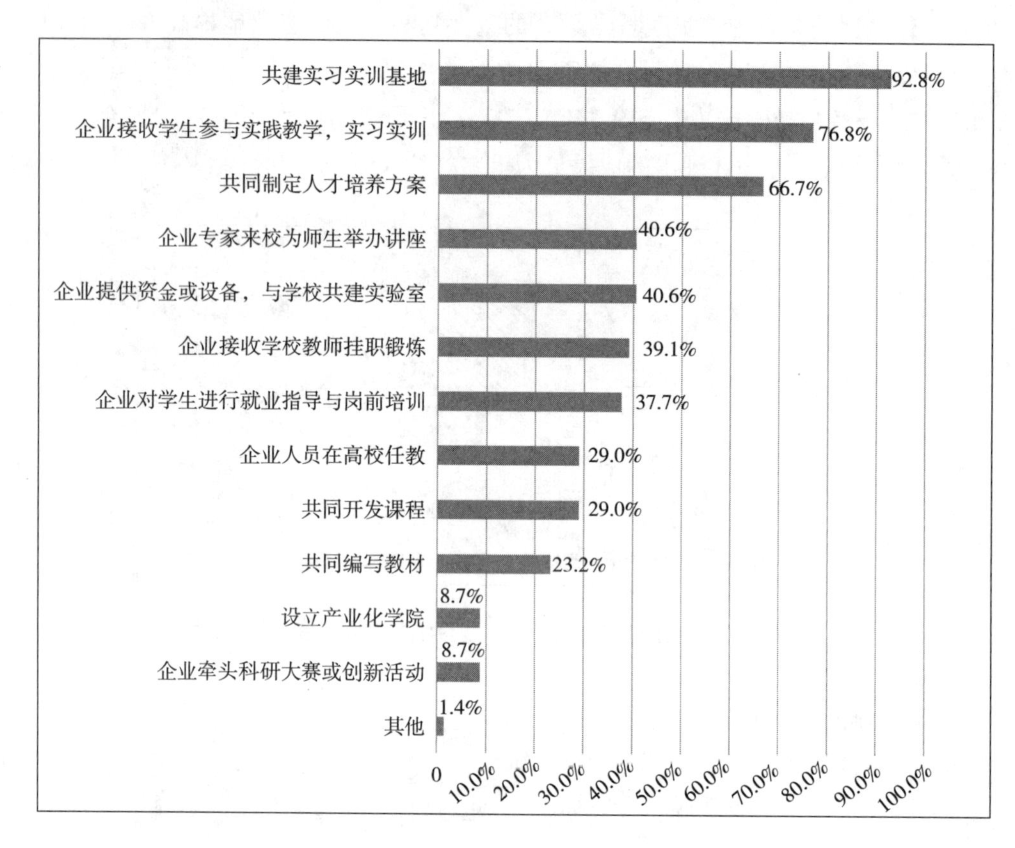

图 2－21　高校在校企合作、协同育人方面成效比较突出的地方

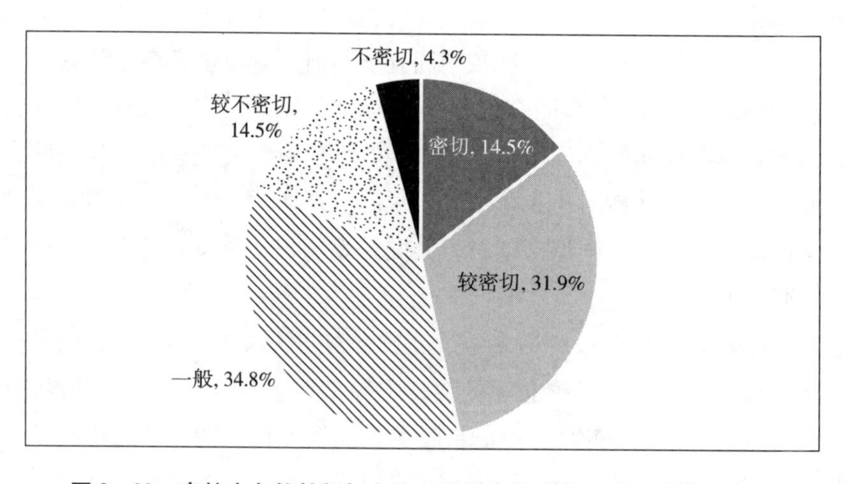

图 2－22　高校大多数教师与企业（特别省内企业）联系的密切程度

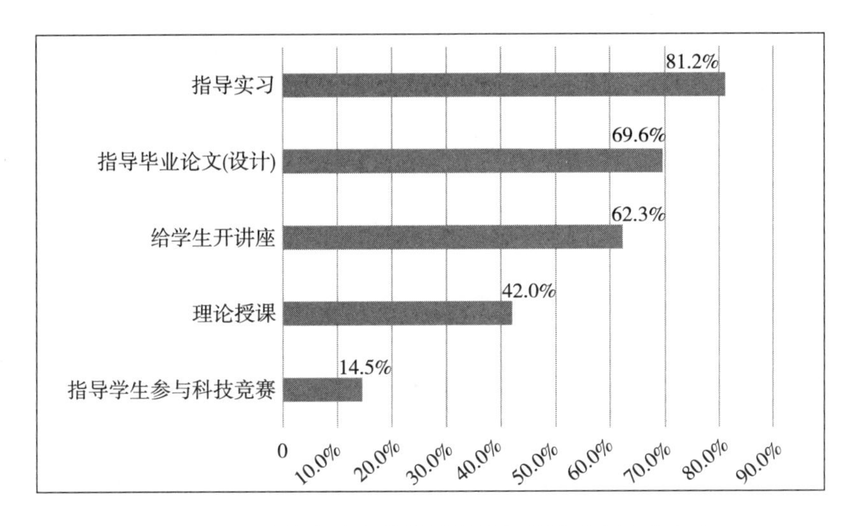

图 2-23　高校的企业兼职教师参与教学最主要的方式

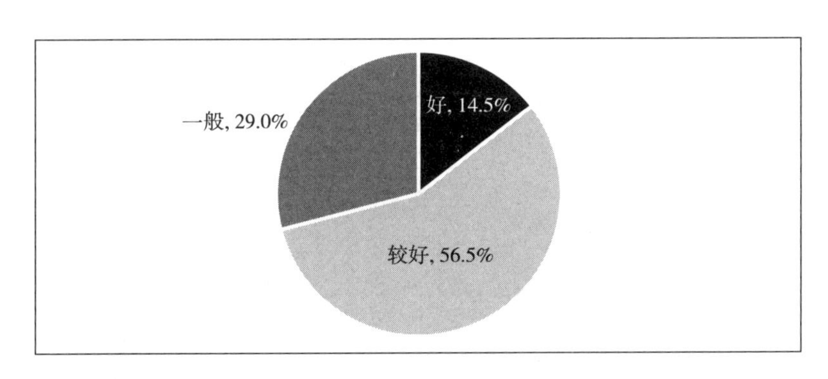

图 2-24　企业兼职教师在上课或学生指导方面的教学效果情况

3. 实习课程建设

各高校尝试通过制度安排使学生成为企业工程技术人员开展技术革新的伙伴。高校实习课程建设情况如图 2-25 所示，目前高校基本做到实习管理规定、安排实习指导老师和成文的实习大纲全覆盖，同时超过一半的高校能配套建设实习实训方面的教材、指导书或讲义，但实习贯穿四年培养过程仍较难做到。

实习的方式主要包括集中实习、委托实习、分散实习等形式，其中集中实习是学校联系好实习单位，与实习单位共同管理，由实习单位和高校共同考核。高校集中实习学分占实习总学分的比例情况如图 2-26 所示。集中实习有利于高校根据所掌握的学生信息和社会单位信息，实现学生和实习单位、学生专业和实习岗位之间的匹配。目前，主要采取集中实习的高校还较少，集中实习学分占实习总学分 70% ~100% 的高校比例为 14.5%，占 50% ~69% 的高校比例为 11.6%。

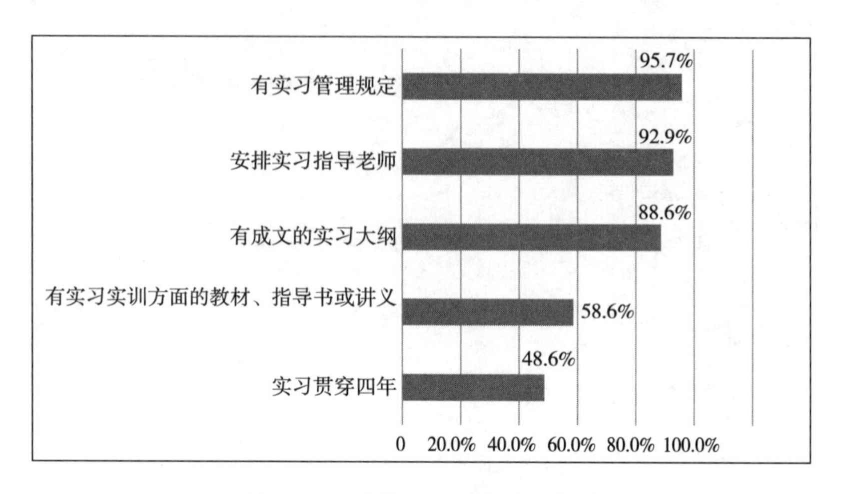

图 2－25　高校实习课程建设情况

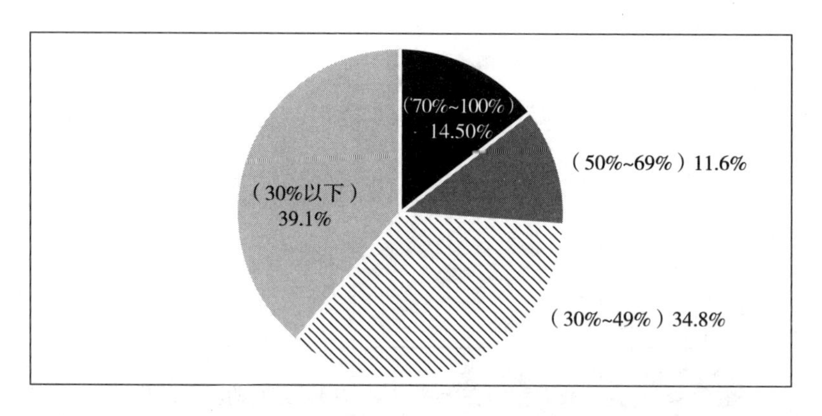

图 2－26　高校集中实习学分占实习总学分的比例

4. 校企合作问题

校企合作过程中，高校会遇到诸多问题，如企业参与学校教育教学改革的积极性不够、学生在企业学习阶段的学习质量不高、企业指导教师的待遇不高、学生在企业学习阶段管理不到位等（如图 2－27 所示），其中企业参与学校教育的积极性是校企合作、协同育人方面目前最需要解决的问题。企业参与学校教育的积极性不高，虽然在项目管理、成果共享、责任划分等方面均能较好地合作，但却很难一直保持良好的合作关系，合作持续性不够，更多的是“一锤子买卖”（如图 2－28 所示）。这就要求政府、高校等从政策、激励机制、资源投入等方面解决企业参与学校教育教学改革的积极性问题。

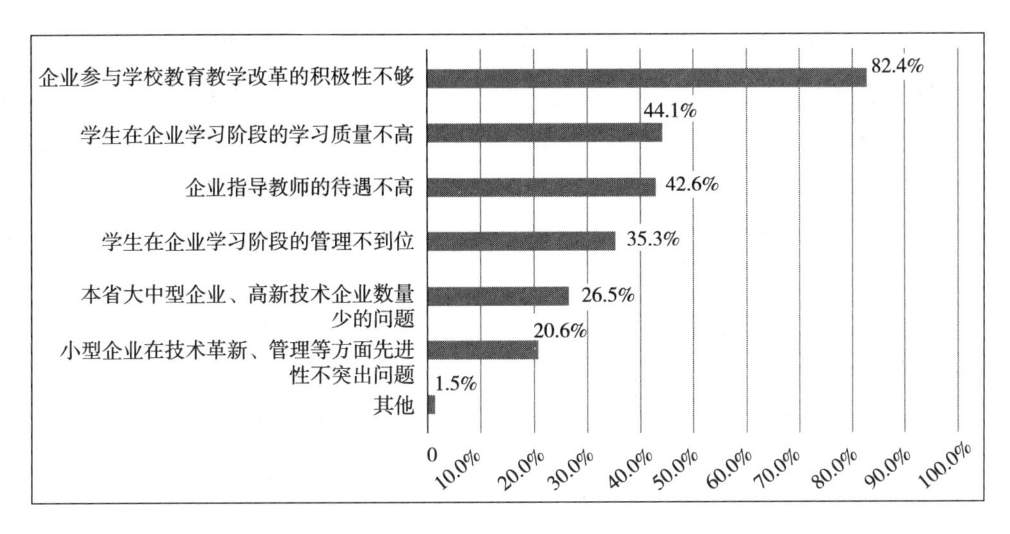

图 2－27　深化校企合作协同育人应该要解决的瓶颈问题

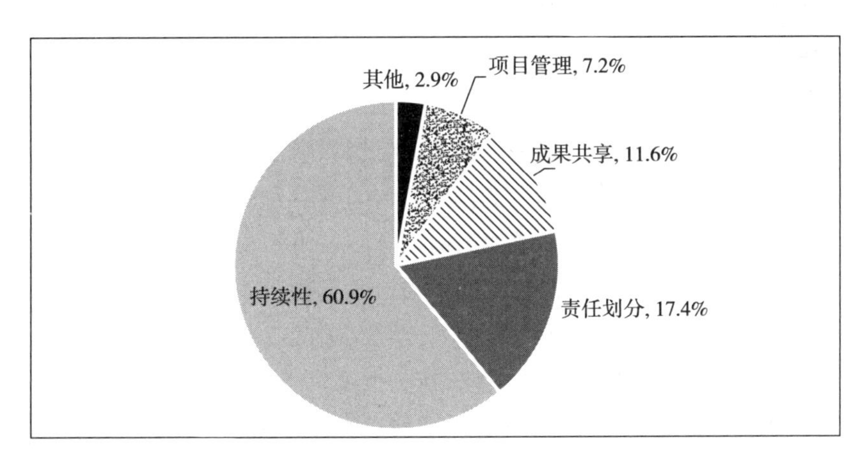

图 2－28　校企合作容易出问题的方面

（五）社会实践开展情况

1. 社会实践的种类

社会实践主要细分为组织考察调研、思政教育、社会服务等类型。具体分析如下：

（1）考察调研类社会实践活动是指通过科学的方法观察、调查有关社会现象的真实情况，并对相关材料进行收集、整理、分析、研究，从而阐释某种现象、得出某种结论或揭示某种规律的社会实践活动。国家和各高校都鼓励广大学生深入实际，深入基层，深入群众，了解我国的经济与社会发展现状，通过与群众交谈、实地走访等，对社会的某些领域或某些现象进行较为全面、客观的了解和学习，通过发放问卷、访谈、记录等方式，有目的地对某类社会现象开展考察、分析和研究，进而了解现实情况，解释某种现象，得出某种结论，揭示某种规律，提出某种对策等。

（2）思政教育类社会实践活动是指通过理论学习、理论宣讲、实地走访等方式开展

“青年大学习”，把理论知识转化为具体行动，将读书学习转化为调研实践的活动。教育部和各高校鼓励实践团队以“新时代，新气象，新作为”为主题，在专家学者、专兼职团干部的指导、交流的基础上，开展“四进四信”“与信仰对话”“与人生对话”“青年之家·学习社”等相关主题活动，以透彻深入的宣讲、鲜活生动的解读，走近红色地区、城乡社区、偏远山区和学校，使广大群众深受教育鼓舞，在实践中深刻领会国家大政方针的丰富内涵，在深入基层一线的实践中锤炼本领。

（3）社会服务类社会实践活动是指具有公益性质和志愿服务性质的社会实践活动，旨在引导学生扎根中国大地，弘扬志愿服务精神，发挥青春正能量，培养社会责任感，加强为人民服务的意识。通过社会实践，凝聚青年智慧、青年力量服务贫困地区经济建设和教育升级，促进通过智力、资源、技术开发及运用的多项社会服务。社会服务类活动形式主要包括支教、支农、支医、助残、敬老、关爱留守儿童、义务劳动、环境保护、义务宣传宣讲、走访慰问、大型赛事志愿者活动等。

2. 组织社会实践的价值

（1）反思质疑能力。

反思质疑能力主要是指对现行制度中价值理念层面缺陷反思与挖掘的能力。大学生在参与社会实践之前，往往对一些国家大事、社会现象有着自己的理解，但由于缺少对这些事件更直观、更具体的深刻感受，导致他们的理解往往是不全面的。因此，为了能够更加深入地了解国家大事和社会现象，大学生选择通过参与社会实践来达到这一目的。通过社会实践，可以更加深入地了解我国的发展现状，学会多维度、多角度看待现实社会问题。例如，一些大学生在参加脱贫攻坚调研团之前，认为扶贫只需要国家拨款即可，但在实际参与社会实践之后，才发现扶贫应先扶智的道理。通过这类社会实践，大学生的反思质疑能力得到了提升，学会了多层次、多角度、全方位地看待现实问题，真正达到学以致用的目的。

（2）理论研究能力。

理论研究能力主要是指对旧制度和所要创建的新制度的价值理念层面的理论研究能力。大学生在参与社会实践之前，往往借助于自身学习过的一些理论作为开展实践活动的支撑，同时通过实践活动进一步丰富深化理论。大学生通过参与社会实践活动，在实践中检验真理，在实践中研究并运用理论，能够不断地提高自身素质，提升理论学习能力和研究能力。

（3）标准建构能力。

标准建构能力主要指对新制度价值标准的建构能力。大学生在参加社会实践之前，对社会上存在的问题有一定的了解，但由于缺乏更为细节的感知，从而缺乏标准建构的能力。大学生通过参与考察调研类社会实践，在实践中发现问题，并为解决问题寻求解决方案和思路，在这个过程中不断地提高标准建构能力，为中国特色社会主义现代化建设贡献中国智慧和中国方案。

（4）解释阐述能力。

解释阐述能力主要是指将所要创建的新制度所蕴含的价值理念融入社会通用话语体系

的能力。大学生在参与社会实践之前，往往缺乏将高深的理论知识转化为社会通用话语体系的能力。大学生通过参与社会实践，在实践中对理论有了更深刻的理解和体会，在实践中对社会通用话语体系有了更好地掌握，从而在实践中学习理论，在实践中传播理论，在实践中普及理论。

（5）吸纳包容能力。

吸纳包容能力主要是指将对已被组织场域内成员广泛认可和遵循的价值理念的兼容并蓄地吸纳能力。大学生在参与社会实践之前，思维和接受能力都存在一定的局限性。大学生通过社会实践，体验了多元化的社会，感受到多元化的社会价值观，在这个过程中不断地吸纳包容各界人士的价值理念，丰富自己的思辨思维，提高吸纳包容的能力。

3. 社会实践师资队伍保障

教师是高校社会实践教育育人活动的组织者、管理者和实施者，所有学生的社会实践理论学习和实践锻炼都是在社会实践专业教师的指导下进行的，高校社会实践教育一系列目标的实现都依赖于社会实践教育教师的教学实践，确保高校社会实践教育顺利运行实施首先需要构建完善的师资保障体系。一般地，高校社会实践教育主要有两个特点，一是社会实践教育属于全新的教育理念和全新的教育模式，在初始推广和运行实施过程中普遍面临师资匮乏的问题；二是社会实践教育属于理论与实践融合的教育，既需要理论知识渊博的教育者，也需要实践经验丰富的教育者。

在高校社会实践实际落地过程中发现，指导老师群体往往由辅导员、党员干部、专业课老师和思想政治理论课教师组成，其中辅导员占较大的比例（如图 2 – 29 所示）。指导老师的数量与社会实践团队数量不成合理的比例，对社会实践实际开展和效果达成产生了一定的影响。考虑到高校社会实践教育的这两个特点，师资队伍建设应当是专任师资队伍与兼职师资队伍协同发展。专任师资主要来自校内从事社会实践教育研究或与社会实践

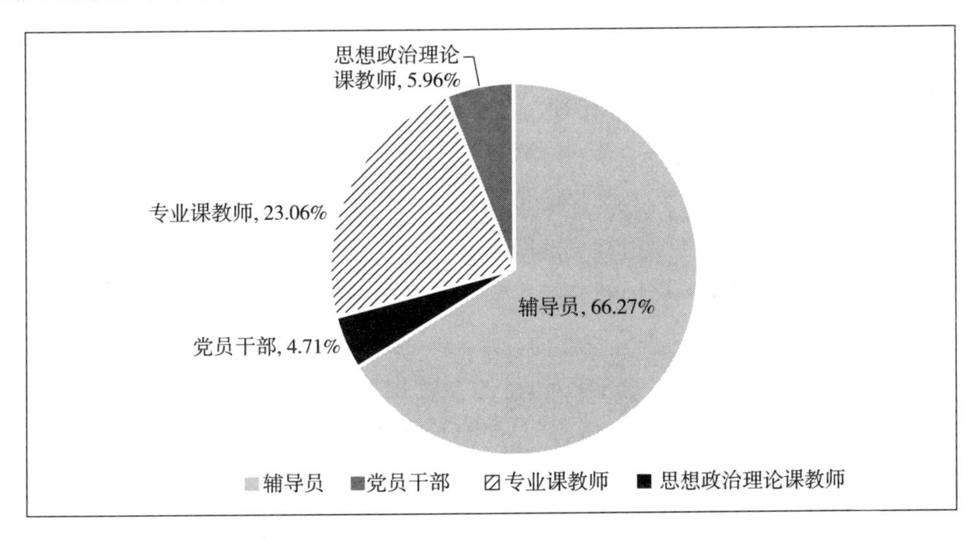

图 2 – 29　社会实践指导老师构成

教育联系紧密的相关教师；兼职师资主要来自其他高校的社会实践教育专任师资以及有社会实践经历的企业管理者、政府人员等。专任师资重点负责高校社会实践教育理论教学部分的工作任务，兼职师资则重点负责高校社会实践教育实践教学部分的工作任务。只有建立专任师资和兼职师资两方面协同的社会实践师资队伍保障体系，才能真正提升社会实践水平和质量。

4. 学生社会实践参与行为

大学生对于社会实践抱有非常大的期待，这些期待反映在他们在社会实践的参与行为上，而在不同学科、不同年级的背景下也会有不同的反映。学生们或希望了解国情社情、或希望学以致用、或希望结交好友、或希望获得技能、或希望获取社会实践学分，这些都是参与社会实践的重要动力。在实际的实践开展过程中，社会实践为他们打开了了解国家、了解社会的窗口，促使学生们的人生价值得以实现。大多数学生在社会实践的过程中是愉快的、有收获的，各方面能力都有相应的提升。不同年级、不同学科背景、不同层级（本、硕、博学生）的同学对在参与社会实践的目的、承担社会实践的任务分工等方面都表现出不同的想法与意愿。在面对困难时，不同年级的同学的处理方式和态度也会有所不同。因此，在组建社会实践团队时，应合理考虑不同年级、学科背景、层级等的配置，科学合理地组建团队。

下面以调查江苏省某高校为例，具体分析不同年级、不同学科背景对大学生社会实践行为的影响。

（1）参与社会实践的目的。对于“你是否抱有以下目的参与社会实践”这一问题，不同年级的选择呈现出不同的特点。在大一学生中，有 87. 57% 的同学都认为他们社会实践是为了“深入社会了解国情和社情”，选择这一项的比重是各个年级中最高的，这跟大一学生刚踏入大学校园，对社会充满了好奇有关，他们希望通过社会实践这一载体，了解国家，观察社会。而在大二学生中，85. 61% 的同学都认为他们社会实践是为了“增长才华、锻炼能力、开阔视野”。这是因为大二学生通过一段时间的学习，对国家、社会有了一定的认知和了解，希望通过社会实践这一载体将所学知识运用到实际生活当中，去发现问题、解决问题。大三阶段选择“学校要求、获得社会实践学分”的同学是最多的。这是因为大多数高校设置了社会实践教学保障机制，对社会实践有一定的考核指标；大三学生面临升学、毕业等情况，需要通过社会实践来达到这一目的。总体来看，不同年级学生对参与社会实践的目的有所不同，因此高校在激励不同年级学生参与社会实践的过程中需要采取相应的措施。

不同学科背景的学生参与社会实践的目的大致相同，但在对于“你是否抱着学以致用、将专业知识应用到实际生活中”这一目的时，理工科更多地偏向于赞成。55. 5% 的理科生、61. 4% 的工科生认为社会实践的目的就是将知识学以致用，而文科生与医科生的这种倾向性不明显。因此，高校在社会实践类别上选择时，需要根据自身学校学科专业甚至结合学生个性化需求特点，设立适宜的差异化社会实践项目。

（2）能力提升。通过参与社会实践，大学生的各项能力都有着不同程度的提高，比如“提高了对国家、社会环境的认识”“学会了一种新的技能”“提高了反思解决问题能力”“提高了专业知识技能和实际运用能力”“提高了社会调研与总结写作能力”“提高了组织调度与管理协调能力”“提高了社会交往与语言表达能力”。其中在“提高了对国家、社会环境的认识”和“学会了一种新的技能”两方面，不同年级的学生表现出了较大差异性（如图2－30、图2－31所示）。低年级学生更多地倾向于增加家国情怀，了解国情社情；而高年级学生更多倾向于将专业技能运用到实际的锻炼。这也跟学生参与社会实践的目的直接相关。

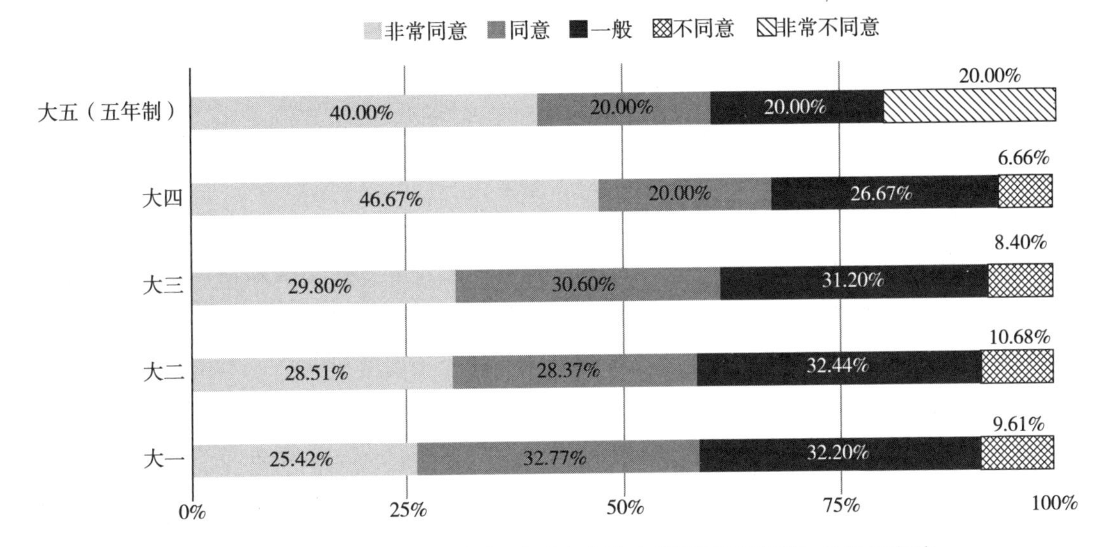

图2－30　江苏省高校不同年级对“在实践中学到了新技能”的认同程度

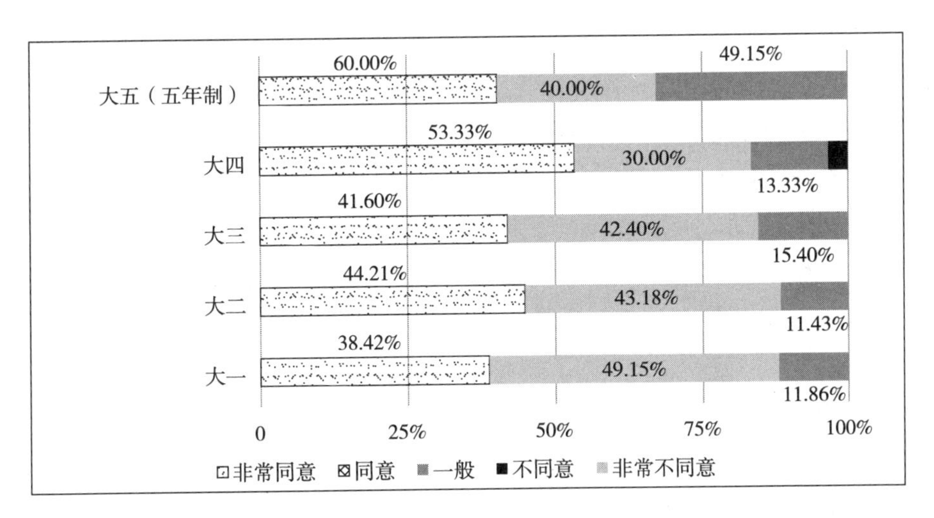

图2－31　江苏省高校不同年级对“在实践中提高了对国家、环境的认识”的认同程度

相比于理工类的学生，文科与医科同学赞同“提高了专业知识技能与实际运用的能力”的占比更多，分别为38%和68%（如表2－1所示）。这在一定程度上反映了学生社会实践目的与结果的差异性。学生抱着某种目的去做社会实践，却未必真的实现了他们所期待的结果；而很多在社会实践前期没有预料的结果，会成为一些社会实践的意外收获。这也是鼓励大学生积极参与社会实践的原因之一。

表2－1　江苏省高校不同学科同学对“提高了专业知识技能与实际运用能力”的认同程度

认同度/%	非常赞同	赞同	一般	不赞同
医科	30%	68%	1%	1%
文科	34%	38%	20%	8%
理科	28%	32%	23%	17%
工科	34%	30%	29%	7%

5. 高校社会实践支持费用来源

大部分高校和学生认为，“经费缺乏”已成为开展大学生社会实践活动的瓶颈，缺乏可持续经费保障，大学生社会实践将无法有效开展。教育主管部门、高校、社会要形成联动共同体，全方位、多层次、宽领域完善筹集社会实践经费的机制。

（1）学校支持。

高校要认识到理论教育与实践教育相结合对大学生成长成才的重要性，认识到大学生社会实践活动对完善人才培养路径、学校招生宣传、强化社会服务等方面的意义。由此高校要加大对社会实践的支持和投入，从学校财政中划定一定数额作为大学生社会实践专项经费。

各高校每年都会根据各团队社会实践具体实施情况给予表彰和专项经费支持，也发布了相关的报销细则以规范社会实践专项经费的使用。目前，各高校对于社会实践的经费支持在数十万到数百万不等，支持力度在逐步加大，但也存在着诸如报销流程烦琐、款项到账周期较长、要求不够明确等问题，需要进一步从制度保障上加以改善。

（2）社会组织资助。

高校积极探索政府、企业、自身三者结合的保障体系。在上级、当地政府、企业认同和支持的基础上，充分利用自身在科研、社会服务方面的优势，争取更多的专项经费划款、企业赞助。

目前，团中央组织发起中国大中专学生社会实践支持促进项目“知行计划”，是通过助力企业社会责任，以达到支持大学生社会实践、帮助大学生健康成长的资金筹措渠道之一。现阶段有阿克苏诺贝尔中国大学生社会公益奖、远洋“探海者”全国大学生社会实践奖、索尼梦想教室、绿色征程——索尼大学生环保营、诺维信“生物催化生活之美”教育计划、立邦“为爱上色”中国大学生农村支教奖、西门子爱绿教育计划之中国大学生社会实践项目、LG 化学中国大学生动力电池创新竞赛等多个开放项目。

三、高校理论与实践教学深度融合条件支撑现状

（一）人事考核评聘制度

目前，国内高校教师的人事考核评聘主要考虑教师的教学数量和质量，但却较少考虑教师企业挂职锻炼情况，对诸如参与教学能力培训、工程实践（社会实践）、创新创业创意教育、实践教学、将科研成果转化为教学内容等方面工作列入考核元素的高校相对都不多（如图 2－32 所示）。

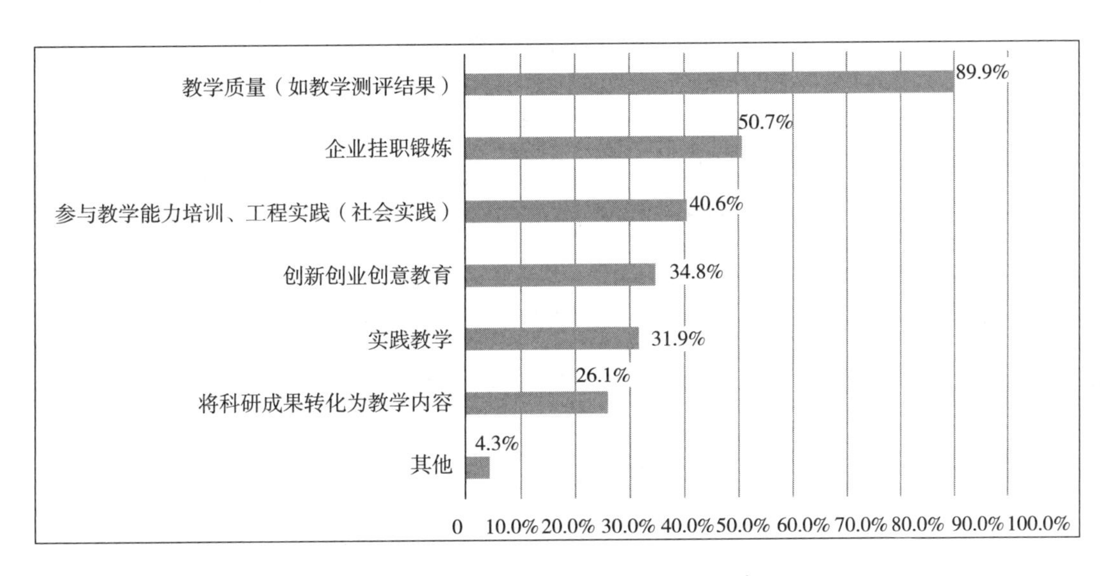

图 2－32　教师人事考核评聘考虑因素

高校设置教学质量奖，主要是为了调动教师致力于人才培养，创新教育教学激情，注重满足教师成就感与自我实现等高级需要。调查显示，81.2% 高校设置了教学质量奖。但是如图 2－33 所示，教学质量奖奖励范围主要集中在课堂教学，对从事实验教学和实习指导的教师设置奖励的高校还是较少。

（二）教师队伍保障

1. 师资队伍建设

一般而言，高校聘请兼职担任实践教学教师的比例会高于专职教师。从高校创新创业教师来看，聘请知名科学家、创业成功者、企业家、风险投资人等各行各业优秀人才担任创新创业课授课教师或指导教师的高校占比 75.8%，建立创新创业教育专职教师队伍的高校占比 50.0%，设立创新创业导师库的高校占比 43.9%；从创意教育教师来看，聘请创

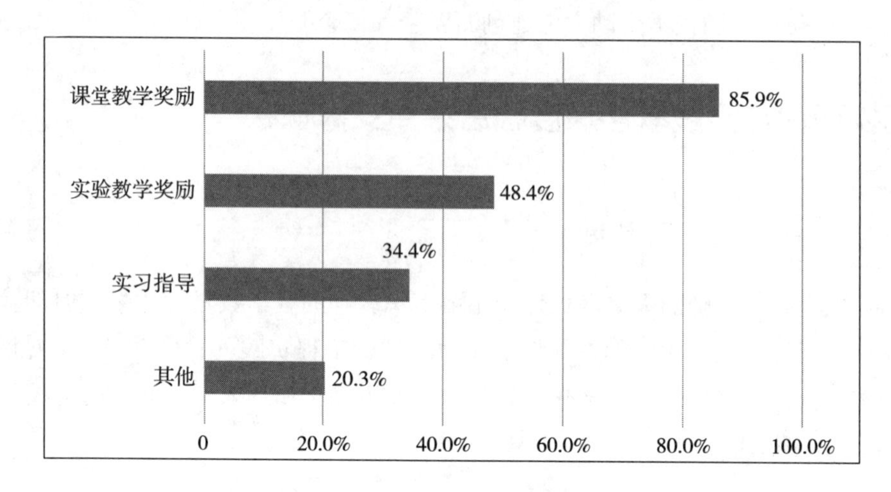

图 2－33　教学质量奖奖励范围

意家、创意投资家、创意人员等担任兼职教师的高校占比 48.5%，专职从事创意教育的教师队伍占比 12.1%（如图 2－34 所示）。相比创新创业教师数量，从事创意教育的教师数量偏低，这需要各高校加大对这些教师的培养和引进力度。

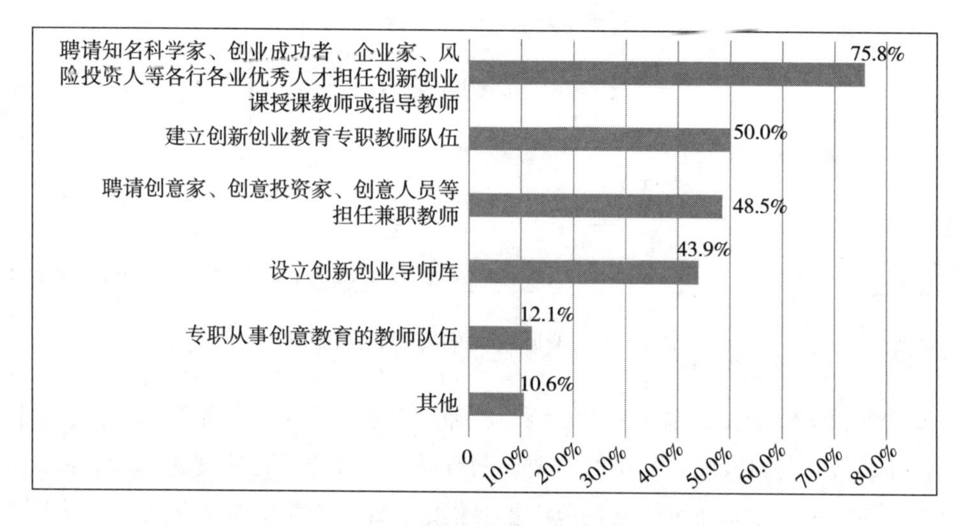

图 2－34　师资队伍建设在推进实践教学与理论教学融合的做法

2. 教师培训

为加强师资队伍建设，提高教师业务水平，一些高校建立教师教学发展机构，建立提高教师教学能力的常态化培训机制和青年教师教学导师制，提供个性化的教学咨询或诊断。调查显示，89.7% 高校设有教师教学发展的专门机构，主要负责教师培训、教学咨询服务、教学研究、教学质量评估和监测等工作。52.9% 高校为教师提供个性化的教学咨询或诊断，84.1% 高校为青年教师提供导师制服务。

除了教师所应具备的师德修养、教学理念、教育技术、教学策略方法等基本素养，教师的科研能力、素质拓展、校情教育、创新创业创意教育能力都是影响教师理论教学与实践深度融合的重要因素。各高校教师培训内容如图2－35所示。目前，高校在培训教师师德修养、教学理念、教育技术、教学策略方法等方面占比均高于80%，开展科研能力、素质拓展、校情教育、创新创业创意教育指导的培训比例相对较低，但也均达到40%以上。

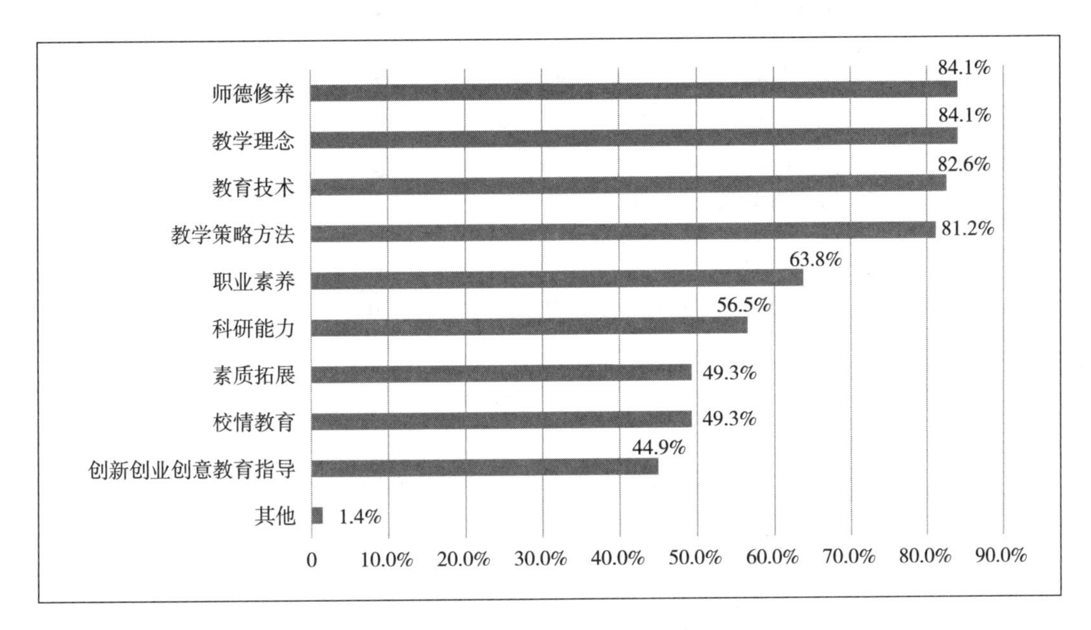

图2－35　高校教师培训内容

3. 教学研究保障

为加强对教育教学改革全局的有关重大问题研究，更好地服务提高本科教学质量，探索更加有效的人才培养模式，高校坚持研教结合，系统探索教学学术研究，以高质量的探索研究带动教学改革实践，培育高质量的教学成果，不断提高人才培养质量。各高校一般要求针对教育教学改革和建设中的突出问题，从理论和实践两个方面进行探索和研究，寻求解决问题的方法和途径。研究方案要体现创新性、实践性和推广示范性。越来越多高校注重实践教学、创新创业教育、新工科专项研究（如图2－36所示），77.3%的高校设置了实践教学专项教研项目，68.2%的高校设置了创新创业教育专项教研项目，53.0%的高校设置了新工科专项教研项目。但从总的来看，创意教育的教研项目还相对较少，占比仅16.7%。

（三）硬件条件保障

1. 教室资源情况

教室是教学活动实施的主要场所，是一所高校最为重要的资源之一。要推进理论教学与实践教学深度融合，教师要创新教学方式方法，积极运用现代信息技术，探索线上线下

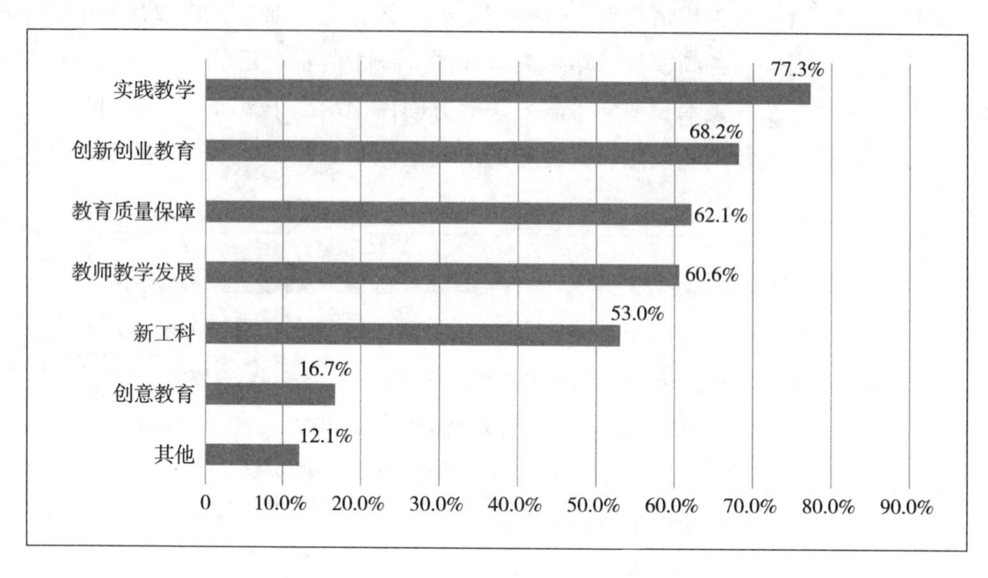

图2－36　高校专项教研项目的类型

混合式教学、“互联网＋”和“智能＋”教学，采用案例教学、项目式教学、启发式教学等研究性教学方法，基于教室环境开展个性化教学实践，丰富课堂实践活动环节，激发学生的学习兴趣、志趣和探索未知的激情，增强学生的创新思维能力。因此，各高校大力推进教室资源建设，多媒体教室、录播教室、智慧教室等配备了各种先进教辅设备的教室在课堂教学中得到了广泛使用，目前教室资源满足现有教学需求的比例达到84.7%（较满足以上）（如图2－37所示）。

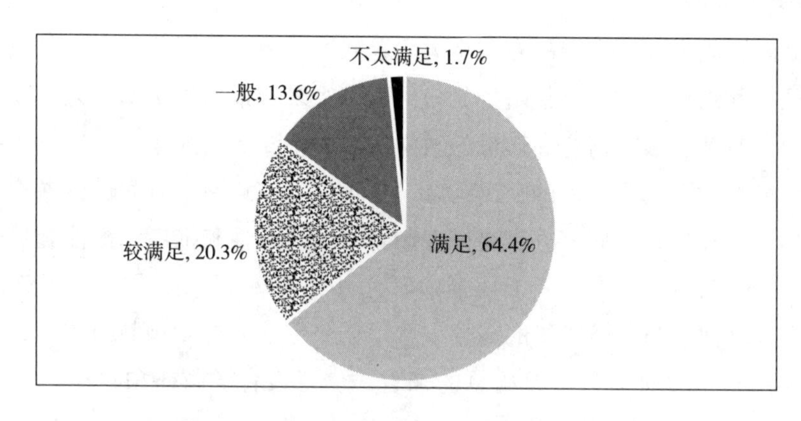

图2－37　教室资源满足现有教学需求的情况

2. 实验室情况

加强实验室建设是确保实践教学落地落实的关键，也是理论与实践教学深度融合的基础。各高校在综合运用校内外资源，加强专业实验室、虚拟仿真实验室、创业实验室和训练中心建设，促进实验教学平台共享，建设满足实践教学需要的实验实习实训平台，等等方面做出了努力。图 2 - 38 是学校实验教学条件满足学校教学需要的情况，满足度达 72. 4%（较满足以上）。

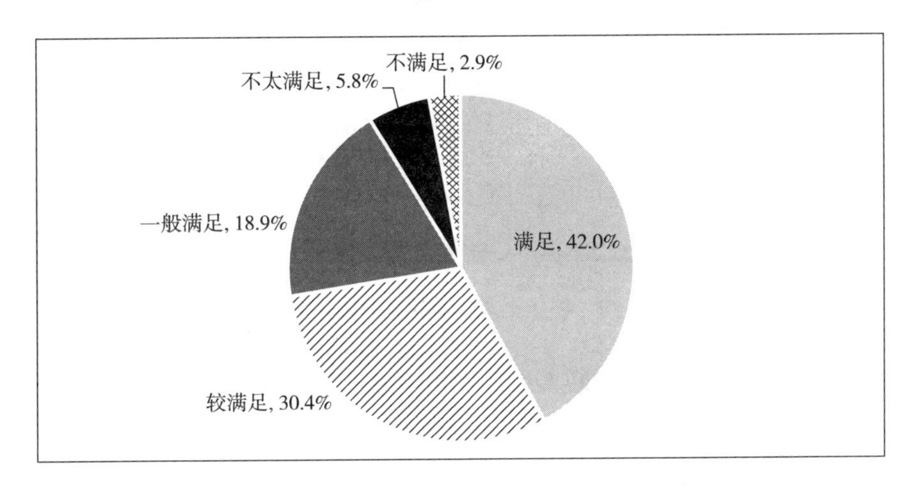

图 2 - 38　实验教学条件满足教学需要的情况

3. 校外实习实践基地情况

各高校建立了一批校外实习实践基地。校外实习实践基地数量满足专业需求情况和利用率情况如图 2 - 39、图 2 - 40 所示。以“满足”和“较满足”比例小计来反映校外实习实践基地数量满足专业需求的情况，数量专业满足率为 73. 9%（较满足以上）。以“高”和“较高”比例小计来反映校外实习实践基地利用率的情况，利用率为 68. 1%。说明有的实践基地设立存在形式化的问题。

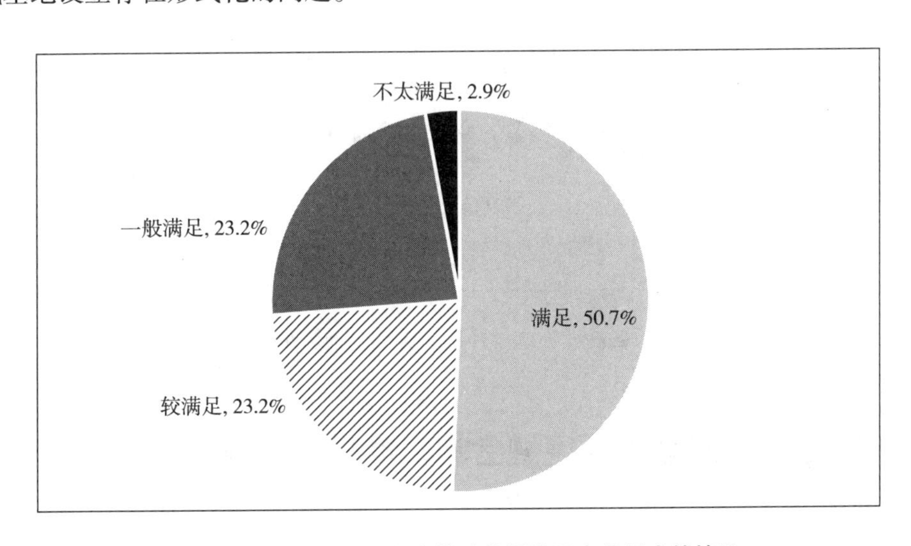

图 2 - 39　校外实习实践基地数量满足专业需求的情况

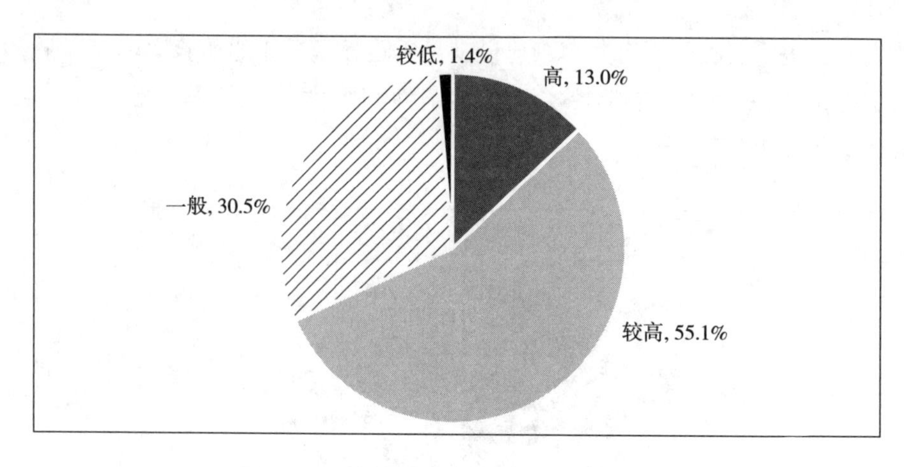

图 2 -40　校外实习实践基地的利用率情况

图 2 -41 显示，基地与院系的联系少，只是签订了合作协议、没有开展实质性工作的高校比例达到 64.7%；基地能提供的实践任务与学生的专业相关性不高的高校比例达到 60.3%；基地规模小，能接纳的学生数量少的高校比例为 57.4%。这些表明，一是各高校需要加大高质量、高水平实践基地建设，二是要关注重点行业、重点领域相关部门实践基地的建设。

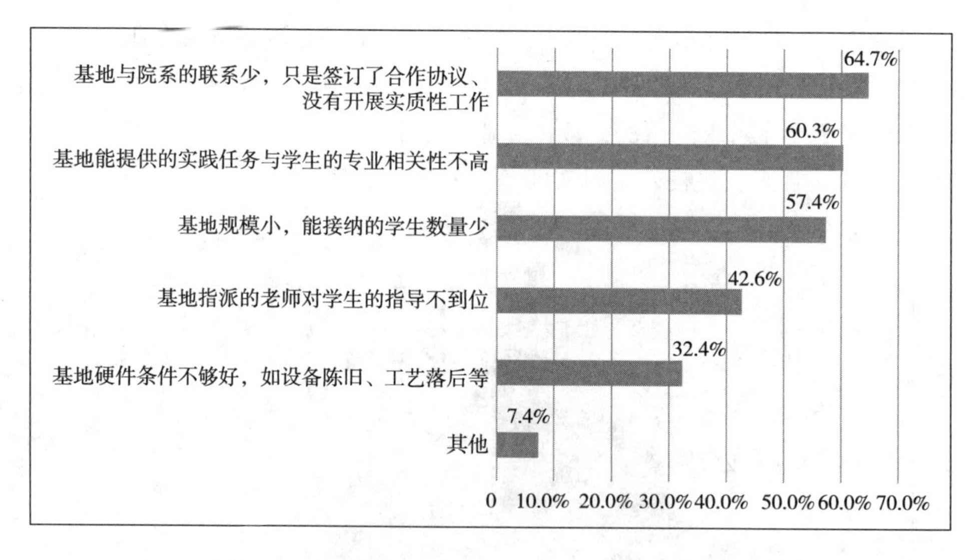

图 2 -41　各高校影响校外实习实践基地利用率的原因

四、高校理论与实践教学深度融合的质量保障机制现状

（一）质量保障组织

理论与实践教学深度融合，目的在于提高教育教学质量。教学质量是高校教学永恒的

主题，是高等教育的根本落脚点。高校通过设置高校内部质量保障部门、学院二级内部质量保障部门、学校教学委员会、学院教学委员会等部门，构建校院两级教学质量保障体系。高校内部质量保障各部门职能清晰性、权责明确性和保障有效性的情况如图2-42、图2-43所示。内部质量保障各部门职能清晰性和权责明确性符合度达84%（比较符合以上），也就是大部分高校内部质量保障各部门能做到职能清晰、权责明确。在人才培养全过程中，影响本科教学质量的关键因素和关键环节始终处于受控或较受控的状态的高校合计占比80.9%，高校院校两级教学质量保障部门上下联动、管理有效性较高。

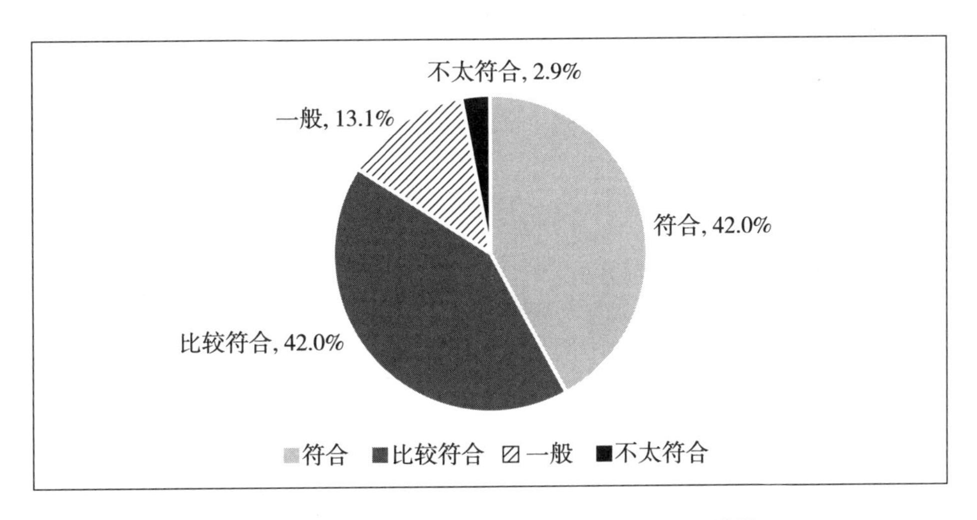

图2-42　高校内部质量保障各部门职责和权限明确情况

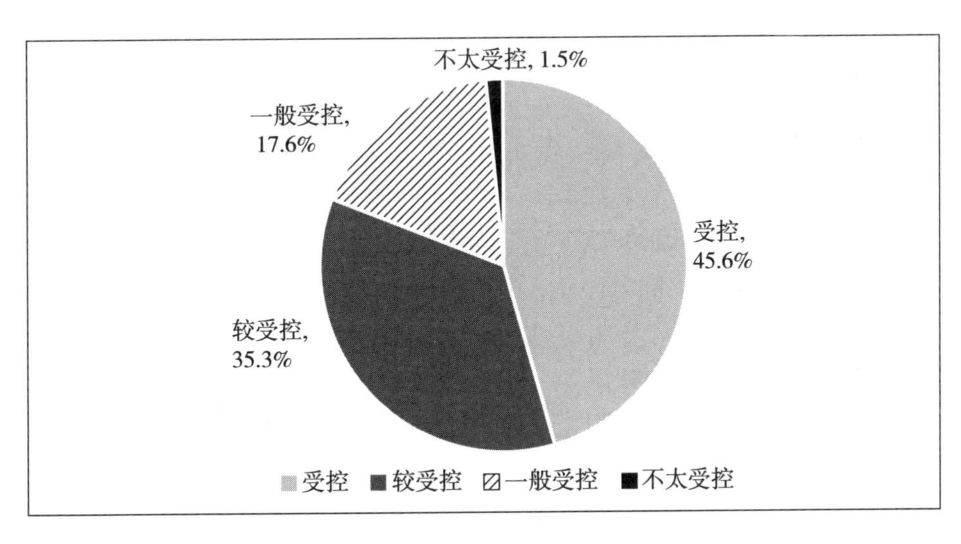

图2-43　影响本科教学质量的关键因素和关键环节受控状态情况

我国现有的教育质量评估机构大概可分三类：第一类是在政府主导下建立的评估机构

以及各省的教育评估机构，主要承担国家或省级教育部门组织的评估任务；第二类是高校自己建立的教育评估机构，属于社会服务类机构，主要承担高校内部或者社会组织的评估工作；第三类是纯民办机构，主要承担委托性评估，归属于第三方评估机构。高等教育第三方评估机构是独立于高校和政府之外，采用专业技术与方法对高等学校的办学水平、效益和教育质量作出客观评价的专业机构，具有独立性、专业性、公正性和服务性等特征。在“管办评分离”改革背景下，高等教育第三方评估机构也得到相应的发展。总的来看，高等教育第三方评估机构越来越受到政府和高校的关注。高校质量保障调查采取形式的情况如图 2－44 所示。目前大部分高校还是主要采取本校调查方式，占比 71%；主要采用委托第三方的形式的高校相对较少，占比仅 29%，究其原因在于第三方评估方式因民办评估机构数量少、评估立法缺失、公信力不高、专业评估人员匮缺等问题，暂未能成为我国高校教育质量评估的主导方式。

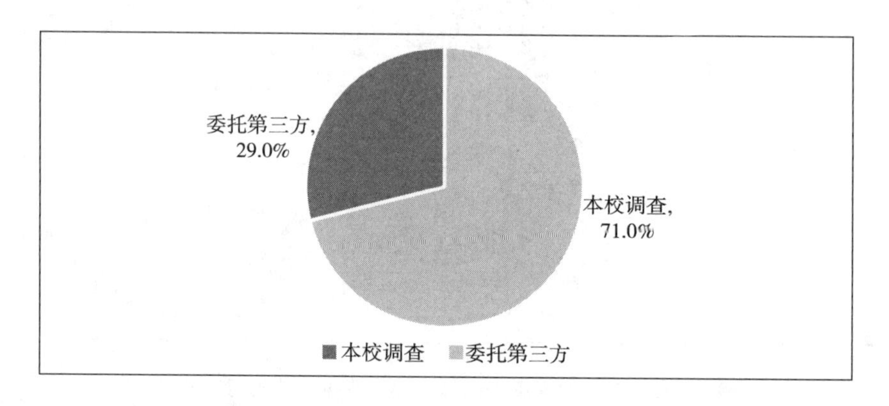

图 2－44 质量保障调查采取的形式

（二）质量保障工具

纵观国内外内部质量保障的做法，与高校质量保障相关的工具要素主要包括：教学指导检查、学生课程教学测评、学生实践教学测评、任课老师课程质量自我评估、课程质量监测、学生课业负担评估、毕业生跟踪调查、用人单位满意度调查、用人单位参与修订教学计划、就业市场分析、学生能力评估、师生座谈会等。12 项与教学质量保障有关的工具的组织情况如图 2－45 所示，以组织频率为单位，以“经常”“非常经常”百分比小计反映高校利益相关者参与质量保障情况。使用程度最高的是教学指导检查、学生课程教学测评、师生座谈会，频率均在 80% 以上。使用程度中等的是毕业生跟踪调查、课程质量监测、用人单位满意度调查，频率在 70% 以上，而就业市场分析、学生实践教学测评、用人单位参与修订教学计划、任课老师课程质量自我评估、学生能力评估的组织频率相对较低，并且学生课业负担评估的调查频率最低，百分比仅 20.6%。可见高校以学生学习为中心的质量保障机制没有真正形成，更能直接反映理论与实践教学融合情况、融合效果的质量保障工具的使用程度不够高。

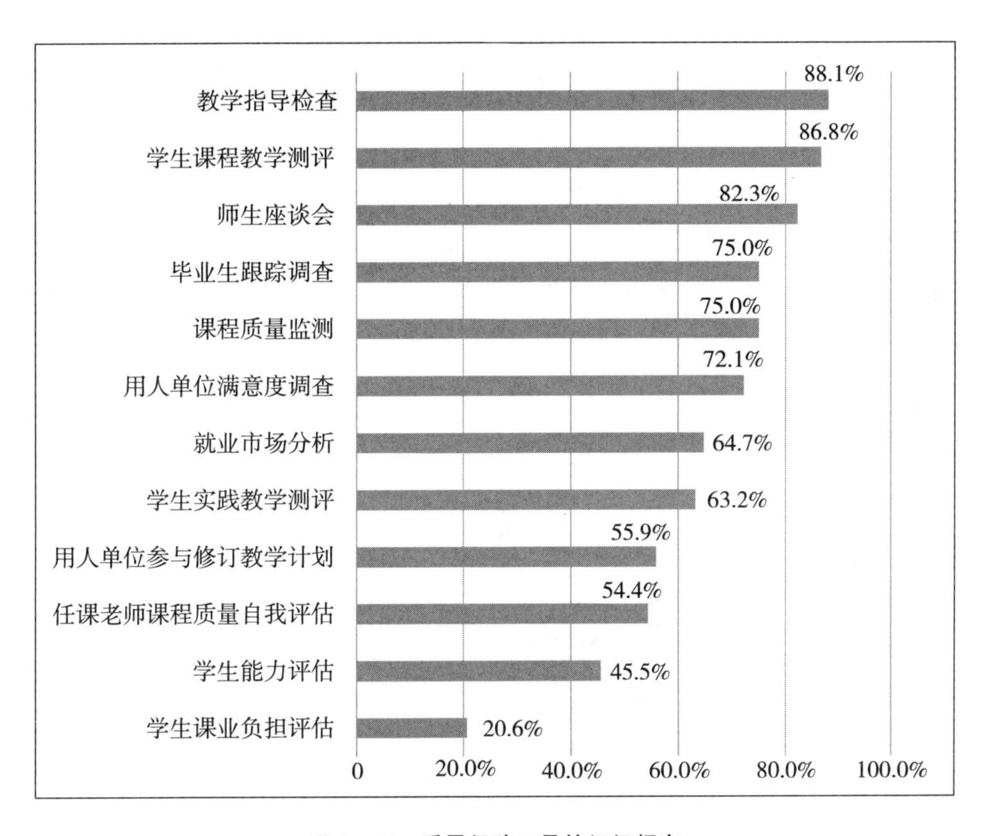

图 2－45　质量保障工具的组织频率

建立健全校内教学评估机制是巩固和深化教育部本科教学工作水平评估成果的需要，是高校教学管理重心下移、宏观上以评代管的必然要求，也是科学评估教学质量，诊断问题，促进教学管理科学化、规范化，提高教学管理水平与效率的要求。高校校内教学评估组织频率的情况如图 2－46 所示。目前高校校内教学评估机制还没完全形成，不定期组织校内教学评估的高校占比最大，达 56.1%；其次为每年组织一次校内教学评估的高校占比

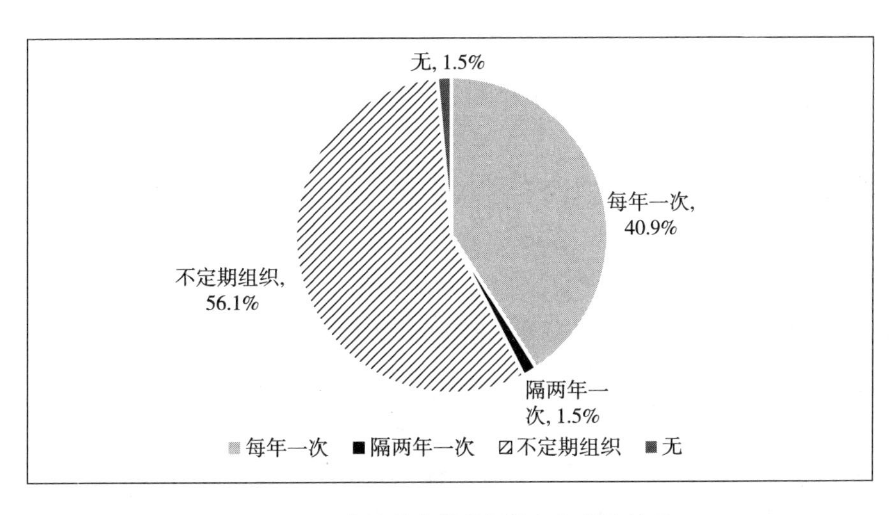

图 2－46　高校校内教学评估组织频率情况

40.9%，隔两年组织一次的高校占比 1.5%，没有组织的高校占比 1.5%。在现代信息技术推动下，各高校对教室、实验室、网络教学系统、教学管理系统等教学资源不断发展革新。另外，对教学资源建设工作的督导检查，有利于促进教学资源更加丰富、多样且全面，逐渐满足教学需求，促进高等教育协调可持续发展。高校督导检查教学资源建设的情况如图 2－47 所示。以组织频率为单位，以“经常”“非常经常”百分比小计反映高校对教学资源建设是否满足教学需求的督导检查频率情况。目前，有 79.7% 的高校经常（含非常经常）督导检查教学资源建设。

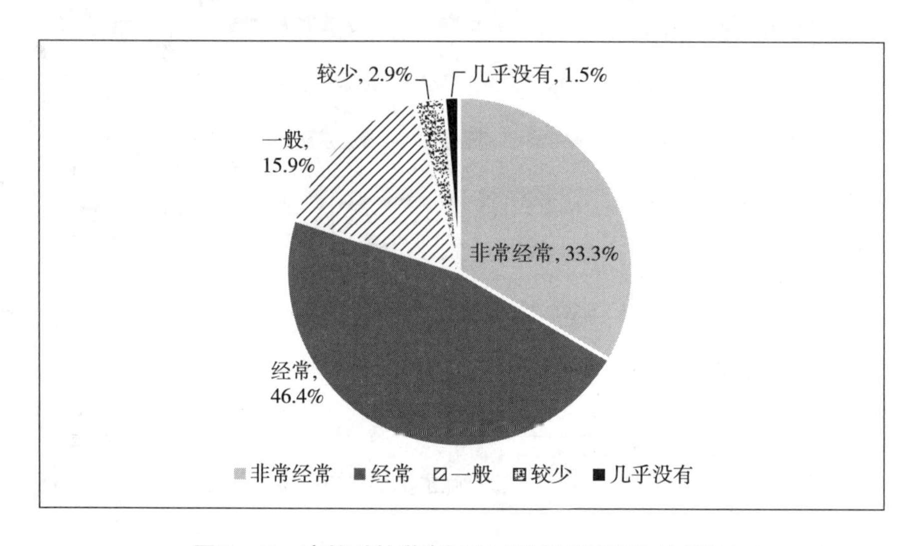

图 2－47　高校对教学资源建设的督导检查工作情况

随着教育信息化的快速发展，教师和管理者可以实时地、全方位地获取关于教育教学的多元化数据，为高校对教师的教学绩效考核提供了量化保证。调查显示，目前有 88.4% 高校设置教学绩效机制，其中有 65.7% 高校设置考核二级学院培养学生实践教学环节的指标。

（三）质量保障反馈

教育质量是一个系统过程。调查显示（如图 2－48 所示），九成以上的高校能向教师反馈在培训、工程实践和社会实践中发现的问题（97.1%），七成以上的高校对质量保障调查数据进行分析（70.6%），将质量保障调查报告在不同层面公布并及时反馈的高校达到 72.5%，将质量保障调查结果作为改进质量和进行决策的依据的高校达到 73.5%，六成以上高校建立教师个人发展（成长）档案（63.1%），对在教师进行培训、工程实践和社会实践评估中发现的问题制定改进措施的（66.2%），针对质量监测过程中发现的教学薄弱环节进行针对性的教学技能培训指导（67.6%），发现教学水平较弱的老师进行针对性的教学技能培训指导的高校达到 69.1%，对于质量保障调查过程中发现的问题能够整改到位（69.1%）。总的来看，通过质量保障工具和评价结果提升教学质量管理闭环还未完全形成；高校内部质量保障结果的反馈频率不高，利用效果不佳。

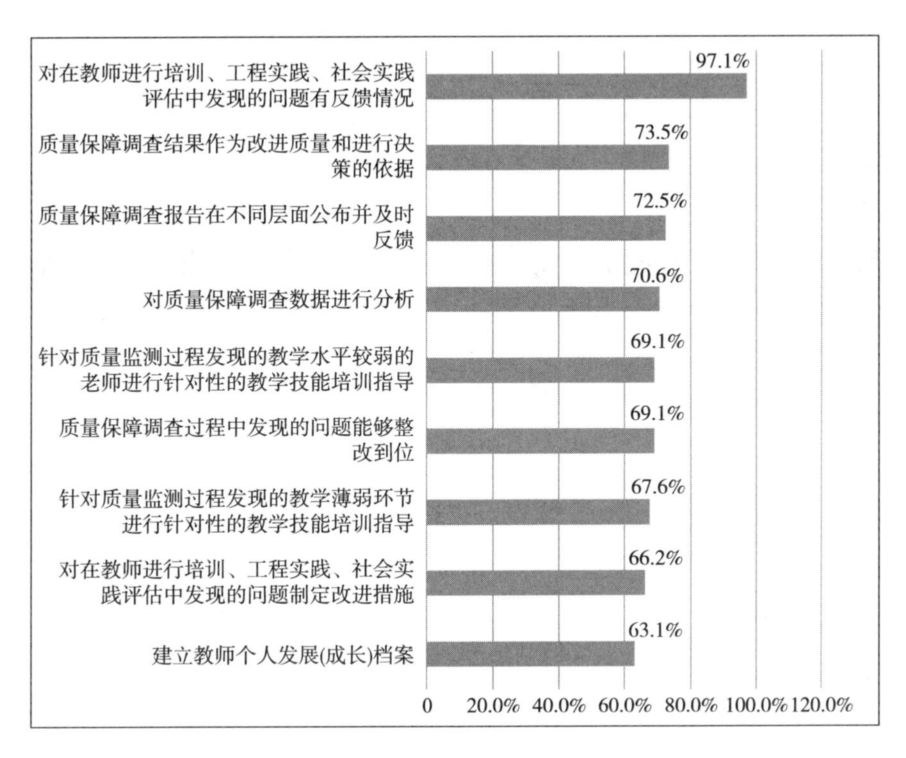

图 2－48　高校教学质量保障反馈机制执行情况

参考文献

[1] 张大良．提高人才培养质量，做实“三个融合”［J］．中国高教研究，2020（3）：1－3.

[2] 王洋，董新伟．加强高等教育第三方评估工作的思考［M］．上海教育评估研究，2018（3）：6－9.

[3] 范守信，王莉．建立健全校内教学评估机制的研究与实践［J］．扬州大学学报（高教研究版），2007（5）：26－28.

[4] 丁小浩，马世妹，朱菲菲．大学生实习参与方式与就业关系研究［J］．华东师范大学学报（教育科学版），2018（5）：33－41.

[5] 计国君，邬大光，薛成龙．构建大数据驱动的内部质量保障体系——以厦门大学 IQA 为例［J］．厦门大学学报（哲学社会科学版），2018（2）：53－64.

[6] 王洋，董新伟．加强高等教育第三方评估工作的思考［J］．上海教育研究评估，2018（3）：6－9.

第三章

迈向高等教育强国：理论与实践教学融合体系设计

从高等教育教学维度以及理论与实践教学融合的覆盖范围看，要建立课程体系、教学体系、学科体系、专业体系和管理体系相互融会贯通的人才培养体系。同时，新时代高校创新创业、新工科、新农科、新文科、新医科的未来建设，也要形成相应的理论与实践教学融合的培养体系。

一、理论与实践教学融合的集成体系

2018 年 5 月 2 日，习近平总书记在北京大学师生座谈会上指出，要办成中国特色的一流大学，要做好三项基础性工作：一是坚持正确的政治方向；二是建设高素质师资队伍；三是形成高水平的人才培养体系。习近平总书记又指出：人才培养体系涉及学科体系、教学体系、教材体系、管理体系等，而贯通其中的是思想政治工作体系。这一重要讲话精神深刻揭示了高等教育内涵的本质，为加快一流大学建设，推动中国高等教育实现内涵式发展指明了发展方向。那么，什么样的人才培养体系才是高水平的人才培养体系？如何构建高水平的人才培养体系？人才培养体系构建背后隐藏着哪些基本问题？

从泰勒提出的目标培养模式看，教学设计需要满足 10 条原则，分别是：学生必须具有使其有机会实践目标所蕴含的那种行为的经验；学习经验必须使学生由于实践目标所蕴含的那种行为而获得满足感；使学习者具有积极投入的动机；使学习者看到他以往反应方式是不令人满意的，以便激励他去尝试新的反应方式；学生在尝试学习新的行为时，应该得到某种指导；学生应该有时间学习和实践这种行为，直到成为他全部技能中的一部分为止；学生应该有机会循序渐进地从事大量实践活动，而不只是简单重复；学生应该有从事这种活动的足够的和适当的材料；要为每个学生制定超出他原有水平但又能达到的标准；使学生在没有教师的情况下也能继续学习，即要让学生掌握判断自己成绩的手段，从而能够知道自己做得如何。基于目标模式，课程设计时则需要考察课程应该追求哪些教育目标？要提供哪些教育经验材料达到目标？这些教育经验如何才能有效组织？如何才能确定这些目标是否实现？由此可见，目标模式注重结果或者学生最终成效的界定，忽视过程培养评价的关键要求。为此，斯坦豪斯（Stenhouse）提出关注过程成效的课程设计模式，强调教育方式而非内容，重视学生主动学习；重心落在教学各个环节和经验的重组上。例如，针对人文学科课程过程模式需要遵从五个原则：在课堂上与学生讨论有争议问题；教师教有争议内容时，要提出中立准则；有争议领域探究时，主要应采用讨论，不是讲授；讨论过程保持参与者的态度，而非达成一致意见；作为讨论的主持人，教师应对学习质量和标准承担责任。由此可见，过程模式关注课前、课中到课后的科学安排，更应该强调理论与实践的融合深度。例如，假设教学安排时间是 3 个学时，班级学生 40 人，教师主讲配送中心设计方法，可以让学生课前预习基本内容，教师课堂教学只用 1 个学时，主要剖析本节课的知识难点和学生交互探讨疑点所在；然后把学生带到室外随机找一块长 253 米、宽 185 米的空地，分成 4 个组，每个小组成员根据课前预习和课堂探究知识内容，结合小组大脑风暴用 1 个学时进行现场设计，最后 1 个学时为各个小组反馈及教师点评结合。这样的过程既解决理论与实践教学融合的问题，也让学生身临其境达到培养其创造性思维和批评性思维的效果；另外，可以让学生课后作业附加一定压力，即设计下列问题作为学生课后作业：一空地长 253 米、宽 185 米，请根据食品配送中心功能要求，按照 ABC 分类方法（功能布局重要程度）设计各个功能。这样的问题既要运用本堂课知识，同时要利用其他章节的知识，更进一步，把问题改为按照经济、环境、社会等绩效因素设计各个功能。该问题则需要学生检索更多文献去论证设计该问题，俨然类似一个小的研究项目。从目标模式和过程模式融合看，巴恩斯针对课程设计提出的 9 个原则具有借鉴意义，即课程设计要求：符合学生的能力和知识；依照学校教育目标、价值，以及适当的程序原则；基于先决概念和技能的分析；采用逐渐增加知识的学习模式；提供配合学习目标的练习活动；学习活动应有变化；提供讨论和写作的机会，以促进反省和吸收；给予学生应付特例的机会；由熟悉的情境引导至不熟悉的情境。结合前面提及的史密斯提出的五大原则，高校的教学设计都要特别强调课程设计的过程性，理论与实践教学要深度对接。综上，结合教育部金课建设要求，要关注对学生科学精神和人文精神的培养，要关注前沿知识和综合能力的培养，要驱动学生积极主动性和创造性的发挥，要立足与时俱进、理论联系社会现实与育人情境的创建，要注重学生主体意识的提升与情意因素（包括需要、动机、兴趣、情操、意志等）的培养，要坚持以教学学术主导体系来驱动课堂革命。从高等教育教学维度以及理论与实践教学融合的覆盖域看，则要建立人才培养中主要的五个体系的融合贯通，即课程体系、教学体系、学科体系、专业体系和管理体系相互融会贯通，即五体合一（如图 3－1 所示）。

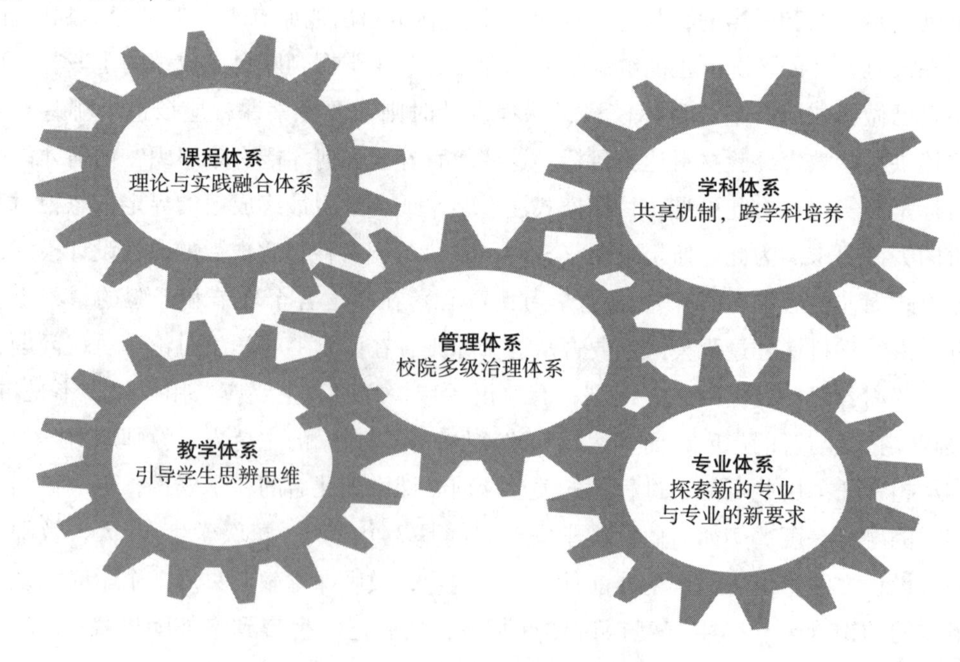

图 3－1　五体合一人才培养体系

（一）学科体系设计

高校学科建设问题，是人才培养体系构建的最根本支撑，也是双一流建设的内核。然而，不同学科和不同类型大学对人才培养的要求，包括培养目标、教学模式、教学过程、培养成效等差异较大，由此针对“金专”“金课”等的建设要求也千差万别，如工程学科和医学学科等专业需要高比例的实践环节要求。由于在认识上没有厘清这些基本问题，这就导致实践层面一些高校为学科而进行学科建设，失去了学科建设本来的意义和内涵。

关于大学学科，历来有不同的认识。其一，学科是关于知识的分类。大学作为研究高深学问的场所，基于探索真理的需要，必然要对知识进行不同程度分类，这是大学学科存在的逻辑起点。其二，学科是学者研究范式分类。大学是知识精英汇聚之所，由于学者对未知世界好奇，推动了大学不断去探索人与自然、社会以及宇宙的内在规律。在这一探索过程中，同一学者群体为了研究需要，形成了共同研究对象、研究方法以及研究范式，并以共同的学术语言传播交流学术研究成果，这就构成了学科的外在表现形式。其三，学科是学术组织分类。一方面，基于知识分类和学者探求真理，同一学者群体之间的不同学者总是以这样或那样的方式与其他学者发生联系，从而形成了相对稳定的正式或非正式的集群，学科由此变成了大学内部的组织分类。另一方面，作为传播知识的场所，大学为了传承的需要，也需要分门别类进行授业，由此形成了大学分科教学的最初发源。其四，学科是资源配置方式。任何研究活动都需要消耗资源，但资源的稀缺性与研究活动对资源需求无限性的矛盾，这就要求大学必须依托学科组织集中有限资源开展最为有意义或价值的研究活动，由此，学科演变为大学人、财、物汇聚的基本单元。其五，学科是大学的管理手段，世界大学的演化或发展大都围绕着其学科体系渐进发展起来。基于以上诸多方面的需要，大学很容易把学科作为一种管理手段，并以学科为杠杆开展学科规划、学科建设以及学科评估等活动。在这一过程中，学科从知识分类的统计功能拓展兼具有行政管理职能，特别随着各种学科评估、学科排行榜的更迭，学科管理功能被进一步放大，并固化了学科的组织特性。

所以，从不同视角看，学科具有不同的属性。但从本质属性说，学科是学者围绕着探索、发现、传播知识等一系列活动而形成的集合体，其基本要素包括了知识、学者、组织、资源和管理等要素。这五个要素中，探索、发现和传承知识是学科的核心活动，学者构成这一学术活动的主体，资源是维系教研活动的基础，组织和管理是学术活动的生产关系，探索、发现和传播知识的学术能力就构成了学科生产力或者学科发展的动量，其中包括了学术研究能力、人才培养能力、社会服务能力以及文化传承与创新创造能力。从理论与实践教学服务的对象来说，大学学科建设不是简单地引进一批优秀的教师，建立学科平台资源，更重要的是遵循学科自身的生成规律，建立一个科学的具有学科自身特色的人才培养体系，根据学科特色设定理论课程与实践课程门类及其占比、知识体系和人才培养达成标准等；从而既培养出具有学科特点的满足社会需要的各类人才，也有效地推动本学科可持续发展。

党的十九大提出："创新是引领发展的第一动力。"作为国家创新体系建设的重要组成部分，无论是学术创新还是创新人才培养，这些新的要求对大学学术创新提出了新的挑战，其中首要的应是学科组织体系创新。这就需要从学科自身发展规律出发，重构现有的学科组织体系，为学术创新松绑，为人才培养创新解套。从本质上说，就是要移除附加在学科身上的过多衍生功能，回归到学科的本体功能，即探索、发现以及传承知识的本质功能。这种回归从根源上说，则要破除现有学科框架的限制，而以服务需求为目标、以问题为导向、以本为本。一方面，整合多学科交叉人才和拥有领军人才的团队资源，联合开展科研攻关，聚焦原创性、颠覆性、高峰的学术探索；另一方面，建立教研深度融合的学科人才培养体系，聚焦各个学科的与时俱进理论与实践教学交融关系，建立深度交融的开放探索式教育过程，构建多元化人才培养体系，培养出真正懂自己、懂社会、懂中国、懂世界的卓越人才，最终形成新的学科增长点和人才培养的新体系。目前，必须推进学科建设三个改变：从单纯追求自身发展的学科导向向社会需求导向转变；从过分强调学科分割、学科数量向多学科跨界交叉融合的学科转变（事实上，根据诺贝尔奖励委员会统计，约有41.02%的获奖者属于交叉学科）；从适应服务社会需求向支撑引领社会发展的高峰学科转变，特别是充分把握国家乃至世界前沿的急需战略性需求的学科研究，包括建立"人工智能+医学学科""智慧+管理学科"等，按照一级学科主义做强主干学科，打造特色优势学科，升级改造传统学科，坚决淘汰不能适应社会需求变化和科技发展趋势的学科，因校制宜，使大学发展与学科建设契合社会需求和科技发展趋向。

总之，理论与实践教学深度融合在学科体系建设中重中之重。一般地，学科职能之一的科学研究的探索与发现情况，根据学科分类包括基础研究、应用研究和开发研究。在整个科学研究中，三者是相互联系的，其中反映成效的前提都与实践密切关联，即便是基础研究的价值也体现在为新技术发明和创造提供理论根据。学科职能之二的传承知识，一是大学科学研究和科学知识的辐射，这样的辐射落脚地就是看其中在社会的应用价值，即实践价值；二是大学的根本职能即育人，一方面教育是一种实践性活动，理论知识是客观事物的内在特质与外部联系的综合体现，是客观作用于主观的产物，是人类漫长认识活动的结晶，也是通过实践检验的一定时期内合乎客观实际的反映。实践是人成长与发展的基石。另一方面，实践育人是对知识与教育关系的一种理性延续，直接影响教育的内容与形式。即教育是理论知识的外显，教育不是简单的理论知识再生产问题，而是基于教育场域，一定意义上以教育的价值意蕴去剖析理论知识，再通过实践证实和建构理论知识。从学科体系职能看，要从共生的卓越教育生态上深化理论与实践教学的关系，不仅需要通过实践深化理论教育教学思辨的智性，而且需要通过实践的认知体验去把握这种理论的复杂性，继而发现新理论知识和建构新理论知识，从而上升到智慧层面。不可否认，一个学科日积月累的科学研究及其系统知识是理论与实践教学不断深入的蓄水池。

（二）专业体系设计

大学的专业设置及其与学科的关系问题，这是大学教学管理经常纠结的问题，也是人才培养体系构建过程中另一个无法回避的一个话题。

在中国，专业是指专门从事某种学业或职业。英文的词汇中，与专业相应英文单词包括“Major、Profession 或 Speciality”，在俄文专业翻译为“специальноность”，这些都带有专门化或职业化之意。除专门化或职业化的意义之外，专业还有另一层语义：专门学术。近代以来，随着西学东渐，四部之学逐渐被西方分科之学所取代，形成了当时大学的科、类或门。中华人民共和国成立后，我国全面学习苏联经验，形成了新的专业教学体系并沿用至今。所以，从中国专业体系这一发展演变看，专业既是一个学术知识体系，也是职业分类体系。由此形成了专业设置三个原则：一是要有相应的学科体系支撑，二是社会职业需求，三是学生个体的发展需求。

首先，从学科体系支撑而言，学科知识是专业知识的基本来源，专业是从学科发展中截取相对稳定成熟的知识，经过科学编排后形成的系统化的知识体系。离开了学科的支撑，专业则变成了碎片化知识的堆积。相反，逐渐发展成熟的专业也强化了学科基础，反过来推动学科成熟与发展。其次，从社会需求角度而言，专业教育必然面向或者引领一定社会行业或职业，但是专业并非完全等同于行业或职业。专业是对某类行业或职业所需要的基本知识、基本技能、基本方法的高度系统化概括。因此，专业教育所传授的知识和技能并不能涵盖特定职业需求的全部内容，这也是学校专业教育与职业继续教育的区别所在，也是学校开展真刀真枪实习实践目的所在。再次，从人的发展需求而言，社会生产力提高必然带来社会劳动分工细化，由此也带来了人的发展异化。因此，从人的发展需求出发，教育恰恰不是使每个人一生束缚在某一工作岗位，而是使每个人能够适应不同生产部门，并为每个学生未来的完满生活做准备，例如美国本科教育中最典型教育模式是通识教育。可以说，上述三条基本原则构成了专业设置的“铁三角”。这三条原则也说明，学科体系与专业体系有重叠，但不完全相同。学科基本职能是探索、发现以及传承知识，专业的基本职能是结合社会需求和学生个体发展需求，重在传承已有成熟理论方法和与时俱进的前沿领域知识。

不言而喻，基于上述不同原则，专业设置呈现出不同的模式。一是学科导向型模式（或专家型模式），强调严谨的学科知识体系，强调对学生系统专深知识的学习与训练。从目前的一流专业建设要求看，要以“四新”（新工科、新文科、新医科、新农科）建设要求为基准，同时推进跨学科、跨专业领域的科学研究和人才培养模式。二是社会需求导向模式（职业型模式），强调专业设置应面向社会行业，强调对学生进行特定职业需要的知识能力训练，注重对知识应用性以及实践应用能力的训练。例如，德国高校十分重视实践教学，把实践教学和理论教学放在同等重要的地位，参照行业标准，邀请企业参与制订教学计划，实践教学与理论教学之比约为1∶1。三是学生导向型模式，强调专业教育的基础性和普适性，兼顾专业知识的系统性和完整性，但不太注重知识的专深性。在我国高校专业体系发展过程中，在不同历史发展阶段，不同类型和不同层次的学校专业设置表现出许多不同特征，但从总体情况看，具有两个显著特点：一是计划思维，二是高度专门化。从源头上来说，这两个特征是计划经济的产物。因为按照计划经济思想，有计划、按比例生产是社会主义经济制度的基本特征。相适应地，有计划、按比例培养人才就成为高校人才培养的基本要求。可以说，计划思维适应了早期部门办学的要求，而专门化人才培养又强化了计划思维。基于这一思想，1954 年，我国参考苏联大学的专业目录制定了第一个国家专业目录《高等学校专业目录分类设置》，以此指导高校有计划、分类培养人才。可以说，这一专业目录问世后，经过历次修订，不仅一度成为高校设置专业的指南，而且成为国家分配招生计划、就业计划，统计毕业生的最为重要工具，也成为高校配置资源、安排教师、课程以及建立实验室的依据。显而易见，这种专业设置模式以国家有限教育资源来统筹，有效地解决了当时社会行业所需要的各类高级专门人才，正因为如此，高校专业目录从原来的引导功能变为行政管理功能。但是，随着经济体制从计划经济转向市场经济，这种传统设置专业方式越来越显露其明显局限性：在高校外部，部门办学体制导致人才培养与社会需求之间的脱节；在高校内部，专业部门相互竞争形成的专业壁垒，不仅使有限的教育资源得不到充分共享，而且所学非所用也造成了教育资源的极大浪费。为了解决这一矛盾，从 20 世纪 80 年代中后期开始，国家就着手对宏观管理体制进行改革，由原来中央部委办学转向地方办学为主。之后，又开始了招生就业体制改革，实施缴费制度和毕业生自主择业。这些改革措施，其目标就是改革教育管理体制与市场经济和社会需求不相适应部分，使高校真正成为面向社会的自主办学实体。但就高校人才培养而言，这一系列改革并没有触及原有的专业体系。

从政府宏观调控而言，专业仍然是高校招生计划分配、财政拨款的重要依据。从高校自身内部而言，专业成为院系争取资源的重要手段。由此，专业从知识体系分类、职业分类体系演变为行政组织管理体系，并且这一组织管理体系又反过来加剧了专业的部门所有制。由此引发中国高校专业设置的一种特殊现象：专业设置大而全、细而小、专业壁垒森严，甚至一个高校不同学院开设相同专业。从这些问题看，提高高校人才培养质量必须对高校的专业体系进行一次供给侧改革。这一改革就是要走出旧有计划思维的历史惯性，强化高校专业设置引导功能，弱化专业设置的行政管理功能，扩大高校专业设置的自主权，让高校专业设置能够面向社会市场需求和现代科技发展方向自主灵活地设置和调整专业，从而构建一个充分适应经济社会和科技发展、充满活力的专业体系。从高校自身管理而言，这一供给侧改革就是要改变专业设置的部门所有制，在兼顾学科发展需求和学生个性化学习需求的基础上，推进专业教育资源在更大程度和更大范围的资源共享。这种共享包括课程资源、实验室资源、实践条件、教师资源等全面共享。而要解决这些问题，一是要打破旧有专业设置模式形成的部门所有制观念，回归专业体系的知识分类功能、职业分类功能，弱化专业的行政管理能力。二是要全面提高教师的教学能力，改变过去一辈子绑在某门课程或某一个专业的习惯，使教师能够在不同专业灵活自由地迁徙，并反过来推进专业发展演化以及交叉专业的建设。三是要改变过去按照专业甚至专门化资源配置的方式，而要按照学科（专业）群来配置资源，推进不同专业组团共享共建优质教育资源。四是要推进第一课堂、第二课堂、第三课堂、第四课堂等的深度融合，例如，创新创业在创意创造上做文章，要激励高水平教师指导、激发学生对创新着迷的兴趣；实习实训要给学生提供高质量、多维度的环境；国内外交流要搭建多渠道、高质量的学习平台。四种类型课堂本质上是相融相长的培养模式，当前高校特别要解决相互之间各自为政的现象。

从新时代高等教育要求看，专业是人才培养的基本单元，强调优化专业结构、提升专业内涵，紧密围绕一流专业建设，因为没有一流专业就培养不出一流人才，没有一流专业就没有一流学科，没有一流专业就办不成一流大学。这就要深度处理好下列八大关系，这也是一流专业建设的依据：把握好思政教育与知识教育关系——把课程思政作为推进一流课程、一流专业建设的重要任务，充分发挥隐性教育功能，达到润物细无声的育人效果；把握好一流本科专业建设与全面深化教育教学改革关系——要站在全校角度，通盘设计人才改革方案；把握好单一专业建设与专业交叉融合关系——促进并鼓励交叉是建设一流专业应有之义，需要打破专业壁垒，形成不同专业的优势互补，培养复合型人才；把握好现在时和将来时的关系——既要立足当下实际优化专业结构，又要站在世界格局，结合国家和地区经济社会发展需求和学校办学愿景谋划专业发展；把握好数量与质量的关系——数量服从质量，质量涉及人才培养多维度，根本要看人才培养成效的质量；把握好专业建设与专业认证的关系——专业建设是目的，认证是提升专业建设水平的保障手段；把握好专业建设、学科建设和科研之间关系——确保三者同步提升、同步发展和融合，即科学研究支撑专业建设与发展，学科建设提升专业建设，专业建设反过来推进学科建设与发展；把握好现代技术与提升教育教学水平的关系——不能单纯以技术（互联网＋、人工智能、VR等）的改革代替内涵质量，要深化现代教育技术倒逼理论与实践教学的融合，即利用现代教育技术把理论、实践（实验）等教学实现有效地对接，驱动教学模式变革从而不断提高人才培养质量。

总之，理论与实践教学融合，是深化高等教育教学的必由之路。没有一流专业就没有一流学科，没有一流专业就没有一流大学。高校在结合学科专业特点和人才培养规格基础上，要把一流专业建设作为天大的事去做，把加强和创新理论与实践教学融合方法作为学科专业建设的重要内容，重点推行基于问题、基于项目、基于案例等的教学方法和学习方法，在关注理论教学的同时加强综合性实践科目设计和应用。

（三）教学体系设计

从广义上说，教学体系是指高校教书育人体系，包括了课堂教学、科研探索、实践活动、文化环境、管理服务等各个方面的内容。但从狭义上讲，教学体系是指围绕着特定人才培养目标，由若干教学要素组成的相互联系、相互影响的有机整体，其核心内容包括了知识组织体系、教学组织体系以及学生学习组织体系。由于教育价值取向不同，分别形成以知识为中心、以教师为中心、以课堂为中心的教学体系，以及以能力为中心、以学生为中心、以活动为中心的教学体系。前者强调系统学科知识传授，强调教师在教学过程中的主导作用，强调课堂教学的主渠道作用。而后者强调以个性或者差异化发展作为教学的中心，强调学生在教学过程中的主体学习地位，重视理论与实践教学各类融合方式对于学生成才的全面影响。但是不管两种体系差异性，根本点都在于注重个性化培养。

毋庸置疑，中国教学体系与苏联模式有着极其深刻的渊源。在 20 世纪 50 年代，在苏联专家直接指导下，我国在高等教育领域进行了一系列改造。从宏观管理体制上进行大规模院系调整形成部委主办高等教育的格局，直接对接国民经济发展需求。而在微观教学体系上，就是以学科知识为中心，建立了以学校—系—专业—教研室的教学组织体系，并从教学计划、课程设置、教学大纲、教材直接搬用苏联蓝本。可以说，苏联教育模式奠定了中国高等教育教学体系的基本框架。今天人们所熟知的教学计划、教学大纲、教学进度表、教材讲义、教学工作量制度、教学编制等最为基本的教学管理制度，都是在 20 世纪 50 年代形成的。尽管改革开放后，我国大学教学组织管理体系在兼收并蓄欧美模式后发生了变化，但在人才培养和教学领域深处，苏联教育模式影响下形成的教学体系并没有发生根本改变。这种教学体系显著特征就是培养目标高度专门化、强调系统扎实专深知识理论学习、按照专业对口岗位组织教学、教师在教学过程中居主导地位。课堂传授为教学的主要方式。可以说，这种整齐划一模式适应了当时计划经济对各类人才的需求，有利于高校按照专业对口方式系统并分门别类地组织教学。但是今天，伴随着高等教育内外部环境的急剧变化，这种单纯以学科为中心的教学体系已越来越显露出其明显的不适应。其一，培养目标过于单一，难以满足社会对人才的多元化需求，其中专业对口率持续减低已经是一个不争的事实。其二，学生学习兴趣难以得到有效的满足，这充分体现在学生较低的志愿满足率，以及不少大学存在着立足于一个专业内的培养模式。其三，培养模式过于刚性、整齐划一，难以满足个性化学习需求，“一锅煮”的培养模式仍然占主导地位。从现实看，中国大学的人才培养模式是一种“橄榄型”的模式，但只满足中间部分同学学习需求，对于 10% 左右斗志满满的拔尖学生“吃不饱”，缺乏应有的特殊培养通道，对于天才、怪才、异才更是缺乏成长空间，这也是钱学森之问：为什么我们的大学总是培养不出杰出的人才？无斗志的 10% 左右厌学而力不从心的学生通过“水课”将他们糊弄毕业。其四，教学效率不高，尤其随着互联网普及，知识传播方式发生变化，传统的课堂教学正受到严峻挑战，沿袭传统课堂教学的“睡不醒的人”“低头族”和“手机控”现象就是一个明显的例证。其五，重学历轻能力，重绩点轻责任。学生获得文凭相当于拿到进入社会的“敲门砖”，教师与学生都存在或多或少短期功利主义，但殊不知，今天社会用人单位不仅要看学历，还要看学生学历背后所隐含的知识和综合素养。从高校内涵式发展看，教育部统计的毕业率、就业率指标均应该修正为高质量的毕业率和高质量的就业率为基准。

所以，从规模看，我国已经步入教育大国的行列，在人才培养方面，突出体现了较高的入学率、毕业率、学位授予率和就业率。但是，这“四高”现象只能说明中国高等教育“虚胖”。从质量内涵上看，中国高校却普遍存在着专业满足率低、专业对口率低、学习兴趣低以及课堂教学成效低的“四低”现象，折射出目前人才培养的软肋。这种不足说明，过去一段时间，高等教育发展注意到了数量规模的变化，但对于微观的人才培养教学体系尤其是质量主导的内涵式发展，未予充分的关注。“他山之石，可以攻玉”。从世界高等教育大众化进程看，当高等教育从精英教育进入大众教育阶段时，不仅仅是规模数量的变化，还包括了微观教学体系在内的人才培养体系的系列变化。1973 年，马丁 · 特罗以美国高等教育为例，从高等教育规模、功能、课程、教学形式与师生关系、学生学习经历、学校类型与规模、领导与决策、学术标准、入学选拔、学校行政领导与内部管理等 11 个方面阐述了美国高等教育在从“精英”向“大众”再向“普及”过渡的变化。2016 年英国从国家战略层面“回归”教学，掀起新一轮围绕教学质量的重大改革。2015 年《斯坦福大学 2025 计划》新一轮本科教育改革的关注点不应仅仅指向大学应该教什么，也要关注大学应该怎么教；也要关注学生应该怎么学、学得怎么样。这些都意味着，在我国高等教育走向普及化进程中，由于前一阶段过多关注规模与数量，而对于质量内涵的关注必然要延后，或者说要有高等教育内涵发展的“重修”或“补课”，其中包括了教学体系在内的人才培养体系，特别是教师的教育教学流程重组和结构再造。

其一，关于立德树人的成效。立德树人要发挥教师的第一主体作用。2019 年 11 月，七部委印发《关于加强和改进新时代师德师风建设的意见》的通知明确要求内强素质，坚持教育者先受教育，外塑环境，提振师道尊严，强调坚持思想铸魂、坚持价值导向、坚持党建引领，突出课堂育德、典型树德、规则立德。从高校内部看，要抓住师生主体和培养过程中的牛鼻子，对症下药；要找准契合点，建立立德树人与人才培养的生成性关系；要在立德树人支撑保障上、在深字上下功夫；要根据高校立德树人根本任务，综合考虑不同学年、不同学生身心发展特征并结合不同学科专业特征、不同课程及其延展性上有序扎实推进。

其二、关于教育目标的转变。过去，大学教育目标是培养高级专门人才。但在新时代，社会对于高级专门人才的理解已经超越了这一范畴。因此，大学教育目标不只是考虑传统学术型人才规格要求，而是要考虑在社会需求复杂多变情况下的多样培养目标。今天的高级专门人才不仅仅局限于学术精英，而且还应包括各行各业的精英。这种目标规格要求不仅仅针对某种特定行业或职业所需技能，而是要考虑在终身教育大背景下如何让学生具备能够适应并引领未来不断变换的综合素养和应变能力。

其三，关于教育模式的转变。从教育本质而言，理想的教学体系应该满足三个层面要求：一是全面性，即让每个人都能得到全面适应性教育；二是发展性，即让每个人的个性都能得到充分发展；三是差异性，即让每个个体的不同方面都能得到极致发展。从表面数量看，我国似乎已经从精英教育阶段进入大众教育乃至普及化教育发展阶段；但从本质看，无论是过去还是现在，中国大学目前的教学体系还都是属于大众教育的范畴。因为这一教学体系的最大特点就是以最节约的方式培养社会各行各业的高级技术者、劳动者。但从深层教育意义上说，这一体系并没有有效满足学生的个性化学习需求，也无法为每个人潜能的充分发展创造条件。就此而言，中国大学教学体系改革的核心就是解决学生的个性化学习需求，这种个性化教学从本质上说就是回归到因材施教、学修结合、知行合一的传统教育模式，关注学生成长中理论与实践教学及其融合的差异化需求，既要给天才留足够的空间，也要给怪才、异才留出足够的发展机会，也给学习有困难学生留有足够的“缓冲”机会。

其四，关于课堂教学的转变。从教育词源看，教育的本义就是发现学生的潜能，重在育字功能，并通过有效方法把这些潜能诱导出来。因此，教育是一个充满生机活力的社会活动，也因此无论中国古代还是西方著名教育家，在实践中探索出众多符合教育规律的教育教学方法，如启发诱导法、产婆术，等等。但在实践中不难发现，传统教学体系的以知识为中心和以教学为中心依旧是套在高等教育质量上的“紧箍咒”。由此可以看到，中国大学课堂教学中，多数教师的课堂束缚于教材体系，教育教学中习惯于教会一些（碎片化的）知识技能，最多培养学生一定的信息能力，而对如何把教材体系转化成自己的知识体系并进一步转化成学生的认知体系，如何培养学生的知识能力、智慧能力、创造能力等还缺乏深层的教学学术研究。因此，高校多数课堂教学还是习惯于大水漫灌式，学生独立思考能力、批判性思维、探索未知的热情在实际教学中未能得到有效引导，单声道、安静的、过于重视理论的课堂等成为中国高校课堂教学的主要特征，学生成长的三大要素期望、大爱和信心都存在教育的缺失，即并非真正意义上的生命在场的教育。从这个意义上讲，中国大学教学体系需要一场颠覆性、革命性变革。这种变革从根本上需要教师教育教学方式的彻底变革，特别是建立研究式育人理念，就是改变传统以学科为中心、以知识为中心的课堂教学模式，而转向理论与实践教学深度融合、多学科交叉，即以学生为中心、以能力为中心、基于学生成长型学习成效输出的通识教育教学模式以及差异化培养模式上。以公共课改革为例，可以按照“分级教学、目标管理、强化实践、融合专业”的思路，提高公共平台课程实效性、针对性和志趣。例如，思政课按照60%以上学时专题教学模式（即每门课安排8～10个老师分主题或者分模块教学，如研究抗日战争历史的老师就侧重讲解这段历史方面内容，从而深化课程内容），对部分教师讲解不透的内容按照20%左右学时的网络教学结合小班化研讨方式，最后结合当下国情和实际设立调研专题实践教学，带队教师与学生在调研后撰写报告并相互交流。再如大学英语教学改革要从应试教学转向语言能力教学导向，即强调学生的会说会写能力，可以充分调研各个专业需求，按照专业需求设计英语教学内容，如化学化工、财务管理等专业对英语有各自的需求差异性，同样大学语文也可参照此方式改革。大学数学课程改革，可以实施分类培养，对接专业兴趣并考虑有的学生继续深造的研究生阶段水平要求提供菜单式课程。一方面，教师根据学生需求和专业对接设定课程内容，如给物理专业开设大学数学课程的老师尽量在举例时结合大学数学在物理专业应用去授课；另一方面，学生根据学科专业要求和自身需求选修不同层级大学数学内容。

在教育部一流专业和一流课程计划要求下，教学模式需要积极应变且要主动求变。即教师要尊重研究式育人的宗旨，基本点要围绕科学研究丰富教学内容、教学研究指导教学实践、理论与实践教学深度融合做文章。具体而言，培养目标要以立德树人为统领，关注学生的个性化发展、使命意识、综合素养与健全人格的培养；教学内容要强调知识的前沿性、思想的共享性以及学生的获得感；组织教学要突出方法的发展性和过程的探究性；培养过程要破解理论与实践教学存在的沟壑，培养有创造力、创意型的卓越人才。

21 世纪，中国特色社会主义进入新时代，人才竞争已经成为综合国力竞争的核心；人才是创新的根基，是创新的核心要素；强国必须强教。随着我国高等教育进入普及化阶段，一方面对人才必备的核心素养增加了更多要求，包括多领域素养，诸如语言素养、数学素养、科技素养、人文素养、艺术与健康素养等基础领域以及信息素养、环境素养、财商素养等新兴领域；还需要具备通用素养，诸如批判性思维、创造性思维、终身学习等高阶认知，自我认知与调控、人生规划与创造幸福生活等个体成长领域，沟通与合作、领导力、跨文化交流、社会责任等社会发展领域。另一方面，以人才培养为根，推动四个回归，特别是从推进“双万计划”看，无论是建设一流课程还是一流专业，都需要人、财、物的优化配置，根本点都落脚到大学对本科人才培养定位是否落到实处以及教师教育教学能力乃至综合素养的重塑。即全国高等学校本科教育工作会议倡导的“八项首先”：高校领导注意力要首先在本科聚焦、教师精力要首先在本科集中、学校资源要首先在本科使配置、教学条件要首先在本科使用、教学方法和激励机制要首先在本科创新、核心竞争力和教学质量要首先在本科显现、发展战略和办学理念要首先在本科实践、核心价值体系要首先在本科确立，一流课程和一流大学建设水平本质上取决于教师。这些都对立身于大学教育的教师而言，除了具备立德树人统领的根本要求，还需要具备并精通专业知识、高深的人文素养、通悉课程设计和各种教育教学方法、热爱并崇尚教育的兴趣、明确把握教育对象的各种期望、擅用各种现代教育技术等教育素养。在新时代，大学要以本为本，教师确立研究式育人是当务之急，这就要求教师要建立行动反思，遵从师生的共生成长，构建互动型、接续式理论与实践教学深度融合的生命在场的教育模式；注重教研融合、学修结合、知行合一；关注学生能力 + 努力的轴翻转，给予学生期望、大爱和信心，尊重学生个性化发展、差别化出口。教师从每节课都要关注给学生讲好“人生第一课”，树立每节精彩的课不仅让学生在课上睡不着而且课后也睡不着的理念，即要从每节课上下功夫。另外，授课语言和授课形态也至关重要，包括在课堂中不拘一格，科学规范；生动含蓄，风趣机敏；喜怒哀乐，富于情感；抑扬顿挫，菜单施与（即教师根据学生不同的个性化需求设计教学内容和教学模式）；寓意深刻，渗透“用心”。

总之，在新时代，要充分发挥课堂教学的主渠道作用，打通理论与实践教学融合的最后一公里，既要关注教学主体和客体的差异性，也要从生命化教育视角不断重构教学体系，特别是在学生个性化差异基础上，有的放矢地输入理论差异、实践差异，创建“理论 + 实践@（此处的@表示深度集成）”的多层级教育教学模式，即针对不同学生、不同专业、不同课程、不同教学模式等，施与理论与实践教学在内容、学时、深浅度等方面不同的要求，实现理论与实践教学在内容和培养目标上的高度统一。

（四）课程体系设计

课程体系是指学校的各种课程类型及具体科目的组织、搭配所形成的合理关系与恰当比例，是由各类课程构成的、有机的、完整的统一体。大学究竟要给学生什么样的知识，或者说什么知识最有价值？这是一个争论由来已久的问题。这种争论沿着两种价值取向演进：一种价值取向强调课程对于学生心智训练和品格塑造，其中典型代表如 1828 年的《耶鲁报告》，该报告认为大学教育的目的不在于交给学生某种实用价值，而在于培养学生心智；另一种价值取向则强调大学应交给学生实用的知识，这种典型变化是美国 19 世纪、20 世纪之交，大量非传统学科课程已在一流大学里占据了一席之地。这两种不同价值取向中，前者更趋向选择基本知识、基本能力和基本思维方法的学习与训练的学习内容。后者更趋向选择与行业、职业有关的学习内容。事实上，在大学教学内容与课程体系建构过程中，不同教育价值取向的选择取决于大学利益相关者之间的诉求平衡。这种利益相关者包括：学生、教师、社会用人单位、公共组织，等等。这些不同利益相关者需求，大致可分为三类主体：一是学科发展需求，二是市场社会需求，三是学生个体发展需求。可以说，这三类不同主体需求之间的博弈，构成了大学课程体系建设的三个基本导向：学科需求型导向、市场社会需求型导向以及学生个体发展需求型导向。

目前高校一些做法不是淡化课程行政壁垒，而是扩大和加深这一趋势。例如，为强化创新创业教育，就要开设创新创业教育课程；为强化学生的心理健康教育，就必须开设心理健康教育课，等等。无疑，这种做法容易看到工作的成效，也易于组织管理，但是这种简单的方式导致课程无限膨胀，课程体系成为一个五花八门的“大杂烩”。从表面上看，这种课程体系似乎要让学生无所不学、无所不会、无所不能。但从实际上看，学生所学只是一些碎片化的皮毛知识，或者零敲碎打的技能，却无法让学生受到最有价值知识的整体系统学习与训练，也无法让学生真正形成认知世界、改造世界的基本世界观、人生观、价值观和方法论。由此可以看到中国大学课程体系很有特色的现象：高校教学计划学分和学时数最高，必修课学分学时比例最高，理论课学时学分比例最高等。从表面上看，中国大学学生的课程学习量是世界第一，但是这种世界第一的背后却忽视、淡化或分散了对于学生基本知识、基本能力、基本思维和基本方法的训练与学习。由此不难发现，从大学校园走出来的被安排得明明白白的学生，尽管娴熟于某一特定知识、技能和能力，但缺乏对系统知识的整体理解和综合应用，更缺乏对于知识本身所隐含的科学性与思想性内在相互统一的理解和掌握。

事实上，大学课程体系的碎片化现象在世界一流大学也有类似的情况。美国哈佛大学前校长德雷克·博克在其《回归大学之道——对美国本科教育的反思》一书中，曾痛斥美国本科教育课程体系存在的问题，包括教师缺乏合作、忽视教育目的、过于强调通识教育、忽视教学方法、忽视课外活动等，并由此有针对性地提出了本科教育的六个方面的目标：学会表达、学会思考、培养合格公民、生活在多元化校园、为全球化社会做准备、为职业生涯做准备。尽管这些建议是针对美国研究型大学本科教育的不足提出的，但是对于今天中国的课程体系建设仍然具有重要的借鉴意义。这种意义意味着大学课程体系建设必须立足于培养什么样的人以及如何培养人这一根本任务，并着眼于交给学生认识世界和改造世界的最基本的世界观和方法论。从逻辑说，这就要求大学在构建课程体系时，改变过去行政化的思维方式，改变以学科为中心的、以教师需求主体为导向的课程组织方式，而转变为以学生为中心、以学生智慧发展来组织课程，最终交给学生一个完整的知识体系，并为未来完满生活做准备。所以，中国大学课程体系改革，迫切需要克服课程设置的行政壁垒所带来的课程体系的碎片化，而回归到课程体系的本质属性。这种回归从表面上看，也许是一次例行的教学计划修订，或者说是一次学生知识体系的重组，但从深层上说，这种知识体系重组的背后则涉及教学体系的重组、部门利益体重组以及教学资源配置的重组乃至结构再造。

其一，从知识体系重组看，迫切需要改变过去以知识为主线的组织课程体系，而从学生的成长型学习需求出发，以学生能力为主线来组织课程体系，从而进一步淡化主修与辅修、公共课与专业课、必修与选修的界线，打破理论与实践教学、研究生教育与本科生教育课程各行其是的壁垒，在兼顾学生知识的基础上，构建能够满足不同学生群体需求的课程新体系。

其二，改变学生部门所有制。允许学生跨学科、跨专业、跨校选课。同时，高校必须建立起真正的弹性学制，让学生能够根据自己的需要选择学习进程，既让学习优异者能够尽早尽快成长，又要让学习有困难者能够适当延缓学习时间。

其三，突出学生学习选择权。改变过去一成不变的班级授课制，而实施全面彻底的选课制，即大学开设的课程应该允许所有学生选择，且一所好的大学应该是把所有优质教育教学资源开放给所有学生，通过学生用脚投票的形式，及时淘汰过时陈旧的课程以及附加值低的“水课”。强调课程体系的模块化、弹性化、柔性化以及理论与实践教学融合，能够满足不同学生的个性化学习需求，实现课程模块的自由组合。

其四，改变教师部门所有制，打破课程资源的部门利益所有制，推进课程资源共享，以课程资源共享倒逼改变教师长期以来依附或被绑在某一门课程、某一专业的教学习惯，推动教师能够自由地在不同学科专业、甚至跨学科、跨专业进行开课。

课程是人才培养的核心单元和核心要素，是落实立德树人成效根本标准的具体化、操作化和标准化，是体现以学生发展为中心理念的最后一公里。把课程建好，本质上就是要消灭“水课”，打造有创造性、挑战度的一流课程（金课）。教育部“双万”计划明确定义了五大类金课，分别是线下金课、线上金课、线下线上混合金课、虚拟仿真金课、社会实践金课。金课建设标准体现在“两性一度”。

（1）高阶性：强调知识与能力有机融合。即教师要施与具有挑战度和创新性的知识；培养学生解决复杂问题的综合能力与高级思维，如批判性思维和创造性思维，深度分析、大胆质疑、勇于创新的能力，这需要通过教学内容和教学方式去创新实现。

（2）创新性：强调课程内容要反映知识的前沿性和时代性。即将教学研究、课程思政、前沿成果引入课程中；教学形式要体现内容的先进性和师生的互动性，即教师需要采用多模式组合去教学，让课堂激活起来；学习成效凸显探究性和差异化培养要求，即强调开展个性化、探究性、翻转等教学模式，有效提升学习质量和效率。

（3）挑战度：课程内容有一定的难度，需要跳一跳才能够够得着，也就是教师备课和学生课前、课中、课后都要有较高要求。在内容层面上，要扩大深度和广度（如多学科交叉，新兴产业与学科理论融合，跨专业能力、多学科实践融合培养）。在教学设计层面上，要增加研究性、创新性、综合性内容；增加自主学习安排；科学增负。在评价层面上，要加强学生课堂内外、线上线下学习成效评价，加强课程非标准化、综合性、个性化评价，关注学习成效和差异化能力，激发动力与兴趣。从具体要求看，金课建设标准需要考察四个维度（如图 3－2 所示）。

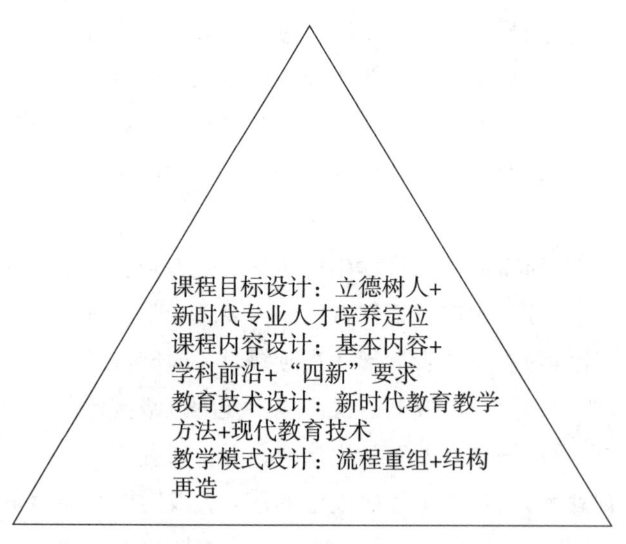

图 3－2　金课设计的四个维度

第一个维度是课程目标设计。即要充分体现立德树人，同时要与新时代专业人才培养定位契合。

第二个维度是课程内容设计。即要把握每节课基本内容哪些该教师教、哪些该是学生去自学。爱因斯坦说过：“如果一个想法最初听起来不荒谬，那就不要对它寄予希望！”一般地，学生一看就明了的知识，教师就无须在课堂上花费时间喋喋不休去讲了；同时要融合赓续学科前沿知识，还要考察课程内容在“四新”要求下的融合与更新换代。

第三个维度是教育技术设计。现代教育技术运用于课程设计是倒逼课程改革的驱动力，包括创设情境，突破内容重点难点，促进自主性、探究性学习。从现代教育的深度和广度看，教育技术设计重点在于要把现代化教育教学方法与现代教育技术无缝对接。

第四个维度是教学模式设计。即在把握好前面三个方面设计基础上，教学模式要顺应其他方面的变革，包括课程各个环节的流程需要重组，课程结构需要再造。

从理论与实践教学深度融合要求看，一方面，要考察以学为中心的课程递阶设计要求，即强调成长型学习主导的课程设计。

一般地，课程设计涉及五个不同的梯度（如图3－3所示）。最低阶就是传统的满堂灌式教学模式，照本宣科主导的课堂内容设计，理论教学和实践教学相对分离、各行其是，学生被动接受的只能是碎片化知识，也称作知识技能培养模式。第二阶关注师生互动的教学模式，即“师＋生＋内容”模式，仍然强调理论教学为重点，部分关注理论与实践教学融合，追求教学目标、行为与成效达成，一定程度上体现了以学为中心，也称为信息能力培养模式。第三阶不仅强调师生互动的教学模式，也关注学生的成长型学习，即“师＋生＋成长内容”模式，强调理论与实践教学一定深度的融合，注重课程内容进阶梯度、系统性和结构化关联关系，也称为知识能力（成长）培养模式。第四阶不仅强调师生互动，更侧重于学修结合、学以致用的结合，即“教＋学＋修＋用”于一体模式，追求理论与实践教学的深度融合，特别是促成学生智慧的生成，也称为智慧能力培养模式。最高阶不仅关注学修结合、学以致用的结合，特别强调批判性思维、创造性思维培养，即“教＋学＋修＋研＋评”集成闭环模式，追求理论与实践教学高度融合，每节课都以师生共同成长为导向，也称为创造力培养模式。

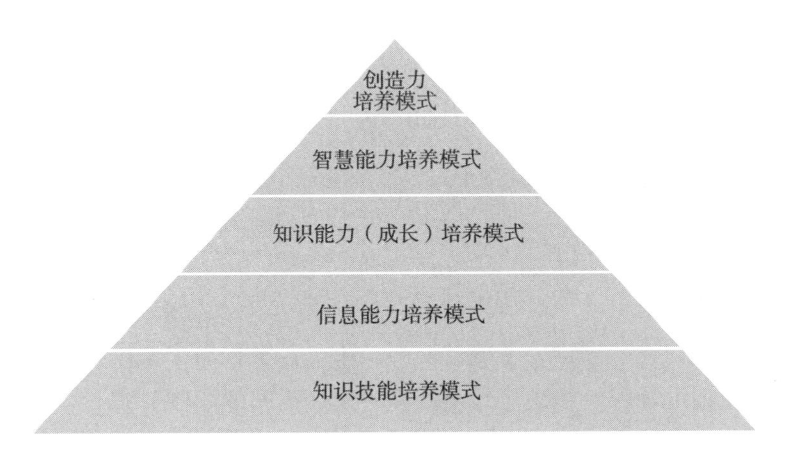

图3－3 课程递阶设计

当然，课程设计虽然主要涉及人、财、物等不同配置要求，但是课程质量好坏取决于教师这个主体的作用，没有一流的用心投入在教学学术的教师是不可能打造一流课程的，这需要教师在教学中一贯到底地坚持下列原则：与时俱进地采用先进的教学理念；有一支敢于创新的优秀的教学团队；确立以立德树人为统领的前瞻性的教学目标；坚持动态科学的“理论与实践深度统合”的教学设计；引入与时俱进的知识内容；突出以学生为中心的教学组织；构建全程可测的多元评价体系。

另一方面，需要重新审视实验教学设计。很显然，要避免单纯强调课内实验为主，即基础性实验，此类实验内容与课内理论同步，往往侧重于验证为主，属于人才培养的基础环节。从理论与实践教学深度融合要求看，要按照递阶原则激发师生共同在综合设计实验和研究创新实验上下功夫，这是培养创造性思维的基本要求。新时代实验教学设计递阶路径如图 3－4 所示。

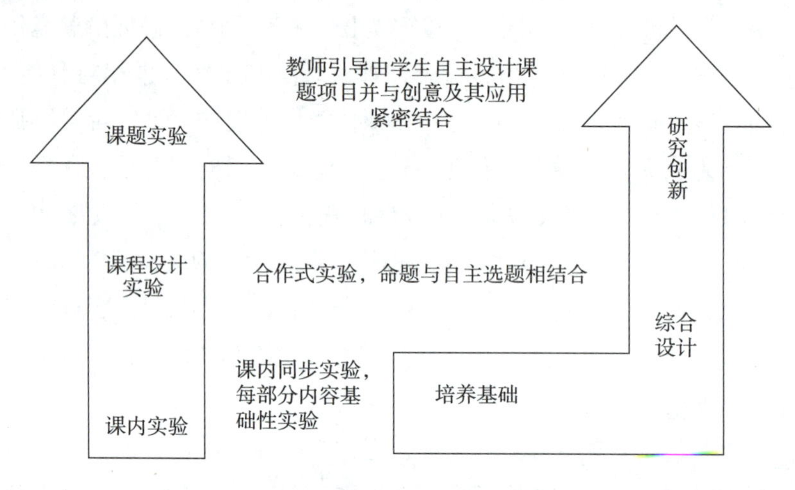

图 3－4　新时代实验教学设计递阶路径

1. MOOC 教学过程中理论和实践教学的融合

MOOC，即大规模开放在线课程，又称慕课，是“互联网＋教育”的产物。目前 MOOC 平台非常多，全球有影响的包括美国的 coursera、EdX 和 Udacity、德国的 iversity、英国的 Futurelearn、澳大利亚有 open 2 study 等。中国较为著名的 MOOC 平台有爱课程、中国大学 MOOC、学堂在线和 ewant 等。

（1）MOOC 的特点。

MOOC 的特点主要表现为以下几点。

第一，MOOC 教学组织形式以结构化的知识传授为主，具备完整的教学环节：开课、上课、作业、反馈、讨论、评价、考核、证书。第二，课程易于使用，依托互联网，可以随时随地利用碎片时间学习，突破了传统课程时间、空间的限制。第三，优质资源可以共享，在家即可学到国内外著名高校课程，促进全面学习、终身学习。第四，基于大数据的学习分析技术，分析结果能够促进教师及时完善和改进教学内容，帮助学生自主调整学习计划和学习方法。

（2）MOOC 有效推动理论与实践知识的融合。

一方面，教师由知识传授者转向学生学习的指导者与促进者。为了让线上学习顺利衔接到课堂学习中，理论与实践课教师都要设计好课前的预习任务，引导学生进行有目标的在线学习，在充分发挥学生自主学习的基础上，对学习任务提出规范性要求。为此，教师必须将教学目标分解为项目模式，通过趣味问题、知识检测、分组讨论等具体模块提高学生的关注力，同时让学生带着问题观看教学视频和素材。学生在线上学习平台自主安排学习时间，完成教师布置的学习任务，反馈学习效果。如果学生在学习过程中有问题，可以求助于教师给以答疑和指导。另一方面，慕课教学有利于引导学生探索解决更多实践性的现实问题。随着慕课的发展，实践性视频充满了学生的学习时间，并且越来越直观地将现实问题呈现在学生的眼前，对现实问题的探索成为学生学习的重要任务、甚至占据主导地位。学生可以根据自己的时间选择丰富的优秀教师的教学视频资源进行学习，或通过学科游戏巩固所学知识，或通过讨论社区阐释自己的观点。在这样的教育模式下，有利于学生自主学习、自主探究，有利于学生将所学知识内容运用到现实问题中去，达到理论与实践的学习成效的有机统一。

2. 微课教学中理论和实践教学的融合

微课，是指运用信息技术，按照认知规律，呈现碎片化学习内容、过程及扩展素材的结构化数字资源。

（1）微课的特点。

微课的特点与优势主要表现在以下几个方面。

一是教学时间较短。教学视频是微课的核心组成内容。根据人们认知特点和学习规律，“微课”的时长一般为 5～8 分钟，最长不宜超过 10 分钟。二是教学内容较少。相对于较宽泛的传统课堂，“微课”主要是为了突出教学中某个学科知识点（如教学中重点、难点、易错点内容）的教学，或是反映课堂中某个教学环节、教学主题的教与学活动，相对于传统一节课要完成的复杂众多的教学内容，“微课”的内容更加精简，因此又可以称为“微课堂”。三是微课制作应以学生为中心，即微课内容如何更能让学生理解，而不是固守成规地按照传统教学方式制作。

（2）微课有效推动理论课程与实践课程的整合。

微课以其“短小精悍”的特点使其很容易在课程体系中进行调配和补充。微课可以更好地实现文化课、专业基础课、专业技能课的跨越式调配，可以实现对不同程度的课程整合或分离。比如，在专业技能课程设计时，可以利用微课设计对某些文化课或专业基础开展必要的复习和补充。也可以反过来，把实践内容的微课穿插在基础课或专业基础课中，用以说明某个理论的实际应用，从而实现理论课程与实践课程的整合、理论知识与实践知识的相互结合。此外，微课使学生可以不再拘泥于课堂所学，可以按需索取自己想要的资源，对所学的专业知识查缺补漏，通过视频演示的方式，把抽象知识具体化、隐性知识显性化，便于学生集中有效时间解决学习中的难点与疑点问题，也有更多地了解所学知识的实际成效及价值。

3. SPOC 教学中理论和实践教学的融合

SPOC 是小规模在线课程。SPOC 中“Small”是指学生规模一般在几十人到几百人；

“Private” 是指对学生设置限制性准入条件，达到要求的申请者才能被纳入 SPOC 课程。

（1）SPOC 的特点。

SPOC 的主要特点在于以下几点。第一，教学方式更加灵活。SPOC 通过线上和线下相结合的方式，通常由校内教师在开设 SPOC 时，事先准备好教学资源或挑选一门 MOOC 教学资源，让学生先自行在线学习，可以线上答疑，也可以在课堂上进行面对面的讨论、答疑、实验等，最后是线下进行期末考试。在 SPOC 中，有更多的课堂时间可被留出用于讨论、任务协作和面对面交流互动等。第二，教学适应性更强。相较于 MOOC，SPOC 面向的是校内学生，体现参与学习学生的同质性；再加上参与学生人数较少，教师可完全洞悉学生的各方面信息，完全把控学生的学习过程。甚至根据学生不同的学习基础、在课堂上的某些关键知识点，教师可以主动要求部分学生开展一些特殊的思考，如面对面的“补课”，真正实现因材施教。第三，评价机制更加完善。相较于 MOOC 和传统教学，SPOC 可以将传统教学模式和在线教学模式的评价机制结合起来，即集成化评价方式。

（2）SPOC 有效推动理论与实践知识的深度结合。

从学习形式上看，SPOC 主要包括自主学习、合作学习和探究学习。从时间维度上看，教学进程大致分为三个阶段：初步学习阶段、深入学习阶段以及应用创新阶段。在初步学习阶段，学习者首先根据电子学习单的要求观看微视频（如知识讲解、技能展示等），初步学习并尝试理解核心知识，并做少量有针对性的小测验。在深入学习阶段，突出任务情境（如真实性）、协同作业（如身份、分工、流程等）、现场研讨（如协商、辩论、头脑风暴等）与成果展示（如动画、图片、论文、电子表格等），对深度学习具有重要意义。在应用创新阶段，一方面发挥知识网络对认知的引领作用，将所学的知识技能更好地统合起来，并将其运用在更为复杂的真实生活情景之中；另一方面，根据不同环境和需求，对自身的核心知识网络进行修正和完善。由此可见，SPOC 能够很好地完善学生的知识结构，将理论知识与现实问题相结合，实现理论与实践学习的深度结合。

4. 翻转课堂教学中的理论和实践教学的融合

翻转课堂（也称颠倒教学）译自“Flipped Classroom”或“Inverted Classroom”，是指重新调整课堂内外的时间，将学习的决定权从教师转移给学生。其本质是“学生前置自主学习（知识传授）”＋“师生课堂互动学习（知识内化）”（如图 3－5 所示）。即传统课堂教学中关注初级认知的知识传授内容，高级认知属于学生课后行为；翻转课堂在初级认知阶段主要依赖学生课前预习，教师在课堂上通过深度互动或者利用探究式教学，注重培养学生的高级认知。

（1）翻转课堂教学的特点。

翻转课堂教学的主要特点体现在三个方面。第一，重新建构学习流程。通常情况下，学生的学习过程主要由两个阶段组成：第一阶段是“信息传递”，是通过教师和学生、学生和学生之间的互动来实现的；第二个阶段是“吸收内化”，是在课后由学生自己来完成

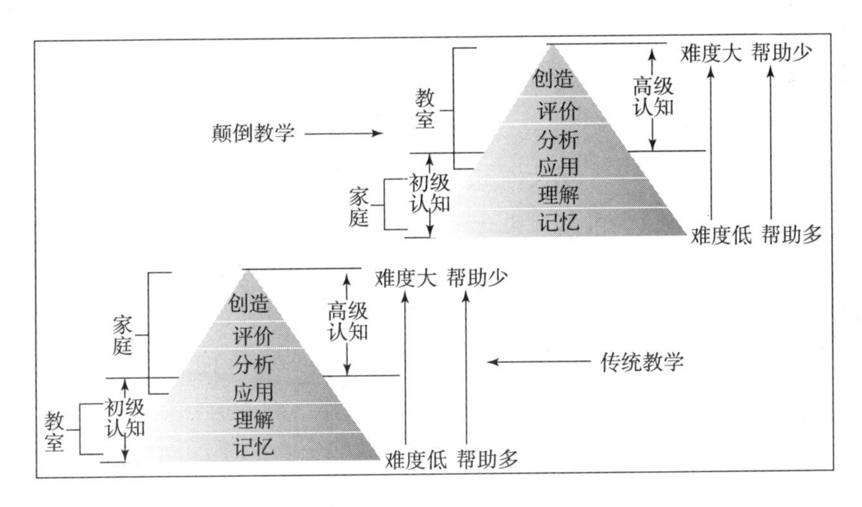

图 3－5　翻转教学模式

的。“翻转课堂”对学生的学习过程进行了重构。“信息传递”是学生在课前进行的，老师通过提供视频供学生提前学习，并结合在线的辅导；“吸收内化”是在课堂上通过互动来完成的，教师能够提前了解学生的学习困难，在课堂上给予针对性的辅导，师生之间的深度交流更有助于促进学生知识的吸收内化过程。第二，课前提供丰富的教学资源，有利于学生自主学习。一般地，采用翻转课堂教学的前提是有丰富的学习资源供学生课前预习，其中教学视频及引导资源是必不可少的内容。学生可以自主规划学习内容、学习节奏、风格和呈现知识的方式以实现自我控制的个性化学习。第三，翻转课堂的关键点在于课堂吸收内化。课堂的对话和讨论，需要教师做出精心的准备和细致的观察，真正做到因材施教，促进学生吸收内化学习过程效益的提升。

（2）翻转课堂教学有助于理论与实践教学相结合。

翻转课堂是混合教学模式的关键之处，线上学习到的知识通过课堂的讨论答疑得到细化和巩固。教师要积极调动课堂情境、协作、对话等教学要素，促进学生的主体学习意识，形成一个发现问题、讨论问题、解决问题的良性循环。课堂上教师梳理强化教学内容的难点和重点，评价慕课作业和项目的完成情况，对学生提出的问题继续深化和互动讨论。教师要充分采用启发式和探究式的教学方法，结合合作学习的小组形式或报告、比赛等激发学生的创造性思维，提高学生完成项目和解决问题的能力，引导学生共同完成课堂任务，实现理论与实践的融合，使得学生真正达到学以致用的目的。

总之，翻转课堂强调学生的高级认知，注重知识的分析、评价和创造，是教学微课视频和师生面对面的互动交流讨论相结合的学习活动，使所有学生积极主动地学习，使所有学生都得到个性化教育。教师在运用翻转课堂教学时，也要根据不同学生的认知能力、课程内容、不同年级、不同专业属性等层面，针对性地选择课堂翻转形式，诸如边讲边练式、生讲生评式、以练代讲式、案例点评式、研讨辩论式、项目探究式、平行互动式、边做边评式、教师导演学生串演、特殊无障碍借用慕课教学等。一句话，教师不能把一种模式在一门课教学中一贯到底。

5. 混合式教学中的理论和实践融合

（1）混合式教学的特点。

混合式教学是根据课程特点将以上各种教学方法混合使用。其主要特点表现在以下四个方面。其一，从外在表现形式上是将在线教学和传统教学的优势结合起来的一种“线上”+“线下”的教学模式。其二，“线上”的教学不是整个教学活动的辅助或者锦上添花，而是教学的必备活动；“线下”的教学不是传统课堂教学活动的照搬，而是基于“线上”的前期学习成果而开展的更加深入的教学活动。其三，这种“混合”是狭义的混合，特指“线上”+“线下”，不涉及教学理论、教学策略、教学方法、教学组织形式等其他内容，因为教学本身都是具有广义的“混合”特征的，在广义的角度理解“混合”没有任何意义。其四，混合式教学没有统一的模式，但是有统一的追求，即一定会重构传统课堂教学组织形式，充分发挥“线上”和“线下”两种教学的优势改造传统教学方法，解决我们在课堂教学过程中过分使用讲授而导致学生学习主动性不高、认知参与度不足、不同学生的学习结果差异过大等问题。

（2）混合式教学有效推动理论课程与实践课程的整合。

混合式教学旨在项目驱动和教师引导下，发挥学生的主体作用，促进学生发现问题、解决问题的实践能力的提升。教师可将教学资源在教学活动前分设为不同的项目，同时一个大的项目可以分解成不同的学习小模块，并在线上平台围绕知识点设计思考题。学生在慕课平台上下载材料或在线学习，分析和协作项目过程中通过问题互动交流，层层深入。留存的疑难问题将以课堂面授的形式继续讨论并在教师的引领下得到解决。这一教学流程不仅结合了线上课程、线下课程，同时又以契合的教学方法即项目驱动法为引导，充分调动了学生的自主学习能力和分析、实践能力。

总之，新时代课程体系改革以社会发展需求、学生个性发展、学科自身变革为目标，以适应学生个性化成长、综合发展为重点，进行知识系统的重组与优化整合，形成知识逻辑和问题创新相结合的创新课程体系。优化的课程体系将有利于学生创造精神和创新能力的培养，有利于自学能力的增强，有利于人格品质的塑造，特别要把握实践环节是创新课程体系的重要组成部分，即要从以课堂讲授主导向理论与实践教学融合主导的创造型课程教育教学模式转变。这个转变要推进“理＋实”“理＋用”“理＋创”等深度融合的教育教学模式，同时从过分追求专业化课程向综合性、交叉性、通识性课程转变，从单一化课程向多元化课程转变，从而有利于培养学生创造性思维，有利于学生个性化发展。

（五）管理体系设计

大学管理体系是人才培养体系的重要保障。高等教育发展历史证明，构建高水平人才培养体系，都必须有一套与之相应的先进的管理体系，这也是一所大学管理成熟的重要标志。

管理是指在一定的环境条件下，通过计划、组织、指挥、协调等手段，使有效的资源发挥最大的效应。但在大学管理中，很多大学的管理仍然是"应急式"管理，所谓屁股决定脑袋、各自为政、唯上负责等做法大量存在。发达国家高校在学校管理中强调对大学教育教学规律理解深刻，对管理服务活动及过程有深入研究，体现出"研究式管理"的特点，即一切管理强调研究先行、过程精细、流程规范。研究式管理不仅要遵循经济规律，同时还要服从现代教育教学规律、科研工作规律以及教书育人规律等，由此带来了高等教育管理中的特殊性和异常复杂性。纵观世界一流大学的演进，严格规范的管理，特别是加强人才培养质量的管理和控制是提高高等教育质量的重要保证。高校管理的水平直接关系学校内涵式发展特别是人才培养质量，影响学校的生存和发展。高质量的高校管理需要高素质的管理人员，而管理人员的水平决定教学管理的质量。但不管如何，在高等教育管理过程中，总会有一些经常出现的基本矛盾和规律，对于这些矛盾和规律的认识，就是高等教育管理的逻辑起点，也是高等教育管理开展工作的价值判断基础。可以说，教育治理体系的建设就是围绕着这些基本矛盾和规律的认识而建立起一套完整的组织治理体系、制度体系以及价值体系。

从组织体系建设看，一所大学应当由哪些组织构成，这是由大学职能与属性所决定的。从大学本质属性来说，大学基本职能是人才培养，科学研究是大学重要职能，社会服务是大学的衍生职能。因此，大学组织的核心是教学组织，其次才是科研组织和其他非学术组织。但在现代大学，随着大学职能不断丰富发展，大学组织也在不断发生裂变，由原来的单一的教学组织衍生出其他非学术组织。由此大学除了传统学术组织特征外，又兼具有行政组织、公共组织、利益相关者组织、法人组织以及公司组织等不同特征。但是，不管大学组织如何变化，教学组织是大学的基本组织，这是由大学基本职能所决定的。但从现实情况看，由于认识的偏差和思想上的功利追求，大学其他组织在不断侵蚀、弱化甚至凌驾传统教学组织。以教研室这一基层教育教学组织为例，依托教研室开展教学研究活动是大学人才培养的基本活动，也是我国大学管理体系的一个优良传统。然而，在追求一流大学建设过程中，有众多大学把传统教研室改成为研究室、研究中心或研究所，在这一改变的过程中，科学研究职能得到强化，但教学组织功能却慢慢边缘化。又如，传统上我国大学都是以系为单位组织教学，但是随着学院制推广，传统这一教学组织体系也悄悄发生改变，资源权力上移至学院层面，但教学重心仍然由系一级来组织，这种权能不一致现象在我国大学组织建设中，可以说屡见不鲜。再从行政组织与学术组织的关系而言，在国外大学，学术事务由学术组织决策，行政事务由行政组织决策，这是一个基本惯例。但在国内大学，行政工作包揽、代替、凌驾学术工作可以说是一种普遍现象，也是中国大学组织的一种扭曲的常态，并且习以为常。这些现象说明，大学组织繁荣的背后却暗藏着大学人才培养质量的危机，因为这些非传统学术组织正不断改变大学组织的生态，动摇着大学人才培养作为基本职能这一根基。大学在追求卓越的同时，却在组织体系建设过程中将失初心。从这一意义上说，重构大学人才培养体系，大学管理体系应当做到两个回归：一个是基层学术组织的权能回归，一个是学校层面学术组织的本分回归。放管服重点在资源配置权的下放、担负责任和资源统筹协调管控的下放。前者回归的重心应当要重建大学基层的学术组织，真正发挥基层学术组织作为人才培养的细胞和战斗堡垒，压实基层学术组织在人才质量标准制定、质量监控以及学术质量把关的作用。而后者的回归应当是重新理顺大学各种学术组织，以及学术组织与行政组织的职责关系，夯实学校各类学术组织在学术事务中的决策、咨询、评议、审议、监督职能。毋庸置疑，这种回归不仅需要学校科学的顶层设计，但更需要学校为政者的魄力和决心以及对于大学教育价值取向的个人判断。

但是，从深层原因来说，这种考核方式是在早期以教师为中心、以管理为中心评价体系下沿袭形成的惰性，其中包括了教师教学的惰性、教学管理的惰性。在英国有的大学，一门课 50 个学生考试老师要出 50 份不同的试卷。显然，要改变已有的考核方式，无疑就是改变教师已形成的惰性，这种改变不仅需要教学理念、教学模式改变，更为重要的是，需要对现有教学评价体系作一个翻转式改造，引导教师改变以知识为导向的教育价值取向，转向以能力导向的教育价值取向。再以课程绩点制改革为例。从形式上看，课程绩点是学生课程学习量的一种计量单位，这种计量方式不再单纯以实际分数对学生学业进行评定，而对处于不同区间的成绩学生给予了不同的评价权重。从表面上说，从百分制到绩点制只是对学生学业成绩评价的一种方式改变，但从内涵上说，绩点制的真正意义改变了单纯以实际分数来评价学生的学业，体现了对学生评价的一种新价值导向：能力价值导向。事实上，这种改变在 100 多年前的美国哈佛大学就已出现。1886 年，哈佛大学监督委员会的一份报告指出："大学里的年轻人应该适应外部社会通行的标准。在社会上，一个人的地位是由多方面因素决定的，其中很多因素都无法反映在学校不准确的分数中。"当时，作为极力推动选课制改革的校长埃里奥特也明确表示："百分制对分数区分过细、与其正的学习目的相比，其夸大了分数的重要性，阻碍了分数真正作用的发挥。"反观中国高校，尽管不完全学分制在中国高校推行了很多年，但仍然有众多高校对学生进行综合评价时，仍然沿用百分制这种过细的评价方式，而对诸如绩点制这样一些基本管理制度，甚至缺少共识。这些例子说明，中国高校在教学管理制度建设过程中，往往是一种经验管理思维，缺乏科学管理思维，更缺乏价值批判。因缺乏科学管理思维，所以高校管理制度在设计过程中往往存在着主观随意性。因缺乏价值判断，中国高校管理制度在引进西方一些制度的过程中，往往缺少对制度本身进行批判地吸收，导致经常出现东施效颦的现象。众所周知，学分制改革的本质是扩大学生自主学习的自由度，这种自由度包括选择课程自由、选科选专业的自由以及学习进程的自由。显然，这种选择既与管理者的主观价值判断有关，同时也与学校的教学资源条件约束有关。根据对 823 所普通本科院校的教学状态数据，各高校平均选修的比例 20.46%，这么低比例的选修课显然不仅仅是价值选择的问题，而是与资源约束条件有关。787 所普通本科院校教学状态数据显示，生均拥有课程门数仅有

0.09门，生均拥有课程门次数仅有0.25门。由此可见，很多学校并没有真正了解资源约束条件，盲目提出所谓完全学分制的改革目标也只能是“空中楼阁”之制。再以人们最为熟知的重修与补考制度为例。补考制度是学年制的一种管理制度，而重修是属于学分制的一种教学管理制度。但在中国实施学分制高校，却普遍存在着重修与补考并存的局面，甚至在毕业前进行“大补”或“清考”制度。为什么会有重修与补考并存的情况，甚至出现“清考”这一奇观？从逻辑上说，有重修必然有弹性学制，必然会有提前毕业或推迟毕业，这是学生选择学习进程自由的必然反映。但从中国高校毕业率看，根据2014—2017年普通本科院校毕业率抽统计，各高校平均毕业率从96.84%上升到97.79%，学位授予率从87.85%上升到97.61%。如此之高的毕业率和学位授予率说明，中国高校的重修是不真实的，这种假重修背后（成绩放水）的深层原因可能是大学让渡了学生就业的压力，而在某种程度上放弃了教学与学术标准追求，由此放弃了对于学生培养过程的严格管理。值得庆幸的是，日前教育部已经下发通知，提出大学生要适当“增负”，要淘汰“水课”、打造“金课”，要加强学习过程考核，加大过程考核成绩在课程总成绩中的比重，严格考试纪律、严把毕业出口关，坚决取消“清考”制度。这些通知要求释放出新的信号：整顿本科教学秩序，严格教学过程管理。正如孙春兰副总理2019年在直属高校咨询会上明确提出：“让学生忙起来，让教学活起来，让管理严起来，让毕业难起来，让质量提起来！”然而，一些高校在创建一流本科教育形势下，专门修订教学事故以从严要求教学纪律，但是一旦遇到学院里的教师违规违纪一些院长书记就开始做老好人，能免责的尽量免责，不能免责的就期望降级处理。从深层意义上说，这些要求一方面需要高校自身对管理制度进行一次大清洗，另一方面必须按照习近平总书记说的“制度的生命力在于执行力”！这样才能清理教学管理制度中的软化和弱化做法。显然，这一过程与其说是管理制度体系的重建，但毋宁说是高校价值判断的重新选择。这种重新选择就不仅仅是高校某个部门或某个领导的事情，而需要全校在思想上统一认识，并从围绕着“培养怎么样的人”以及“如何培养人”这一根本问题来理解和认识教育部这一要求，其中最为重要的工作是，高校必须以立德树人统领，把有灵魂的质量提高作为教学改革风向标。特别地，党的十八届三中全会把“完善和发展中国特色社会主义制度、推进国家治理体系和治理能力现代化”确定为全面深化改革的总目标，开启了全面深化改革、系统整体设计推进改革的新时代，这也为高校推进依法治教、依法治校指明了方向。从我国高校实际看，要彻底摆脱“应急式”“屁股决定脑袋”“制度如弹簧”等窘境，要结合当下高等教育面临的立德树人、“放管服”“双一流建设”“以本为本”等重点任务，构建科学的研校治校的治理体系。所谓研校，就是要按照研究式来研究一所大学的专业体系、学科体系、课程体系、教育体系以及管理（治理）体系及其相互关系，构建为这所大学人人认同、人人呵护、人人信奉的“规矩”；所谓治校，就是要按照现代高等教育规律并结合自身发展现状，形成管理一所大学的制度体系，包括学科、专业以及科学研究、人才培养、社会服务等各领域体制机制、法律法规安排，是一所大学制度和制度执行能力的集中体现。

质量保障体系为保障大学内涵式发展质量底线有机组织治理体系之一。质量是一个关联性的过程，高等教育质量不仅要关注具体的技术标准、教学要素投入，以及过程监控体系建设，更应关注培养目标设计的科学性、培养模式选择的合理性，考虑到生源情况，需要从生源质量、培养目标设计、教学模式选择、教学过程监控和教学成效输出等全过程、双向考察人才培养质量。根据路径依赖理论，一所高校的质量保障体系，随着教师、专业、学科等的长期沟通和合作惯性，将使人们对路径的依赖性增强，从而固化他们的习惯并易形成刚性，就如重科研轻教学的改变不仅是人事考核制度的杠杆，也与科研带来的名利驱动息息相关，由此导致教师教学投入陷入“锁定”状态。不可否认，人才培养质量是一流大学的内核，以本为本的落脚点是用心于教育教学的氛围、惯例和社会选择等共同作用的结果。因为，培养卓越的人才是大学质量保障活动的根本动机，科研与教学水平及其价值和社会对人才需求结构既指导大学各项活动又施加选择压力。从质量保障体系发展路径看，高校内外部的学习氛围（包括去大学和企业学习）和学习惯例（如内部交叉评估）能有效地激励和帮助他们创新教学模式、深化质量体系，以达到与高质量人才需求相适应的目的。质量保障体系是基于高校部门、师生的共同关注目标——共生成长、竞争力提高，形成的协同工作机制。同时，质量保障指标选择的实现还需要良好的惯例加以辅助，这些惯例包括课程和教师资源的打通共享、师生违规违纪的不折不扣处置，等等。目前高校质量保障体系选择机制既涉及了市场因素也包括许多非市场因素，选择机制对培养人才的规格和设计配置教育教学资源的潜力做出判定，从而决定采取什么样的质量保障工具，将直接影响培养质量的方向、速度与规格。

新时代高等教育，要迈向高等教育强国之路，强调以成长性学习为目标，实现内涵式发展，利用内外部质量保障体系促进理论与实践教学融合。特别是大数据在新时代高等教育质量的作用日益凸显。美国梦盒学习（Dream Box Learning）公司和纽顿（Knewton）公司发布了利用大数据的适应性学习（Adaptive Learning）系统，其中的产品“我的实验室/高手掌握”（MyLab/Mastering），向数百万名学生提供个性化的学习服务，让学校通过这些数据提高学生的学习效果并降低教学成本。希维塔斯学习平台（Civitas Learning），在高等教育领域建立起最大的跨校学习数据库。通过这些海量数据，能够看到学生的分数、出勤率、辍学率和保留率的趋势。通过使用100多万名学生的相关记录和700万个课程记录，系统能够让用户探测性地知道导致辍学和学习成绩表现不良的警告性信号。此外，使得学生发现那些导致无谓消耗的特定课程，并且看出哪些资源和干预是最成功的。加拿大的“渴望学习”（Desire Learn），推出了基于学生过去的学习成绩数据预测并改善其未来学习成绩的大数据服务项目。通过监控学生阅读电子化的课程材料、提交电子版的作业、通过在线与同学交流、完成考试与测验，就能让其计算程序持续、系统地分析每个学生的教育数据。老师能及时诊断学生问题所在，提出改进的建议，并预测学生的期末考试成绩。一般地，教育大数据定义为面向教育全过程时空的多种类型的全样本的数据集合。教育大数据不仅仅是建设教育大数据中心和分析全过程学习数据，更多的是一种共享的生态思想。教育大数据的定义包含：是教育领域的大数据，是面向特定教育主题的多类型、多维度、多形态的数据集合；是面向教育全过程的数据，通过数据挖掘和学习分析支持教育决策和个性化学习；是一种分布式计算架构方式，通过数据共享的各种支持技术达到共建共享的思想。高校大数据是一种新的架构和思维基础，可以弱化分析模型直接进入研究目标进行分析，可以通过数据聚集对“小现象”进行规律研究，还可以对个体进行多维度数据融合研究，再可以对目标对象进行时间序列和空间维度动态分析，对高等教育的管理、教学、学习、科研和评价等都带来极高的价值。高校大数据的业务分析有以下五个方面的内容。

（1）对教育管理者支持。传统的“头脑发热”决策，经常处于朝令夕改的尴尬境地。大数据驱动下，服务管理、数据科学管理将取代传统的行政管理、经验管理。大数据不仅可以运行和维护各高校的人事信息、教育经费、办学条件和服务管理的数据，而且可以长期积累所有类型的数据，利用统计分析、应用模型等技术将数据转换为知识，最终为管理者和学习者提供科学决策。

（2）对教育模式的支持。大数据推进实现智慧学习。教师在智慧教学环境下，利用大数据技术可以深入地了解每个学生的学习状况，与学生沟通更加通畅，教师的整个教学过程和学生的学习过程更加精准化和智能化。教师对教学过程的掌握从依靠经验转向以教育数据分析为支撑，可以帮助教师及时调整教学计划和教学方法，有利于教师自身能力提高和职业发展；学生对于自己学习状况的了解从模糊发展到心中有数，可以更好地认识自我、发展自我、规划自我。

（3）对个性化学习的支持。除了学生学习的行为可以被记录下来外，在学习资源上的数据也可以被精确记录下来，如点击资源时间、停留多久、问题回答正确率、重复次数、参考阅读、回访率和其他资源信息。通过大数据可以定制个人学习报告，分析学习过程潜在的学习规律，还可以找到学生的学习特点、兴趣爱好和行为倾向，并明晰教育状态信息。大数据技术使教育围绕学习者展开，使传统的集体教育方式转向为精准个性学习方式。

（4）对教育评价的支持。教育评价正在从“经验主义”走向“数据主义”，从“宏观群体”评价走向“微观个体”评价，从“单一评价”走向“综合评价”。大数据驱动下教育评价的变化，不仅表现在评价思想，还包括评价方法；不仅包括对学生的评价，还包括对教学管理、评估质量等具体水平的评价。教育评价可以是多元化的，优化了教学方向。

（5）对科学研究的支持。大数据使得从追求单向因果性转向追求复杂的多元相关性，并用直观的图形等表达方式、系统。科学研究将从随机抽样、探讨因果关系走向全部数据、寻找相关关系。数据分析为研究人员提供了个性化的服务，可以提高了研究的效率和成果的可靠性。

从人才培养的过程要求看，结合理论与实践教学融合的目标设定、教学模式及其条件配置、课程设定、教学过程评价、理论与实践教学融合的匹配度及其成效评价与连接路径，可以建立大数据驱动下理论与实践教学融合的评价体系（如图 3－6 所示），即以大数据诊断教育质量，根据联合国教科文组织八个大学采用的指标，提出理论与实践教学质量保障工具，一是要从质量保障共涵盖的 12 个关键指标到观测指标，二是设计出观测点和观测指标，观测点包括参与情况、反馈情况以及改进情况三个层面（如表 3－1 所示）。

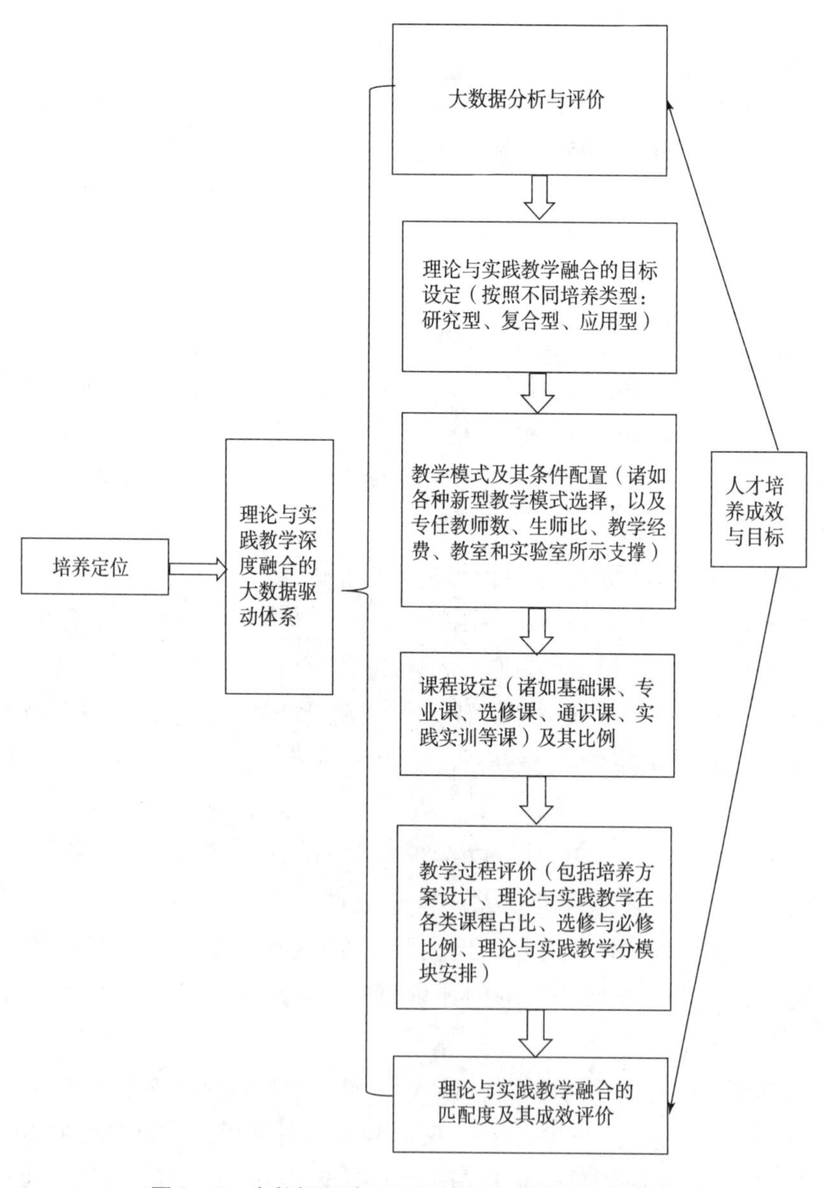

图 3－6　大数据驱动下理论与实践教学融合的评价

表 3－1　理论与实践教学深度融合的质量评价工具

理论与实践教学深度融合的保障工具	观测点	观测指标
1. 理论教学成效测评 2. 实验教学成效测评 3. 其他实践教学评估 4. 教学指导与检查 5. 专业自我评估 6. 专业质量检测 7. 学生课业负担评估 8. 毕业生跟踪调查 9. 成长型学习评估 10. 用人单位满意度 11. 就业市场分析 12. 企业、用人单位参与培养方案设计	参与情况	参与频率
	反馈情况	1. 反馈频率 2. 数据运用 3. 反馈数据是否有价值
	改进情况	1. 改进理论与实践教学融合的连贯性 2. 更新理论与实践教学的课程内容体系 3. 拓展专业口径 4. 教师教学能力提升 5. 改进学业评价 6. 增强毕业生工作胜任力 7. 改善理论与实践教学融合的条件与环境 8. 其他（包括社会实践、创新创业等平台支撑）

综合上述，在新时代，要推进高校内涵式发展，从以本为本要求看，从理论与实践教学关系看，一方面要改造五大体系中与培养引领未来人才不适宜的内容、模式和方法，另一方面要把控五大体系交互交融关系。具体来看，专业体系发展、辐射与衍生会促进学科发展，学科体系发展也推进专业体系革命；教学体系反映学科体系以人为主导的本质职能，代表学科的进化和成长，学科体系建立的好坏直接决定教学体系的质量；教学体系是专业体系的根基，以培养高质量的人才为前提的教学体系是专业发展的决定力量，不断优化的专业也必然需要不断推进教学体系改革；课程体系要围绕着以学为中心的智慧发展来组织，课程体系决定了教学体系实现效果，教学体系是实现课程价值的手段；课程体系既反映学科体系、专业体系教育下知识传承的关键通路节点，也反映学科、专业知识创造的进化和教学职能的价值；无论学科体系、专业体系、教学体系、课程体系，从理论与实践教学融合要求看，管理是实现的一种必备手段，而闭环的质量保障体系是试金石，既要依据其中各个体系建立管理制度、实施必要的管理模式，也要通过创新管理模式，坚持全员育人、全过程育人、全方位育人，做到教学育人、服务育人、管理育人、环境育人，同时改革培养方式和教学方法，做到兴趣育人、研究育人、实践育人，着眼于提高学生的素质、促进学生全面发展。显而易见，理论与实践教学深度融合，要建立五个一流体系协同的人才培养大系统，如图 3－7 所示。

总之，一流专业体系、一流课程体系、一流教学体系、一流学科体系、一流质量保障体系，五系交叉协同、共生共长。一流学科交叉与集群、繁衍与辐射，支撑一流课程体系、一流教学体系、一流质量保障体系、一流专业体系的同频共振与发展。一流专业体

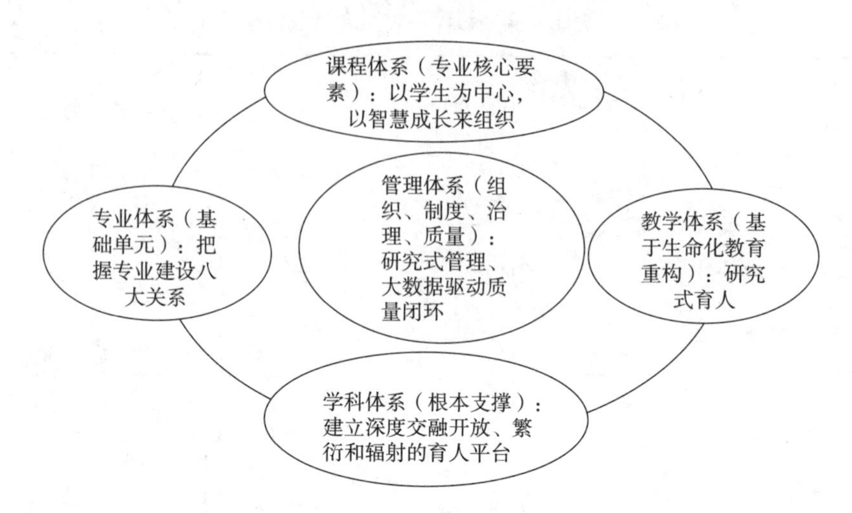

图 3－7　理论与实践教学深度融合的五体协同

系，围绕着一流课程体系、一流教学体系、一流学科体系、一流质量保障体系建设并相向而行，是一流学科的方向盘。一流课程体系是一流专业的内核，是一流学科、一流专业、一流教学、一流质量保障体系持续进化的基元。一流教学体系是一流专业、一流学科、一流课程、一流质量保障体系持续前进的发动机。一流质量保障体系是一流学科、一流专业、一流教学体系、一流课程体系持续改进的助推器。

二、高校理论与实践教学深度融合的创新创业体系

（一）深化创新创业与培养过程融合

创新型人才的培养要求高校从上述五大体系全方面着手，探索一种适用新时代高等教育要求的教育模式和教育方法。为保证创新创业教育取得预期的培养效果，必然需要将创新创业融入人才培养的各环节。

1. 落实创新创业教育理念

高校对于创新创业教育的目标已经达成了共识：面向全体、分类施教，重视培养学生的创新精神、社会担当意识和创业责任感，促进学生全面发展，努力造就大众创业、万众创新的生力军。但创新创业教育能否取得成功，非常关键的一个因素在于高校的教育管理者和专业的教师在日常教学和教学管理过程中是否树立和落实科学的创新创业教育理念。创新创业教育的核心是培养具有高水平创新能力，同时能够将创新才能转化为社会价值的人才。目前，创新创业教育成效不足的很重要原因就在于实际的教学管理和日常教学过程中，没有将创新创业教育落到实处。各高校应结合学校具体情况对创新创业教育进行明确的定位，在教学管理和教学过程中树立创新创业教育理念，摒弃结果导向，加强参与创新

创业过程的引导，使创新创业教育理念在日常的管理和教学工作中得到彻底的贯彻。

高校应修订人才培养方案，将创新创业教育的理念融入人才的培养目标、知识要求、能力要求、素质要求中去。深化创新创业教育改革相关内容，明确创新创业教育改革要渗透到全体学生、全体教师参与、融入人才培养全过程的实施举措，促进创新创业教育与专业教育有机融合。制定创新创业教育改革实施方案，明确创新创业教育目标要求，设置专门的创新创业课程学分和实践环节学分，采取多种切实可行及有效的举措，积极培养学生创新精神、创业意识和创新创业能力。

2. 完善创新创业课程体系

课程体系是实现创新创业教育的基本途径，是创新创业教育要解决的核心问题。创新创业课程体系的构建应遵循理论与实践并重、创新创业教育与专业教育有机融合、全程化实施的三大原则，可以根据面向对象的不同分为三个层次。

首先，面向全体在校生开设创新创业教育通识课、公共课，以培养大学生的创新创业素质为目的。把创新创业类课程作为必修课，面向全体学生积极组织开设创新创业基本理论和方法类课程，建设创新创业教育慕课、视频公开课等在线开放课程，对学生进行创新创业文化基础知识方面的教育，着重对学生进行创新创业精神和文化的培育，引导学生掌握基础性的创新创业知识并激发初步的创新创业意识。通过氛围营造，让学生感受到具备创新创业精神的必要性，引导他们逐步进行职业生涯规划，树立远大的职业理想。

其次，面向各专业的学生，在专业课中增加创新创业引导。在专业导论和新生研讨课程中加强行业认知、工程意识、创新思维、科学方法等方面的训练和引导，寓教于乐，创新教学，尽可能将专业课本知识结合创新创业案例分享给学生，促使学生对专业知识萌发创新的萌芽；强化创新创业实践环节，在公共基础实验和大类学科基础实验教学中强化综合性、设计性、研究性、创新性、自主性实验项目的开发；在综合课程设计、系列专题设计、大学生自主研学、毕业设计中突出创新创业的实践要求，以项目、赛事等活动为引导，理论与实践教学相结合，有针对性地加强对学生创新活动过程的指导。

最后，面向有较强创新、创业意愿和潜质的商学院专业学生，开设组织设计、供应链管理、知识产权、合同与交易等创业能力素质类课程，以及旨在提高学生基本知识、技巧、技能的专门的系列专业课程；在市场营销、撰写商业计划书、市场营销、吸引融资、人际交往技巧等方面进行全面的训练，以培养创业或者企业高管人才为目标。

3. 强化创新创业教法改革

深化创新创业教学模式改革，将情景模拟、社会调查、人物访谈、撰写创业评论等方法复合，开展案例式、互动式、探究式、角色模拟式、开放式等教学新模式；针对大班讲授课程，鼓励将学科前沿、科技开发、工程实践与社会服务课题引入教学，配合小班讨论环节；完善大学生科研训练的结构层次与实现途径，确保每位学生在进行毕业设计之前，自主完成较为系统的科研实践训练。深化考试制度改革，鼓励使用音视频手段进行教学和考核评价，发挥考试的导向和反馈作用，摒弃只用一次考试评价的办法。强化过程性、多样性考核，包括加强对学生研究型学习表现及成果的考核，加强对学生学术能力、创造精神、创业素养的评价。

将创新创业融入课程体系，并深化教育教学方法改革，是开展创新创业教育的基础。通过课堂教学，对学生进行创新创业文化基础知识方面的教育，使其了解创新创业对国家、对学校、对个人发展的重要意义，提升其作为新时代青年的责任感和担当力；引导学生掌握基础性的创新创业知识并激发初步的创新创业意识，了解前沿新理论、新技术和新工艺，增强学生开拓精神、拼搏精神、洞察力、意志与毅力、兴趣与自信。

同时，高校也应提供包括组织保障、制度保障、活动保障、软硬件相关的平台保障、氛围保障等多方位的措施来确保创新创业课程体系能够落到实处。

（二）完善创业创新组织机制设计

创新创业教育教学的持续发展需要建立从上到下完善的组织架构，需要建立强有力的师资队伍，需要构建社会支持系统。

1. 完善组织管理机制

（1）成立创新创业工作领导小组。

学校应成立由主要领导负责的创新创业工作领导小组，开展研究部署创新创业工作，将创新创业工作列入学校重点工作，并采取有效举措，切实将国务院和教育部文件精神以及地方政府和主管部门的相关要求和部署落到实处，制定目标明确、措施得力的实施方案。其中，部属高校要能够立足国家创新驱动发展战略和“大众创业、万众创新”战略部署，以培养高水平创新创业人才为重点大力推动创新创业工作，并将之作为双一流大学建设的重点内容；省属本科高校应将创新创业工作放在服务学校发展战略全局的高度统筹推进，切实融入学校办学特色，建设创新创业型学校；高职高专院校也应将做好创新创业工作作为学校办学重要目标。

（2）成立创新创业学院。

创新创业教育并不是单一部门的工作，而是需要多部门的配合，成立专门的创新创业学院，能够通盘安排全校的创新创业课程、师资队伍和各项条件保障等，将创新创业教育工作落到实处。不仅能从学校层面对全校创新创业工作进行统筹规划，与就业、创业、教务、学工、团委、科研等职能部门进行联动协调，更能主动对接融合不同专业学生创新创业能力培养，推进跨学科交叉的科技成果转化，形成具有特色的共生型创新创业的教育生态环境和人才培养模式。

（3）成立创新创业服务中心。

在培养学生的创新精神和实践能力的同时，高校也要发挥学校科研成果孵化的作用。融合学校创新创业人才培养和科技成果转移转化，充分发挥对学校学科建设平台的支撑作用，将大学的综合智力资源优势与其他社会优势资源相结合，推动创新资源集成，促进开放协同发展，建设创新创业人才培养的重要平台、高校科技成果转化与产业化的重要基地、科技型中小企业孵化的主要载体以及促进区域经济发展的重要支撑，即创新创业服务中心，为高等学校科技成果转化、高新技术企业孵化、创新创业人才培养、产学研结合提供支撑的平台和服务。

2. 细化制度规范建设

（1）完善创新创业教育制度建设。

建立创新创业学分转换制度、弹性学制。创业活动与校园的课堂学习活动差异较大，而创业活动又需要创业学生全身心投入，势必会影响到学生的课程学习。为了保证创业学生的创业活动能够顺利进行，同时也规范创业学生的课程学习，高校就要对创业活动和课堂学习进行明确的定义，并制定包括学分互认、允许学生休学（保留学籍）创新创业的相关管理办法。

（2）完善创新创业训练孵化制度建设。

包括制定出台保障各级大学生创新创业训练计划项目、各类大学生创新创业大赛等创新创业活动顺利开展的实施办法；制定大学生创新创业活动基金管理办法，对基金的来源、用途、监管进行明确的规定，保证创新创业活动基金能够规范化、合理化发展，最大限度地满足大学生创新创业的需要。

3. 加强师资队伍建设

（1）组建创新创业师资队伍。

高校应设立创新创业类专职教师编制，由专职人员负责学校创新创业教育的发展规划、日常教学管理和运营。邀请校内外知名创新创业教育专家建立创新创业导师库，由知名科学家、知名校友、成功创业人士、创业指导专家、风险投资人等组成创新创业兼职导师队伍若干人，承担双创竞赛和相关课程教学指导任务。

（2）提供创新创业教育技能培训平台。

在调动教师参与创新创业教学的积极性的同时，也要为教师提供掌握创新创业教学方式方法，提升创新创业教学能力的平台。大部分教师都是科研和教学出身，对专业知识的教授比较擅长，但是对于怎样依托专业开展创新创业活动，有些老师可能就比较吃力。高校可以定期邀请优秀的教育专家、具有丰富创业经验的成功企业家对教师进行培训，解读创新创业政策，分享经典案例和相关的经验技巧，开拓教师的创新创业视野。同时也可以定期举行以创新创业教育为主题的论坛或交流会，鼓励教师开展创新创业教育的研讨，交流经验，精进地提高教师创新创业教育技能。

（3）建立校内外教师的互相流通机制。

创新创业教学成效和教师的创新创业教学能力有着直接的联系，而教师的创新创业教学能力又依靠教师的实际创新创业经验，所以要建立完善的校内教师到企业开展创新创业活动和引进校外导师进校园参与创新创业教学机制。制定顶岗实践激励制度，鼓励高校专任教师进入企业，了解企业最新的生产和管理经验，丰富实践经验，在实际的教学过程中根据自己的专业知识和实践经验，对学生开展创新创业活动针对性的指导。同时，定期邀请知名科学家、创业成功者、企业家、风险投资人等各行各业优秀人才担任创新创业课授课或指导教师，到学校为学生开展讲授创新创业经验、案例的讲座。

4. 强化政地校企合作

（1）发挥政府的引导地位。

创新创业教育的核心是为国家培养高水平的创新创业人才，所以要推动创新创业教育持续的发展，政府就要扮演好自己的主导型角色。由于政府有着其绝对的组织优势、公共管理优势，资源调控优势，所以在创新创业教育中，就要充分发挥这些优势的作用，建立政府主导的创新创业教育体系。以中国“互联网＋”大学生创新创业大赛为例。中国“互联网＋”大学生创新创业大赛，由教育部与有关部委和各地人民政府共同主办，旨在深化高等教育综合改革，激发大学生的创造力，培养造就“大众创业、万众创新”的生力军，推动赛事成果转化和产学研用紧密结合，积极开展专创融合探索，把创新创业教育融入人才培养，切实提高大学生的创新精神、创业意识和创新创业能力，以创新引领创业、创业带动就业，推动高校毕业生更高质量创业就业。中国“互联网＋”大学生创新创业大赛历经近五年的培育发展，业已成为我国千百万大学生绽放青春、展现自我、报效祖国的大舞台，极大地激发了大学生投身创新创业的热情，成为新时代我国大学生素质教育的推动力量，也是一次在全国范围检验高校创新创业教育改革发展的大舞台。而这也正是在推动高校创新创业教育中政府发挥主导作用的表现。

（2）发挥企业的参与作用。

参与创新创业教育的过程，也是企业满足自身需求的过程。企业通过参与人才培养过程，把企业对人才的需求融入高校的培养方案和教学计划中去，从而获得企业需要的有胜任力人才。还要充分发挥校外导师和专家的作用，校外导师具有丰富的社会工作经验，创业家、实业界成功人士和专家学者等作为兼职教师，可以对学生的创新创业活动进行操作性的指导，定期对大学生开展创新创业教育，指导大学生创业项目的孵化与落地。

（3）发挥联盟的共享功能

建立创新创业联盟，这是社会各界在促进创新创业教育改革中都在不断尝试的手段。目前已经建立了“高等教育学会创新创业分会”“中国高校创新创业教育联盟”“全国大学生创新创业实践联盟”等机构，旨在汇聚社会力量、推进高校创新创业教育改革的积极探索；联合各有关高校和单位，深入探索创新创业教育的模式与方法，发挥引领示范作用，培养创新创业人才，助推大众创业、万众创新。

（三）优化创新创业活动路径设计

创新创业教育要注重理论与实践教育相结合，在课堂教学培养学生的创新意识和所需的理论知识后，还需要高校分阶段为大学生提供充足的实践途径，多渠道、多形式地锻炼大学生的创新创业能力。

1. 创新训练

（1）优化大学生创新创业训练计划。

大学生创新创业训练计划作为大学生创新创业实践的主要途径，自2007年设立以来，经过十多年的不断优化，已经形成了相对完善的学生申报→评审立项→中期检查→结题验收的项目运行机制。但是学生自主提交的课题质量不高、训练效果往往有限，为了能更好地保证大学生创新创业训练计划项目的高质量输出，可以在前期面向校内外导师征集项目指南，再由学生根据项目指南来申请项目，实现企业实际需要和教师科研与学生创新创业训练的结合，促进产学研的进一步发展。同时，根据学生能力不同，设立不同的级别，建立院级→校级→省级→国家级金字塔形结构的大学生创新创业训练计划；积极开展各类模拟创业、创业训练计划、科技创新、创业项目等创新创业实践活动，并将之制度化、常态化。

（2）组织参加学科竞赛。

学科竞赛是在课堂教学的基础上，以竞赛的方法，通过文献资料查阅、竞赛方案设计、实验结果分析等一系列环节，提高学生理论联系实践的能力。通过具体的赛题，学生结合自己所掌握的专业知识，并不断补充知识空白，提出解决问题的具体方案并实施，能够有效提升学生解决问题、自主学习的能力。目前，各类赛事越来越多，高校既需要甄别有效赛事又可以自组织开展一些赛事，使得学生能够针对性地利用有限的课外时间和精力参加与专业密切相关的赛事。

（3）开展课外研学讲座。

针对大学生时间安排相对的自主性，定期开展创新创业讲座是开展创新创业教育比较有效的途径。邀请知名专家、学者来给学生开展学科前沿、社会热点的专业知识讲座，让学生接触到自己感兴趣领域的人群。指导性讲座能给大学生以切实的人生指导，引导学生养成健康的生活方式；学术性讲座是学生开阔知识视野，发掘学术兴趣和增强学术功底的第二通道，并能广泛涉猎各个学科领域，这对于优化学生的知识结构，提升综合素质具有不可替代的作用。讲座对于繁荣校园文化，活跃学术气氛，鼓励理论研究和学术创新等，具有良好的促进作用。

（4）举办大学生创新创业交流展示会。

创新创业交流展示会是各高校为大学生提供学术交流、分享成果的优质平台。如每年教育部举办的以国家级大学生创新创业训练计划项目为主题的年会，集聚全国高校的大学生创新创业优秀成果，在会场不论是论文报告还是实物展示，参加的学生进行充分的交流和展示，从中得到锻炼，这对于大学生创新创业训练计划项目是一个很好的总结。同样，在校内，高校也可以每年开展一次以学生的创新创业成果为内容的交流展示会，给学生提供交流展示的舞台，增强学生参加创新创业活动的成就感，同时能增强学校的创新创业氛围。

2. 创业实践

（1）举办创业沙龙。

高校定期邀请杰出的创业校友、投资人、企业高管等为大学生开展创业讲座或沙龙，分享创业经验，为大学生自主创业提供具体的指导，提升学生们的创新创业热情，增强新时代大学生的创新创业意识，有效激发广大学生的创业热情和创业梦想。

（2）开展大学生创新创业训练营。

利用学生暑假、寒假举办大学生创业夏令营、冬令营，共同构成创新创业实践培训体系，邀请知名专家、学者、风险投资人，对学生进行专业的创新创业训练，分层精准培养学生的创新创业实践能力，在创新创业领域给学生注入新的活力。

（3）组织参加创新创业大赛。

大学生创新创业大赛是大学生开展创新创业活动的重要方式，要积极调动学生的积极性，组织学生参加“互联网 +”“挑战杯”“创青春”等高水平的国家、省级大学生创新创业大赛。高校需要做好赛事的认定工作，充分发挥以中国“互联网 +”大学生创新创业大赛为代表的高水平双创赛事的引领和承载作用，做到以赛促教、以赛促学、以赛促创、以赛促改，为大学生将创意转化为现实产品提供平台。

此外，创新创业教育要建立学生实践训练的评价体系，包括学生开展创新实验、发表论文、获得专利和自主研学、自主创业等都可以作为创新创业教育的实践环节认定的活动。将学生的课外研学活动纳入创新创业教育体系，能够充分调动学生参与创新创业活动的积极性，同时能够充分发挥学生的独立自主能力，发掘适合自己的实践方式，实现自我发展。

（四）提升创新创业环境设计

创新创业环境是以一种隐性课程的方式呈现，在课后或闲暇时间内为学生渗透创新创业意识。良好的环境能够提升大学生参与创新创业活动的积极性，并通过非正式群体的形成，将具有创新创业意愿的学生聚集到一起，进一步促进创新创业构想的设计与落实。

首先，要完善校内创新创业平台。目前部分高校在搭建多层次、多模式的创新创业平台方面做出了很好的尝试，如开放高校现有的各类创新实验室、实验教学平台，吸引学生加入科研实验室活动，是最好的培养大学生创新精神和实践能力的方法。同时将“创客空间”概念引入校园，由学校提供场地、设备、材料，吸引感兴趣的同学入驻，鼓励支持广大师生进入该空间进行发明创造活动。创客们可以在这里讨论设计、转让技术、展销产品、寻求帮助并逐渐形成不同的主题群，从而孵化出具有理论价值和实用价值的创新俱乐部等。同时，还要提升创业孵化基地的软环境，包括政策支持、中介服务、投融资体系、技术支持、教育培训、信息交流、管理咨询等。特别地，高校在创业孵化基地建设上应重点解决软环境的问题，提高创业孵化基地的孵化效率。

其次，要健全创业指导服务机构。按照教育部 2014 年提出的关于“重点建设一批示范性就业指导机构”和“建立健全大学生创业指导服务专门机构”的要求，高校应健全大学生就业创业指导服务机构，为学生提供更加优质高效的服务。从部分高校建设实践来看，大学生创业指导服务机构没有实现“机构、人员、经费、场地”四到位，有的高校只有机构和人员，却没有配套经费和场地，或者场地只是设置在某办公室，这导致了大学生创业服务指导机构的“缩水现象”。

最后，要优化校外创新创业基地。校外创新创业平台建设是高校创新创业教育生态环境的重要场所，也是优化高校创新创业教育生态环境的外延点。高校应优化校外基地平台建设，强化产学协作协同育人。这首先要加强校内与校外的合作。教育部明确提出了高校需要积极探索建立学校与地方政府、企业、其他院校以及与国际合作的协同育人新机制，积极吸引丰富的社会资源和国外的优质教育资源与高校开展协作培养。因此，高校要重视校外创新创业平台建设，深化校校、校企、校地以及国际合作，构建适合创新创业教育改革要求的协同育人体系。虽然目前大部分高校都与校外建立了实践基地，但是由于供需信息不对称，高校学生往往只是走马观花，没有真正融入校外创业实践中。基于此，高校需要将学校的人才优势主动融入区域创新创业环境中，把现实中存在的社会管理问题和生产经营困难变为创新项目，组建教师及学生组成的创新创业团队进行攻关，实现高校和区域的共赢。从营造校园创新创业氛围看，需注意以下两点。

（1）加大政策宣传力度。

大学生参加创新创业活动存在观望或迟疑的原因之一就是对政策不了解，因此，高校可以通过多种途径进行宣传。一是建立微信公众号，利用学生最容易接受的方式推送创新创业相关类的新闻、信息等，达到扩散的效果；二是推送创新创业政策宣传手册，可以在学生入学时，由学校统一发放汇集创新创业所有政策的宣传手册，确保学生随时查阅；三是定期召开宣讲会，解释最新的政策要求，及时了解学生反馈的需求。通过各种方式营造支持、鼓励大学生参加创新创业活动的良好政策环境。

（2）发挥创新创业类社团作用。

社团在高校学生中有着学校部门无法替代的影响力，所以要尽量发挥学生社团的作用，达到学生创新创业活动自我管理和互相激励的效果。如大学生创业协会是专门为大学生提供创新创业服务的社团组织，通过举办各类活动普及创业知识，提升大学生的创业理念，提高大学生的就业能力和个人综合素质；通过举办创业计划大赛、ERP 沙盘模拟大赛等，提高大学生的实战能力。通过各种创新创业活动，在校园内和学生中营造良好的创新创业氛围。

（五）完善创新创业激励机制设计

高校师生参与创新创业教学的积极性需要高校出台配套的激励机制来达成，主要涉及激励学生和激励教师。根据奖励形式不同，可分为物质奖励和精神奖励。

1. 激励学生角度

（1）科学设置创新创业学分。

将创新创业教育纳入人才培养方案中，目前大部分高校设置 2 个创新创业学分；高校应明确本科生需要修满的创新创业学分最低要求，并规定课程环节和实践环节相应的学分；建立学生创新创业档案和成绩记载系统，将学生在校期间参加的创新创业活动纳入绩点计算；同时，相关专业应该主动调整优化人才培养方案，使得创新创业活动能够与理论和实践学习紧密结合。

（2）完善大学生创新创业成果表彰体系。

创新创业活动的周期一般都比较长，能够坚持到最后脱颖而出的同学属于小众。设立创新创业奖学金、推免指标等相应的激励机制，使学生有获得感，能够推动学生更加积极地投入创新创业活动中去。创新创业活动是一种极具感染力的教育方式，对获得优秀成果的学生进行表彰，能够促使更多的学生参与到创新创业活动中来。

2. 激励教师角度

各高校教师参与创新创业的积极性和主动性受到人事政策的影响，合理的激励机制设计至关重要。

（1）完善创新创业教学绩效指标。

创新创业教育注重理论和实践相结合，尤其是实践环节，主要分布在正常的教学环节和工作时间之外。要取得好的教学成效，就需要教师在工作之外投入大量的时间和精力来进行创新创业的指导工作。而目前一些高校对教师的考核，工作量主要是课程和科研，即使包括创新创业赛事，也是只有获奖了才能认定，一旦没获奖，教师的付出基本没有回报。鉴于此，在对教师的工作绩效评价中，要对教师在创新创业教育过程的投入给予认定，特别是对于工作之余指导学生开展创新创业活动的工作量给予相应的肯定。将指导学生创新创业活动取得的成绩以及教师本人所获得的荣誉称号和奖项纳入职称评定和绩效考核指标，以激励所有教师都能够积极参与到创新创业教育工作中。

（2）优化创新创业教学激励方式。

实践证明，单纯的经济激励方式对于提升教师整体积极性的作用是有限的，设计综合激励机制很重要。综合激励机制既要考虑到高校教师年龄、工作压力和个人偏好，也要考虑到不同岗位、职称结构。年轻的初级职称教师是指导学生开展创新创业活动的主要力量，同时面临着职务晋升和家庭的多重压力，加之相比高职称教师薪酬较低，因此，对于认真参与创新创业指导的教师，需要侧重于经济激励，同时将成果列入申请高级职称评定指标中；而对于相对职称较高的教师，更加注重内在和精神激励，可以通过提供的出国进修深造、培训和交流的机会以及荣誉称号等精神激励，增强其归属感，激发教师投身创新创业指导工作的热情。

三、理论与实践教学深度融合的新工科培养体系

从全球来看，高等工程教育经历学科范式、技术范式到工程范式的发展历程。第二次世界大战之前，工程教育几乎都是技术范式，时间跨度近百年。技术范式主要培养现场工程师，重视实践教学，强调技术和动手操作，这个时期的工程教育模式以学徒制为主。第二次世界大战后，由于工程教育长期忽视基础科学知识的学习，工程领域对科学理论要求又越来越高，此时强调加强数学等自然科学的学习与教育，重视科学和理论分析，工程师的培养模式逐渐演变为科学家的培养模式，到20世纪70年代工程教育愈来愈“科学化”。科学范式对工程教育的发展带来了很多困境，自20世纪末到21世纪初，以美国为代表的工程教育界率先提出了要“回归实践”的工程教育改革口号。1994年，时任麻省理工学院的校长率先提出“工程教育必须与工程实践密切结合，回到工程实践的根本上来”，开启了工程教育“回归工程”的先河。为积极应对新工业革命带来的挑战和变革，世界各国家纷纷推出了振兴工业和制造业的国家战略。诸如，美国2012年实施的“国家制造创新网络”战略，德国2013年推出“工业4.0”战略，英国2013年实施“英国工业2050”战略，法国2013年提出“新工业法国”战略，我国在2015年推出“中国制造2025”战略等。

我国高等工程教育大致经历了技术范式（1949年至20世纪80年代）、科学范式（20世纪90年代至2010年）、工程范式（2010年至今）三个时期。1952年，我国进行了全国性的院系调整，成立了大量的工科高校，教育内容以工程技术和应用为主。这一时期的中国工程教育以学习“苏联模式”为主，积累了不少经验。20世纪80年代以来，高校开始学习借鉴美国、德国等欧美发达国家高等工程教育的经验、做法，按照“科学范式”开展工程教育，使得工科学生的科学教育不断加强。但是，科学范式导致工程教育理科化，重理论、轻实践。21世纪以来，在国际工程教育回归工程实践的趋势下，我国工程教育也开启了回归工程实践、提升工程教育质量的大幕。2010年6月，教育部启动“卓越工程师教育培养计划”（简称“卓越计划”），旨在提高我国工程教育质量。2016年，我国正式成为《华盛顿协议》缔约成员，开启我国工程教育国际互认的进程，标志着我国工程教育质量有了质的提升。2016年启动产教融合工程规划项目，2017年为应对科技革命与产业革命的挑战，组织开展了“新工科”的研究与实践，旨在促进工程教育的理念、结构、模式、质量等全面提升。新工科又称为卓越工程师培养计划的升级版（2.0版）。

中国已形成了世界最大的工程教育供给体系，体现出层次分明、类型多样、专业齐全、区域匹配的特点。工程教育类专业数占整个本科教育专业数的1/3，工科在校生在所有学生中占1/3，工科毕业生占全世界总数的1/3，90%以上的高等院校开设了工程类专业。但根据世界经济论坛发表的《全球竞争力报告（2016—2017年）》，我国“Availability of Scientists and Engineers”指标仅名列第30位，与美国（第2位）、日本（第3位）、德

国（第 16 位）等主要工业强国的差距非常明显。为应对新一轮科技革命和产业变革的挑战，主动服务国家创新驱动发展和“一带一路”“中国制造 2025”“互联网 +”等重大战略实施，服务以新技术、新产业、新业态和新模式为特征的新经济，加快工程教育改革创新，培养造就一大批多样化、创新型卓越工程科技人才，支撑产业转型升级，2017 年起教育部决定实施新工科建设，并立项建设了 612 个新工科研究与实践项目。

新工科建设首先要革新原有工程教育之积弊，主要包括人才培养模式僵化；政产学研多主体协同机制不完善；高校内部机制不完善，学科专业跨界融合不足；学科专业特色不突出；师资队伍认识和实践能力不足；教学体系不完善等一系列问题。例如，从政产学研融合看，要将其贯穿到人才培养全过程，政产学研要协同推进；要进一步完善教育资源布局，调整人才培养结构；创新教育组织形态，促进教育与产业联动发展；要建立完善的政策引导，构建校企合作长效机制。如果将影响新工科理论与实践教学融合建设成效的因素都考虑在内，其培养体系所包含的内容更为宽泛，涉及学科体系、专业体系、教学体系、课程体系、管理体系等的重构。第一，在新工科建设中，多学科交叉融合是对理论与实践教学同时提出的要求，而不仅仅是新增几门理论与实践课程。第二，新工科专业包括新生工科专业和新型工科专业，即对现有工科专业进行升级改造，要着力从这两个方面构建起适应新经济、新技术、新模式、新产业需求的专业结构体系。第三，要遵循回归工程实践理念，提高实践学时比例，科学构建实践教学体系；建立一支高水平的理论与实践教学融合的师资队伍，特别要增强教师的工程实践能力。第四，在工程教育实践过程中，一些高校实践教学环节流于形式、走过场，理论与实践教学相对分割，不足以支撑学生工程实践能力达成的培养目标。理论与实践教学深度融合是建立在对学生能力培养定位的基础上，只有准确把握新工科人才培养能力目标定位，才能科学设计理论课程与实践课程体系，培养符合新时代需求的新工科人才。第五，单一主体的高校工程教育模式在培养学生工程实践能力上存在诸多局限，理论与实践教育的深度融合需要建立起高校、企业、科研院所、政府等联动的协同育人体系。

（一）新工科学科体系设计

新工科是指在“卓越工程师教育培养计划 1.0”已取得的工程教育改革成果的基础上，探索工科教育的新理念、新结构、新模式、新质量、新分类的一种新型工程教育。其内涵是“以立德树人为引领，以应对变化、塑造未来为建设理念，以继承与创新、交叉与融合、协调与共享为主要途径，培养未来多元化、创新型卓越工程人才”。

新工科学科体系要以多学科交叉融合为支撑，确保工科间、工科与理科、工科与人文社科等相互之间交叉融合，这也是新工科突显特征和建设要求。即需要根据人才培养目标定位，整合、融合相关学科课程；改革工程教育内容陈旧性问题，及时把新技术、新发明、新方法等更新到教学内容中，建立适应新工科专业需求的课程教材体系；必须坚持成果导向，按照持续改进理念开展专业建设，建立起以课程教学目标达成、培养目标达成为核心的质量保障体系。

新工科建设最根本的是创新人才培养理念。一是要从之前的适应并服务于社会和经济发展转为支撑引领导向。现代新技术层出不穷涌现和新产业发展必然产生新的人才需求，“新工科”建设下的人才培养理念必须培养一批对行业、产业发展发挥支撑引领作用的人才。二是要从之前专业相对分割转向注重学科交叉融合。复合型、综合型人才是一个国家经济转型的支撑和动力，而复合型、综合型人才培养的关键在于推进高校的科学、人文、工程等学科之间乃至专业、课程等的相互交叉，这样才能培养出两个百年战略急需的人才。三是要从注重学科导向转向产业需求导向的协同育人。“新工科”建设理念呼吁多方协同，要求政府、企业、高校共同参与人才培养过程，发挥各方培养优势，需要打造创新型、综合化、全周期、开放式协同培养体系。四是要牢固树立学生中心、成果导向、质量持续改进的工程教育认证理念。诚然，这些理念不但适用于理工科人才培养，而且对新文科、新医科、新农科建设也具有指导意义。

（二）新工科专业体系设计

新工科专业主要包括新生工科专业和新型工科专业（对现有工科专业进行升级改造），这两个方面构建起适应新经济、新技术、新模式、新产业需求的专业结构体系。

按教育部要求，要推进新工科专业供给侧改革，注意专业改革要与实际需求相结合。一是改造升级：面向国家重大战略包括重点行业重点领域优化专业布局，利用新技术为传统专业赋能，改造升级传统工科专业。二是布局新建：理科向工科延伸催生新专业，建设“人工智能+”“电子信息+”“网络安全+”等新兴专业。三是调整淘汰：舍弃不能适应科技发展和社会需求变化的老旧专业。四是区域优化：围绕国家和区域的产业发展需求，因地制宜培育工科特色优势专业集群，解决区域产业发展共性的关键问题，提升服务并引领区域经济社会发展能力。

（三）新工科教学体系设计

要解决新工科教学体系设计的理念问题，本质上是要弄清楚适应未来需要的工程教育要培养什么人以及如何培养的问题。工程教育培养的是未来工程师，美国工程院对未来工程师的素质与能力要求包括十个方面：优秀的分析能力；实践能力；创造力；沟通能力；商业和管理能力；领导力；高的道德水准；专业素养；活力、敏捷、适应、灵活；终身学习。ABET专业认证标准涵盖十个方面：运用数学、科学和工程知识的能力；设计和开展数据处理的能力；根据实际需求设计的能力；识别、阐述和解决工程问题的能力；理解专业责任和道德责任；有效沟通的能力；能够了解工程方案对社会产生的影响；开展终身学习的能力；理解当代热点议题；使用技术、技能和现代工具的能力。《新工科建设路线（天大行动）》强调：旨在培养学生具有家国情怀、创新创业、跨学科交叉融合、批判性思维、全球视野、自主终身学习、沟通与协调、工程领导力、环境与可持续发展、数字化等能力。不难看出，我国的新工科、美国工程院和 ABET 对未来工程师的素质和能力要求在创新实践能力、沟通能力、领导力、道德水准、终身学习、专业素养等方面高度一致。

按照理论与实践教学融合的要求，在新工科教学上，可以从以下几方面着手。

其一，实施项目制教学。通过教学内容和组织形式再造，如理论教材内容与实践教材内容的贯通、理论教学与实践教学的接续，同时促进学生跨课程、跨专业、跨学科学习，由以教师为中心的课堂教学模式转向以学生自主性学习、探索性、实践性导向为中心的项目制教学模式，鼓励多个教师、多个不同学科领域或者行业教师参与开设同一门课程。基于项目的学习是最适应于工程专业教学的方法之一，是工程教育中体验式学习的主要形式，旨在通过团队合作将学生学习与真实工程实践联系起来。

其二，加强教师的工程实践能力培养。完善工科教师考核评价体系，在新教师引进时，要将工程实践经历与理论研究水平、教育教学技能一并纳入考虑。改变工科教师晋升和考核中唯论文为评价导向，强化科技创新、专利成果转化、社会服务等方面的贡献。建立相关激励机制，鼓励教师到企业挂职，通过定期到企业蹲点实践和承担校企合作研究课题等形式，弥补教师的工程实践背景与经验不足等问题，提高工科的教育教学质量。

其三，以赛促教，以赛促学。以各级各类学科竞赛、技能大赛、创新创业大赛为抓手，积极引导师生合作、生生合作、校企合作，推动理论教学与实践教学一体化、课堂学习与课外实践一体化、校内学习与校外实践一体化、教师科研与人才培养一体化、创意创新创业教学一体化，着力培养学生的实践创新能力和团队合作精神。

其四，建立校企深度合作的协同育人体系。吸纳行业企业人员参与专业人才培养方案编制，共同进行专业课程与实践教学体系的规划与设计；充分利用企业的优质工程教育资源，包括技术与标准、产品与解决方案、工程项目与案例、生产与服务环境、工程技术与管理人员等，促进校企共同开发教学资源、教学平台、教学环境。

（四）新工科课程体系设计

“回归工程实践”是一项系统的工程教育改革，不能简单地寄希望于用增加实践学时、采取仿真模拟或依靠毕业设计、综合实践等一两个实践环节就可以达到。必须充分了解现代工程应有的系统化、集成化特征，必须加强学生知识、技能、素质以及解决工程实际问题的综合性能力的培养。

根据新工科人才培养目标定位及结合实际，新工科课程体系设计要遵从以下基本原则。一是实施综合化培养，强调多学科、多专业、多课程的交叉融合；二是重视批判性、思辨思维的培养，突出学生创新实践能力；三是深度对接产业需求，适应新经济发展；四是加强理论与实践教学融合。同时基于回归工程实践，必须保证一定比例的实践学时以及专业将来可能需要接受专业认证的考虑，新工科专业总学分建议控制在 180 学分以下，其中，通识教育课程学分占比 25% 左右（45 学分），除国家规定的思政类课程、工具类课程

（外语、计算机等）、身心健康类课程（体育、心理健康、安全教育等）、创业类课程（就业指导、创业基础）外，要确保一定学时的人文社科课程纳入培养方案，强化学生人文素养的培养；学科基础课程（含跨学科交叉融合）学分占比25%左右（45学分），包括工科专业间的整合课程、多学科交叉融合课程等；专业核心课程占比20%左右（36学分）；集中性实践类课程占比20%左右（36学分），包括认识实习、课程设计、生产实习、毕业实习、毕业设计等；专业课程（含专业选修课）占比10%左右（18学分）（如表3－2所示）。

表3－2　新工科课程体系设计

课程性质	比例	学分	备注
通识教育课程	25%	45	含人文社科课程
学科基础课程	25%	45	含跨学科课程、多学科交叉融合课程
专业核心课程	20%	36	
专业课（含专业选修课）	10%	18	包括专业选修课
集中性实践类课程	20%	36	与课程实验一起占比达到25%
合计	100%	180	

同时，在整体课程设计中要关注下列几点。

（1）设计是工程的本质，使得工程能显著地区别于科学。结合专业基础课、专业课、专业选修课等理论课程对应的实验教学内容，构建分层、分类的课程模块，从基础到提高，从建模仿真到工程设计，促进学生工程实践能力培养。提高综合性、设计性实验比例。减少用仿真模拟或验证性实验替代工程实践，强化学生解决工程实际问题的综合性能力的培养。

（2）构建大工程通识教育课程体系。增加非技术类工程基础知识课程，将工程伦理、职业道德约束、职务发明约束、知识产权策略、法律法规、环境保护等工程基础知识集成整合成1～2门课程，针对不同专业进行有针对性的培养；增加1～2门经济管理类知识集成通识课程，培养学生掌握企业基本财务知识及管理会计知识，使学生在参与工程项目开发时就具有经济决策能力。

（3）打造工科类社会实践一流课程。设置项目中心型课程，以团体小组进行校内工程实践训练，从社会真实问题出发，模拟专业工程实践、建构工程模型，扎实提升学生工程实践能力。重视实践课程建设，实践课程的开发必须关注工业企业发展需求及其趋势，需要来自产业行业界专家的参与来协同完成。

（4）重塑课程设计、毕业设计（论文）。课程设计与毕业设计（论文）是综合性很强的教学环节，抓住这些关键环节，对于学生工程实践能力培养十分重要。必须改变过去学科导向、科学范式做法，强调要以工程应用为背景条件设计教学内容、教学方法和毕业设计（论文）标准，遵照工程创新全周期方法，同时注重使学生在学校内就可将专业技术知识与工程基础知识、方法论知识、经济管理知识相融通。

（5）注重国际视野。通过加大全英文课程建设、开设多语种课程、创新国际化人才培养机制、拓展境外短期交流项目、开办暑期英语课程等，扩大学生的国际视野，提升学生的跨文化交流能力。

（6）加强跨学科交叉融合。新工科建设要推动现有工科交叉复合、工科与其他学科交叉融合、应用理科向工科延伸，孕育形成新兴交叉学科专业。在这里，新工科建设强调不同学科、不同专业、不同课程之间的交叉与融合，这种交叉融合和以往大多发生于相近学科之间的交叉与融合不同，突出了任何学科和工科交叉融合的可能性，如理工交叉、文工交叉、经工交叉以及“人工智能 + 统计”“大数据 + 临床诊断”等交叉课程。这种交叉融合路径恰好体现了对学科建设和人才培养本质的回归。

（五）新工科管理体系设计

1. 改革教学管理机制

强化学科基础，倡导实施大类招生、分流培养；完善优化专业主辅修制，配套交叉专业、多语种等培养方案，强化双学位教育；进一步降低转换专业门槛，允许学生根据兴趣和能力在不同科类转换专业（国家明令禁止的除外），深入推进复合型人才培养；加强第二课堂、第三课堂、第四课堂和第一课堂的贯通融合设计及其组织指导与服务，不断提升高校人才的综合能力。

2. 组织创新

按学科设置教学科研组织机构，其优势就是能集中人力、物力、财力促进本学科建设，不足就是严重欠缺学科协同，形成学科壁垒，阻碍学科交叉融合，新工科面临校、院两级新的教学组织管理体系重构问题。其一，通过组织结构再造成立跨学科工程教育中心、跨学科研究中心、跨学科教学科研团队等，以此为有效载体，打破学科、专业、课程壁垒，加强学科间的交叉融合。其二，瞄准新工科人才培养目标定位，对接产业需求，适应新经济、新技术发展，构建跨学科专业的创新平台，与人工智能、大数据、互联网等信息技术交叉融合，以项目为载体，培养学生的创新实践能力。其三，引进和开发虚拟仿真实验实训平台和创新实验室建设。强化工程实践教学，提高综合性、设计性实验项目比例，配备工程实践能力强的实验教师，指导学生组建专业实践兴趣小组和技术团队，利用实践平台开展科技创新、参加学科竞赛和企业技术服务。

3. 建立闭环质量保障机制

完善学生、老师、用人单位、校友等共同参与的“以学生为中心”质量评价机制，完善工科人才培养中生源质量→培养目标设计→教学模式选择→教学过程监控→培养质量输出的闭环质量持续改进体系。

四、理论与实践教学深度融合的新农科培养体系

中国高校农业教育经历了孕育萌芽期、动荡初成期、恢复重建期及新的腾飞期四个发展阶段，是理论与实践教学完全脱离到逐步融合的过程。农业知识的家传世袭方式和传统"学优而仕"的思想，导致农业技术教育长期滞后于经济社会发展。清朝末年，中国开始学习日本、美国以及西方发达国家先进的农业教育体系对国家经济振兴的贡献，提出了兴农会、办学堂、设农科等思想，创办了农业学堂，到1902年京师大学堂设置农科，其后农业学堂设置专科，1910年清末京师大学堂开办农科大学，同年设置本科，成为中国农业大学的开端，这是中国高等农业教育的孕育萌芽期。但这时期未能结合农村实际，忽视了对农民的知识宣传与普及。1912年到中华人民共和国成立前，在全面抗战后农业院校被迫西迁、关停的动荡时期，中国高等农业教育开始转向参照欧美教育模式，初步形成多层次的中国农业教育体系。从1952年到"文革"结束，伴随战后经济恢复，中国开始学习苏联办学模式，经历了一次大规模的高等农业教育院系调整，培养了一批农业急需的专业人才，也形成了单科性高等农林院校的布局，削弱了农业学科与其他学科的联系。1978年十一届三中全会后，国家恢复或重建了"文革"中搬、撤、并、分的学校，高等农业教育得以平稳发展，这一阶段是中国高等农业教育的恢复重建期。1995年以后，遵从"共建、调整、合作、合并"的思路，学习借鉴欧美、日本教育模式，并结合中国实际，高等教育布局再次调整，打破了条块分割的局面，高等农业教育结构布局和资源配置得到优化，高等农业教育由此进入新的腾飞期。经过一百多年的发展，中国农业教育反复调整与变革办学理念、管理体制、培养目标、教学模式，探索出了一条适应中国经济发展特色的高等农业教育发展道路，形成并逐步完善了中国特色的高等农业教育体系，稳步推进高等农业教育的内涵建设，在培养高级农业人才、科研技术人才以及服务社会人才方面发挥了不可估量的作用，为"三农"事业发展做出了积极的贡献。

纵观高等农业教育的发展历程，很多方面有待进一步提高，主要包括：与农业产业发展结合不够紧密，对农业发展的贡献率不足；学科结构相对单一，交叉融合不足；人才培养结构不尽合理等诸多问题，尚不能满足国家农业农村现代化对农业科技教育的需求。传统的农科学科体系、专业体系、教学体系、课程体系、管理体系无法适应农业农村现代化发展要求。2019年6月28日，全国涉农高校的百余位书记校长和农林教育专家齐聚浙江安吉余村，共商新时代中国高等农林教育发展大计，发布了《安吉共识——中国新农科建设宣言》，拉开了新农科建设的帷幕。从理论与实践教学深度融合的覆盖域来看，要建立并推进新农科人才培养中主要五个体系的融会贯通，即学科体系、专业体系、教学体系、课程体系和管理体系相互融会贯通。

（一）新农科学科体系设计

新农科是相对传统农科而言，是一个比较概念。新农科之所以可以成为新农科，是因

为与传统的农科对人才培养的要求，包括培养目标、教学模式、教学过程、培养成效等差异较大，对理论与实践教学融合的要求也千差万别。新农科学科体系的设计必须围绕服务脱贫攻坚、乡村振兴、生态文明和美丽中国建设的目标，以我国农业、农村、农民面临的严峻挑战为导向，推进农业学科与生命科学、信息科学、工程技术、新能源、新材料及社会科学等的深度交叉和融合，整合校内外资源，聚焦相关学科的理论与实践教学交融关系。

1. 新农科是基于新时代中国特色农业农村现代化建设需要而提出的我国高校农业教育改革的新方向

习近平在给全国涉农高校的书记校长和专家代表的回信中提道："中国现代化离不开农业农村现代化，农业农村现代化关键在科技、在人才。在新时代，农村是充满希望的田野，是干事创业的广阔舞台，我国高等农林教育大有可为。希望你们继续以立德树人为根本，以强农兴农为己任，拿出更多的科技成果，培养更多知农爱农新型人才，为推进农业农村现代化、确保国家粮食安全、提高亿万农民生活水平和思想道德素质、促进山水林田湖草系统治理，为打赢脱贫攻坚战、推进乡村全面振兴不断做出新的更大的贡献。"在新时代，高校农林教育培养目标定位要着眼于提高农业科技生产力、培育新型职业化农民、促进农村生态环境治理，这是农林教育的新的学科增长点。这就需要农林学科建设和发展要紧密围绕着大农林产业链，强调一、二、三产业融合及农林学科与新工科、新文科、新医科等的相互融合；相应地，学科的研究及其人才培养定位要推进并引领我国农业产业体系、生产体系、经营体系的转型和发展。

2. 高校农林学科教育的知识系统急需重构，这是形成一个新农科的核心要素

我国涉农高校在农业领域的优势学科，主要集中在传统的种植、植保、土壤化肥、园艺与食品加工等细分专业，以培养符合行业、产业部门需求的农林高级专门人才为目标。优势学科相对单一，与农业产业链与价值链存在脱节，尚未实现传统农科与人类营养健康、资源集约利用、生态文明建设等领域的有效衔接，出现对行业的引领作用弱化的现象，很难发挥推动行业科技进步的作用。新农科建设是创新驱动发展战略的需要。纵观农业发展历程，农业生产经历从农业 1.0 至农业 3.0 共三个阶段，分别为依靠个人体力劳动及畜力劳动的农业经营模式、机械化农业、信息化（自动化）农业。当前，农业 4.0 已崭露头角，基于"互联网 +"背景下，要建立一个高度社会化、精准化，高度重视资源节约和环境生态的多系统共同推进的大的系统。这就需要一方面，对传统农林学科的"提档升级"，包括加大农林生态文明、农林现代化的研究并将成果纳入相应的知识体系中；另一方面，结合递阶产业融合和跨学科交叉，建立支持新农科大系统学科发展平台和知识库，如加强生物技术、大数据分析、新能源、新材料、人工智能等新技术和食品安全、农业农村治理等方面的交叉研究与知识的整合，重构新农科的知识体系。

（二）新农科专业体系设计

为适应经济发展对高等农业教育的新期待，现在农科专业已出现和生物科学、教学、医学、理学等其他学科门类相融合趋向。其他高校也开始关注农业问题，相继设置了与涉农相关的专业，如北京大学、中山大学等多家非农领域的“双一流”高校纷纷成立农学院或农业研究院。《普通高等学校本科专业目录》显示，目前农学专业体系共分为植物生产类、自然保护与环境生态类、动物生产类、动物医学类、林学类，水产类、草学类 7 个大类 47 个专业。其中植物生产学类设置农学、园艺、植物保护、植物科学与技术、种子科学与工程、设施农业科学与工程、茶学、烟草、应用生物科学（可授农学或理学学士学位）、农艺教育、园艺教育、植物产学类专业；自然保护与环境生态类设置农业资源与环境、野生动物与自然保护区管理、水土保持与荒漠化防治、自然保护与环境生态类专业；动物生产类设置动物科学、蚕学、蜂学、经济动物学、马业科学、动物生产类专业；动物医学类设置动物医学、动植物检疫、实验动物学、中兽医学、动物医学类专业，林学类设置林学、园林、森林保护、经济林、林学类专业；水产类设置水产养殖学、海洋渔业科学与技术、水族科学与技术、水生动物医学、水产类专业；草学类设置草叶科学、草学类专业。其他学科门类，比如工学类学科里农业工程类、林业工程类两个大类，其中农业工程类设置农业工程、农业机械化及其自动化、农业电气化、农业建筑环境与能源工程、农业水利工程、土地整治工程、农业工程类专业；林业工程类设置森林工程、木材科学与工程、林产化工、家具设计与工程、林业工程类专业。再比如管理学学科农业经济管理类，设置农林经济管理、农村区域发展、农林经济管理类专业；公共管理类里有土地资源管理专业（可授管理学或工学学士学位）；法学学科有环境与资源保护法学专业。

结合教育部关于一流涉农专业建设的要求，相关高校要立足于农林产业发展新需求，深化高等农林教育专业供给侧改革。一是要处理好现有涉农专业改造问题，紧密围绕生态农林产业发展并结合现代科技在农林专业的应用，在通盘设计人才改革方案的基础上优化学科专业结构，鼓励学科交叉融合，如发展农林供应链专业；二是要优化调整传统农林专业结构，培育新兴、新生农科专业，服务引领新产业新业态发展；三是要用现代生物技术、信息技术、工程技术改造提升现有涉农专业，加强农林专业与生命科学、信息科学、工程技术、新能源、新材料及社会科学等专业深度交叉和融合，如建设人工智能农林专业，通过多学科专业交叉融合，拓展传统农业专业内涵；四是要把握好建设新兴涉农专业与现实需要的关系，要考虑基于农林产业发展前沿，新产业新业态服务、新兴交叉跨界融合科技发展提升专业建设内涵。

（三）新农科教学体系设计

1. 教学体系的设计要基于对如何帮助学生具备转型农业需要的能力的考虑

传统农科教育定位为培养为传统农业服务的人才，而新农科教育服务于转型农业需要的人才。农业转型人才需要面向农业、面向农村、面向高科技，因而要具备不同于以往农村人才的综合素质。这既要求农林学生具备“爱农、知农、为农”素养，愿意在个人和社会两个领域自觉主动渗入农业、农村，与农业、农村的发展命运紧紧结合起来，又要求成为我国农业、农村发展的先进生产力，这样农业、农村以及个人都能获得良好发展；既要求有扎实的科研素养，创新农林科学理论与技术研究，又要求能带领将研究成果转换成生产力，推动农业科学技术革命，在国际上有竞争力；既要求具备专业知识技能，又要求具备多学科知识交叉与综合实践能力；既要求能够按照市场经济的规律从事生产、经营、科技、推广、信息、综合性服务或管理等工作，又要求必须具备足以取得市场生存能力和竞争优势的精神素质与实践能力。

2. 教学体系的设计要基于对农林人才差异性培养的考虑

全国涉农高校的百余位书记校长和农林教育专家达成共识，他们认为要打造人才培养新模式，实施卓越农林人才教育培养计划升级版。对接农业农村农民发展新要求，分别培养创新型农林人才、复合应用型农林人才、领军型职业农民。教育部、农业农村部、国家林业和草原局在《关于加强农科教结合 实施卓越农林人才教育培养计划 2.0 的意见》要求服务乡村振兴发展和生态文明建设，深化高等农林教育人才培养供给侧改革，加快培养不同类型农林人才，丰富了对不同类型农林人才的培养要求。一是顺应农业创新驱动发展新要求，加快推进拔尖创新型农林人才培养；开展国家农林教学与科研人才培养基地改革试点，吸引优质生源报考涉农专业；加强研究性教学，注重个性化培养；拓宽国际化视野，着力提升学生的创新意识、创新能力和科研素养，培养一批引领农林业创新发展的高层次、高水平农林人才。二是顺应农村一、二、三产业融合发展新要求，加快推进复合应用型农林人才培养；促进学科交叉融合，加强农科教结合、产学研协作；提高学生综合实践能力，培养一批多学科背景的复合型高素质农林人才。三是顺应现代农业建设新要求，加快推进实用技能型农林人才培养改革；以提升学生生产技能和经营管理能力为重点，改革教学内容和课程体系，加强技能实训基地建设，培养爱农业、懂技术、善经营的新型职业农民（如表 3 – 3 所示）。

表 3 – 3　新农科人才需求、愿意、导向及路径

不同类型农林人才	现实需求	培养意义	能力导向	培养路径
高层次、高水平农林人才	顺应农业创新驱动发展新要求	引领农林业创新发展	提升学生的创新意识、创新能力和科研素养	加快推进拔尖创新型农林人才培养，开展国家农林教学与科研人才培养基地改革试点，吸引优质生源报考涉农专业，加强研究性教学，注重个性化培养，拓宽国际化视野

续表

不同类型农林人才	现实需求	培养意义	能力导向	培养路径
复合型高素质农林人才	顺应农村一、二、三产业融合发展新要求	科农教结合、产学研协作	提高学生综合实践能力	加快推进复合应用型农林人才培养，促进学科交叉融合，加强农科教结合、产学研协作
新型职业农民	顺应现代农业建设新要求	爱农业、懂技术、善经营	提升学生生产技能和经营管理能力	加快推进实用技能型农林人才培养改革，改革教学内容和课程体系，加强技能实训基地建设

3. 教学体系的设计要深化理论与实践教学的深度融合

主要从以下五个方面考虑。

（1）对新农科教师教育教学能力乃至综合素质的重塑问题，要重视新农科发展的意识和适应新农科发展的综合素养的培养，特别是多学科背景农林专业教师的培养与引进。

（2）要处理好农林基本知识与农林业发展的关系，既要讲授农林基本理论知识，又要及时用农林业发展的新理论、新知识、新技术更新教学内容，教学内容设计中要结合农林实际问题、最新农林产业案例、最新农林科学技术前沿等。

（3）要做好以教师为中心向以学生为中心的转变，要创新以学生发展为中心的教育教学方法，推进教学方法改革，实施探究式、讨论式等多种教学方法，促进学生的批判性思维和创新意识的培养。

（4）要大力推进信息技术与农林教育教学的深度融合，推动“互联网＋农林教育”，建设虚拟仿真、慕课等，深入开展混合式教学和在线教育。

（5）在打牢基础理论基础上，要加强农林学生实践教学，要让农林教育走出教室、走进山水林田湖草，补齐农林教育实践短板；同时，传授给他们生态文明观和现代经营管理理念，培养学生的家国情怀，使他们心系“三农”，以适应经济社会发展需求，增强人才培养与未来农业发展的契合度。

（四）新农科课程体系设计

新农科课程体系要以学生为中心，以学生成长来组织课程，基于对系统知识的整体理解和综合应用，交给学生一套完整的适应农林发展需要的知识体系，一套能认知农林、能改造农林的世界观和方法论。新农科课程体系设计主要考虑以下几个方面。

1. 新农科课程体系的设计要将“培养什么样的农林人才以及如何培养农林人才”这一根本任务的实现纳入各个课程目标

面向农业农村现代化建设，除了开设“大国三农”选修课程，还要把思想政治教育和职业素养教育贯穿农林人才培养全课程、全过程，着力提升农林学生专业能力和综合素养，培育农林学生“爱农、知农、为农”素养，全面增强学生服务“三农”和农业农村现代化的使命感和责任感。

2. 开设农业特色通识教育课程

除了要进一步加强农林学生专业知识教育，还要基于学科深度交融，在生命科学、信息科学、工程技术、新能源、新材料及社会科学等与农业发展密切相关的学科寻找与智慧农业结合点，如开设大数据农林课程，开发新时代农林优质课程资源，开设农业特色通识教育课程。

3. 分类开设科研类、复合型、应用型农林教育理论与实践课程

面向高层次、高水平农林人才，开设研究型课程及其配套的实践课程；面向复合型高素养农林人才的培养，开设学科交叉融合课程及其配套的实践课程；面向新型职业农民的培养，开设实用型课程及其配套的实践课程。新农科的课程组织不能再沿袭旧的组织方式，而应是保障学生农林知识的基础上，满足不同类型农林人才培养的学习需求，特别地，农林专业是应用性极强的专业领域，实践课程设计和实践教学计划安排是重中之重。

（五）新农科管理体系设计

基于以能力为导向的教育价值取向，新农科质量管理体系要做到如下三个方面。

1. 建立规章制度

一是要建立多样化的考核评价体系，开展以能力为导向的多元评价，如建立过程评价体系，突出对学生学习能力、实践能力和创新能力的考核。二是要建立全程学业辅导机制，因材施教，突出个性化培养。

2. 再造管理流程

高校要将落实相关计划 2.0 的具体实施方案，纳入学校整体发展规划；在专业设置、人员聘用与评价制度、国际合作交流、教师到农林相关行业锻炼等方面给予政策支持；加大经费保障，利用教育教学改革专项等和其他各类资源，结合学校实际，支持新农科建设相关课程改革、专业改革的实施。

3. 完善质量保障

要加强监督检查，结合新农科的培养目标、课程设定、教学模式、教学过程执行等前后路径来看实际不同类型新农林人才的培养成效。从理论与实践深度融合的要求来看，主要侧重于：一是理论与实践教学融合的目标是否根据“高层次、高水平农林人才”“复合型高素质农林人才”“新型职业农民”不同培养类型来设定，这涉及课程数量及内容、理论与实践课程设置比例等；二是新型教学模式的选择，以及专任教师数、生师比、教学经费、教室、实验室和实践基地等支撑条件的配置情况；三是基础课、专业课、选修课、通识课、实践实训等课程及其比例；四是整个教学过程中理论与实践教学融合方式及实践教学的占比；五是理论与实践教学融合的匹配度及其成效评价。为了更好地评价，可以结合“理论与实践教学质量保障工具”设计针对农林专业的质量保障工具，从理论教学成效测评、实验教学成效测评等 12 个关键指标来看参与情况、反馈情况、改进情况。

五、理论与实践教学深度融合的新文科培养体系

新文科建设的概念最早由美国希拉姆学院（Hiram College）于 2017 年提出，是指对传统文科进行学科重组、文理交叉。即把新技术融入哲学、文学、语言等课程之中，打造“新技术 + 文科”，为学生提供综合性的跨学科学习，更好地培养适应经济社会发展需要的人才。国内学者认为，新文科是以继承与创新、交叉与融合、协同与共享为主要途径，促进多学科交叉与深度融合，推动传统文科的更新升级，从学科导向转向以社会需求为导向，从专业分割转向交叉融合，从适应服务转向支撑引领。

文化是一个国家、一个民族的灵魂，是一个国家综合国力和国际竞争力的体现。习近平总书记在哲学社会科学工作座谈会上的讲话中指出：“哲学社会科学是人们认识世界、改造世界的重要工具，是推动历史发展和社会进步的重要力量，其发展水平反映了一个民族的思维能力、精神品格、文明素质，体现了一个国家的综合国力和国际竞争力。一个国家的发展水平，既取决于自然科学发展水平，也取决于哲学社会科学发展水平。一个没有发达的自然科学的国家不可能走在世界前列，一个没有繁荣的哲学社会科学的国家也不可能走在世界前列。坚持和发展中国特色社会主义，需要不断在实践和理论上进行探索、用发展着的理论指导发展着的实践”。习近平总书记在庆祝改革开放 40 周年大会上的重要讲话中强调：“我们要加强文化领域制度建设，举旗帜、聚民心、育新人、兴文化、展形象，积极培育和践行社会主义核心价值观，推动中华优秀传统文化创造性转化、创新性发展，传承革命文化、发展先进文化，努力创造光耀时代、光耀世界的中华文化。”高校哲学社会科学要在理论贡献、思想引领、实践创新方面发挥更大作用，为推进国家治理体系和治理能力现代化提供人才和智力支撑，培养德、智、体、美、劳全面发展的社会主义建设者和接班人。2019 年 4 月，教育部印发《关于实施一流本科专业建设“双万计划”的通知》，明确提出要推动包含新文科在内的“四新”专业建设，启动新文科建设，整合高等教育发展中的各种力量，全面推动文科的内涵式发展。事实上，文科教育关系到一个人的人格修养、审美情操、社会责任感等，关系到社会主义接班人的人生观、世界观、价值观的养成。在新时代，加强新文科建设，要把握新时代哲学社会科学发展的新要求，培育新时代中国特色、中国风格、中国气派的新文化，推动哲学社会科学与新一轮科技革命和产业变革交叉融合，形成哲学社会科学的中国学派，培养新时代社会科学家，提升国家文化软实力和中华文化影响力，创造光耀时代、光耀世界的中华文化。

（一）新文科学科体系设计

新文科学科建设要在习近平新时代中国特色社会主义思想的指导下，立足于整个高等

教育的改革与发展，解决当前整个文科面临的基本问题，改变我国高等教育结构布局中学科发展不平衡、不充分的问题。新文科学科体系设计应注意诸如以下几点。

（1）我国文科学科繁多，交叉融合壁垒一直存在。由于不同学科、研究方向之间天然存在区分，很容易形成以学科为中心的“学术堡垒”，进而滋生“同行相轻”“门户之见”等封闭性观念，使不同学科乃至同一学科不同方向之间的合作遇到困难。

（2）组织壁垒待突破。高校二级学院（系）的设置通常是以单一或个别学科为基础。这些院系彼此界限分明、缺少沟通，使学科资源共享和跨学科合作面临诸多障碍。

（3）制度壁垒待清除。从我国高校现行管理体制看，学校资源配置、人事聘任、考核评价等通常都以院系为单位，条块分割的管理体制加剧了学科之间的隔阂。学科是申报项目、申请经费、培养人才、授予学位的基础和依据，一些交叉研究领域由于未获得学科地位而处于边缘化境地。交叉学科研究具有研究周期长、资金投入多、阶段性成效不明显等特征，与现行的科研考核周期、个人考评标准等存在难以兼容之处，这在很大程度上影响了教师从事相关研究的积极性。

当今世界科技革命迅猛发展，随着大数据技术、人工智能的推广，应把云计算、大数据、人工智能、生物基因工程等新技术，有机融于中国特色人文社会科学的学科体系构建，促进多学科交叉；建设跨学科课程体系，组建跨学科教学团队，构建文理交叉、文医交叉、文工交叉的新文科专业体系。例如，结合人工智能技术，对经济学、法学、社会学等学科进行整合与升级，从多领域进行综合交叉研究，形成高校新文科建设的新格局。新时代中国特色社会主义实践对人文社会科学的发展也提出了新任务。新文科既要立足当下，更要面向未来，面向中国教育现代化建设、面向日益走近世界舞台中央的中国、面向中华民族的伟大复兴；建设新文科需要突破“小学科”思维，构建“大学科”视野；要树立大科研观，形成科研与教学的良性互动，建立健全大科研、大学科和大教学“三位一体”的融入方式：融入教师的学术研究，鼓励教师深入研究前沿问题，服务并反馈教学环节。总的来看，新文科学科建设需要实现“三个打通”，即人文科学内部打通，人文科学与社会科学之间打通，文科与理科、工科、医科等其他学科打通。这就需要在学科建设、学术研究、人才培养、社会服务、文化传承创新等方面抓好学科体系、专业建设、队伍建设、课程和教材体系建设、国际交流和合作能力建设，开创人文社会科学发展的新阶段，着力改造和提升现有人文社会科学，使人文社会科学始终走在时代前列，发挥时代性、思想性、引领性作用。

（二）新文科专业体系设计

一直以来，我国文科人才培养规模不小，但学科专业的结构性矛盾较为明显，有些学科专业与社会需求不对应，有些学科专业的低层次重复建设现象严重，有些学科专业社会急需却发展缓慢，有些文科专业在教育内容上理论与实践的联系也不密切。这些教育结构性矛盾是加剧文科毕业生就业难的重要原因。一些高校的专业设置重视学科专业的细化，导致一部分专业在人才培养方案的设计上往往局限于单一的学科或专业门类界限，较少进行跨学科、跨专业的交叉设计，课程开放选修程度不高，也没有给予学生更多的学习选择权。目前，各专业之间的隔阂与学科壁垒不利于跨学科交叉的创新人才培养，也不利于匹配社会需求的人才培养。按理论与实践教学融合的要求来看，新文科专业体系的设计要关注如下几点。

1. 建立起一种与实践融合的专业动态调控机制

新文科不是对传统文科的简单否定与替代，而是传统文科在新时代的合理发展。同时，新一轮的科技革命和产业变革的发展，大数据、云处理、人工智能等技术手段所带来的全新场景、研究工具、思路方法等，使整个文科都在发生深刻变化，旧有模式已经不能适应新的时代需求。新文科建设旨在建立起一种文科人才培养结构的动态调控机制。新文科建设要从整体出发，对文科教育体系进行统筹规划，优化资源配置，对现有文科专业进行优化调整；要建立开放、包容、渗透、关联性强的文科体系，通过多学科专业的交叉融合，特别是文、理、工、医交叉融合实现新兴学科、新专业的建设，以人才培养目标的定位和社会需求的引导为原则，持续深化文科教育教学的改革，实现学科专业的科学交叉和融合。专业建设要服从和服务于科技进步和经济社会发展需要，因此新时代高校教育教学改革的关键任务之一就是要主动适应和引领新技术、新产业、新业态、新模式，优化专业布局，实现人才培养结构、培养模式与国家战略发展需求相匹配，专业体系、人才培养体系与产业链、人才链、创新链等相衔接。具体而言，通过调整课程体系、更新教学内容，设计出适合社会发展需要的课程，让理科、工科、医科等教师走上新文科讲台，向学生教授自然科学、工程技术的方法和理论，使新文科始终处于“新”的状态。

2. 优化专业调整，加强跨学科交叉融通

在优化学科布局、做好结构调整的基础上，改造知识、改造技术、改造方法，交叉融合打造一批新文科一流专业，构建基于新文科发展的专业动态调整机制，人文学科要与其他学科在教学理念、方法和工具等方面互相借鉴，使文科生具有其他学科的基本素养，创新文科育人新模式，走新兴文科和传统文科相得益彰、多学科交叉协同创新发展的质量之路。具体来说，一是以服务国家战略和区域发展为导向，结合实际，融合技术，积极增设前沿和紧缺型的学科交叉融合的新文科专业。二是加快传统学科专业的改造升级，拓展传统学科专业的建设内涵，做优、做特、做大、做强品牌专业，把该合并的合并，该停招的果断停招。如，浙江大学从 130 多个专业调至 90 多个专业，中山大学从 120 多个专业调至 70 多个专业。三是以“交叉融合、能力发展”推动新文科专业的改革，打破学科界限、专业壁垒，注重学科、技术的交叉融合；加强与理、工、医、农等学科的深度交叉融合，以多元适用的专业课程为基础，做好同一学科内不同专业课程之间的衔接，形成一批融合发展的新文科专业。四是建立学科专业动态监测和预警平台，构建动态专业调整机制。

3. 积极开展“金专建设”计划和专业认证工作

要坚持“以本为本”，瞄准一流本科专业建设目标，对标国内专业质量标准，明晰专业定位、目标和特色；完善教学管理规范，不断深化教育教学改革，强化师资队伍和基层教学组织建设；坚持学生中心、产出导向、持续改进的理念，提升专业内涵建设，改善专业建设软硬件条件，积极推进专业认证工作。在教育部公布的拟建设的10 000个国家级一流本科专业分专业建设规划中，人文社科类专业建设数量达4 041，占比40.41%。

（三）新文科教学体系设计

新文科的意义在于更强调文科专业基础的融通性，帮助学生打牢基础、扩展能力，培养专业素养高、综合实力强、有创新视野的新型人才。这就必须改变教育的形态，必须改变教育的结构，必须改变教育的理念，必须改变教育的标准，必须改变教育的技术，必须改变教育的方法，必须改变教育的评价，必须改变教育的体系。从形式到内容都要来一场革命，从物理变化必须到化学变化。由此可见，这些仅仅依靠技术层面的革新是无法实现的，需要更深层的理念变革。所以，新文科不仅仅是一个简单的概念，它更是当前中国高等教育改革的新理念。

新文科教学体系建设要强化实践能力培养，构建分类、分层、多元人才培养模式。以“六卓越一拔尖”计划2.0为引领，深化专业综合改革，提升专业内涵建设。一是实施好基础学科拔尖学生培养计划2.0，遵循拔尖创新人才成长规律，在哲学、经济学、中国语言文学、历史学等人文学科专业探索实施“一制三化”（导师制、小班化、个性化、国际化）的多种人才培养模式，建立拔尖人才脱颖而出的新机制，为人文哲学社会科学“中国学派”奠定基础。二是推进卓越法治人才培养教育计划2.0，坚持立德树人、德法兼修，践行明法笃行、知行合一，主动适应法治国家、法治政府、法治社会建设新任务新要求，找准人才培养和行业需求的结合点，深化高等法学教育教学改革，强化法学实践教育，完善协同育人机制，构建法治人才培养共同体，做强一流法学专业，培育一流法治人才，为全面推进新时代法治中国建设提供有力的人才智力保障。三是推进卓越新闻传播人才教育培养计划2.0，坚持马克思主义新闻观，用中国特色社会主义新闻理论教书育人，建设一批马克思主义新闻观研究宣传教育基地，打造一批中国特色、世界水平的一流新闻传播专业点，形成遵循新闻传播规律和人才成长规律的全媒化复合型、专家型新闻传播人才培养体系，培养造就一大批适应媒体深度融合和行业创新发展，能够讲好中国故事、传播中国声音的优秀新闻传播后备人才。四是突出新文科人才的实践能力培养，抓好实践教学基地建设，强化“校内校外”实习基地协同联动、共同促进的实践平台建设，建设一批区域性共建共享的文科实践教学基地，打造一流文科实践基地，促使文科教育走下“讲台”、走出课堂、走进社会、补齐文科教育实践短板。

从新文科教学改革要求看，其一，新文科教学体系要立足于人才培养目标。高层次的人才培养要求新文科从价值理念、能力、素养等方面对人才培养提出了更高要求。一是在价值理念上将国际、国家、社会、个人的价值有机结合，融为一体，具备一定的国际视野、家国情怀、社会公民意识，树立宽广的教育观和学习观，能够正确处理好个人需求和社会需求之间的关系，自发形成学以致用、服务社会、造福人类的价值观和生活观。二是在能力素养上将“知识+能力+素质”融为一体，建立“多元化、复合型、创新型”的人才培养定位，积极推动教学模式改革，推进科教深度融合。特别是鼓励文科专业本科生参与科研，通过课题研究、学术竞赛、研究小组等，提升学术逻辑思维能力、学术分析思考能力和学术语言表达能力，培养具有专业的“刚性”知识，兼备适应未来生活的“柔性”知识、扎实的理论基础和丰富的实践能力，能够自主学习、终身学习，能够用所学知识和技能综合分析问题、解决问题的创新型高层次人才。

其二，探索“课堂革命”。深化理论与实践教学深度融合，全面推动教学方法改革，根据新文科人才培养要求，按照OBE（Outcome - Based Education）理念（即成果导向的教育或基于学习产出的教育），以现代教学理念为引领，以教学内容优化为核心，以教学模式创新为手段，以研究式教学团队发展为基础，以现代信息技术为支撑，全面提升课程的高阶性、创新性和挑战度，推动教学内容改革和课堂革命，重构新文科课程体系，避免各类课程简单“大拼盘”“大杂烩”；推动文理交叉融通，用人文社会科学回应新技术出现的新问题，用新技术推进人文社会科学发展；全面推动教学方法改革，积极推广小班化教学、混合式教学、翻转课堂，形成第一课堂与第二、第三、第四课堂、理论教学与实践教学相互支撑、相互融合的新文科教学体系，打造新文科“金课”；建立新的课堂教学场景区域，打破传统学习空间局限，建设更加宽松自由、灵活机动，满足师生为达成新的教学目标而采取多种教学方式的环境和条件。将“互联网+”“融媒体+”“教育技术+”等信息化手段有效融入课堂教学，打造具备新文科人才特点的“线上+线下”课堂教学新模式，推出一批线下、线上、线上线下融合、虚拟仿真、社会实践类“金课”。严格课程过程考核管理，健全以能力为主线，能力与知识并重、过程性评价与终结性评价结合的学业考核评价体系；构建“课堂质量文化”，持续养成学生新时代信息能力与素养。基于这些，既是为大学生学习成长创造的新环境、好条件，也是对大学生提升自我提出的高标准、新要求。

（四）新文科课程体系设计

科学技术、信息技术与人文社会科学的融合已经成为一个国际趋势，促进了人文社会领域教育和科研在对象、内容、过程、方法以及结果上的革新，催生出新兴的产业内容或领域，产生了新的人才需求和定位，如数字文化产业、数字创意产业等。同时，随着“互联网+”、大数据技术、人工智能等新技术应用发展，促生出物联网、云计算、区块链和人工智能等方面的新业务、新产业，产业结构、产业形态和产业内容急剧演化。在互联网、大数据和融媒体的助力下，已有的人文社会科学成果可以在数字化平台上得到更大范围和更有穿透力的显现、传播、共享和增值，发挥出新的社会效益和经济效益，这也催生出社会对人文社会科学人才培养的新要求。按照理论与实践教学融合的要求，在课程体系设计上，我们要做到以下几点。

1. 新文科要树立能力与素质并重的培养新理念

按照“全面发展、差异培养、学科交叉、知行合一”的原则，通过对知识结构和知识体系的重建，在教学模式与课程组织形式等方面实现全方位改革，实现文科人才创新意识和创新创造能力的培养。要改变以往文科教育强调理论基础和思辨能力、忽视实践操作和动手能力，重视科研论文产出、忽视文科成果的多样化形式表达呈现等现象；在尊重高等教育发展规律、学科专业建设与发展规律的基础上，根据《普通高等学校本科专业类教学质量国家标准》、社会和各行业需求标准，对比分析国内外相关专业认证标准，突出以学生为中心、以产出为导向和“持续改进”，修订调整专业人才培养方案，科学制订专业建设目标、培养目的、毕业能力要求及课程目标等；重构新文科课程体系，建设跨学科的新文科课程群，形成适应时代发展的、体现办学特色的质量标准体系和监控体系，适合学生成长需求的新型人才培养体系，推动文科教育和人才培养的全方位转型升级。

2. 要强化理论与实践教学深度融合

分类制定实践教学标准，不断增加实践教学比重，强化实践能力培养，梳理课程知识点，探索课程教学新模式；利用新科技、新技术，开展学习成果导向、问题导向的课程体系重构，深入实施产教融合、科教结合、校企合作、国内外交流的协同育人机制。

3. 新文科人才培养可以借鉴工程教育专业认证的理念和要求

按照 OBE 理念来明确文科学生的能力结构、素质要求与课程结构和课程内容的映射关系；引入质量管理理念，对教学过程和结果、人才培养体系等进行全流程控制，建立质量评价体系，接轨专业认证体系，实现新文科教育流程重组和结构再造相结合。在课程体系与课程组织方式上，突出实践环节的要求，特别是与文创内容的结合，强化教育方法与现代信息技术在新文科教学实践的植入。要培育文科教育的创新文化，深化跨院校、跨行业和跨领域的协同，提高学生能力素养培养要求，将创新创业教育融入全过程，在学习过程中，培养学生创新能力、沟通能力、批判性思维能力、竞争与合作精神等。

4. 深化校企合作协同育人机制

要进一步强化校企合作，深化产教研融合，拓宽育人渠道，立足新文科的特点要求，充分整合利用所有的资源，着眼学校与企业发展的整体利益，跨专业、跨业务、跨部门，创造多方多赢的格局与平台，提高人才培养质量和社会服务能力，有效推动校企协同育人长效机制不断完善。对于新文科建设，推动文科内部之间以及与社会科学的交叉融合，推进人文社会科学和理、工、医、农等学科的交叉融通，实现“新工科”“新医科”“新文科”与“新文科”的紧密结合；关注各行业各领域的人文问题，体现人文社会科学学科的中国特色；聚焦经济社会发展和文化建设需求，满足人民日益增长的美好生活需要，推动传统文科转型提升和新兴文科的崛起。

（五）新文科管理体系设计

1. 要深化机制体制改革

落实学校办学自主权，新文科建设要做好整体规划和顶层设计。在学术组织上，建立没有“围墙”的、有助于学科协同的学术组织结构；在管理上，变刚性为柔性，打破原有的院系、专业壁垒，改革学科专业架构体系，将传统专业教育的刚性培养模式变革为更加灵活的菜单式、可定制的个性化人才培养模式；在制度上，变约束为激励，深化制约学科建设、科研评价、人才培养的体制机制改革，改革经费管理和运行制度，形成有利于创新、交叉、开放和共享的保障机制。要不断吸收先进教育理念，将 OBE 理念贯穿新文科建设的全过程、全环节，产出成果为导向，抓内涵质量提升，强化绩效考核。在具体制度设计上，要着眼于专业发展与学生成长意愿相结合，专业素养与行业需求相结合，尽量避免频繁的检查评估和业绩考评。要从制度上鼓励教师，尤其是让青年教师提升自我、敢于突破，力争在新文科建设上发挥生力军作用。

2. 要完善闭环质量保障体系建设

制订一套以学生为中心、以学为中心、以能力培养为核心的管理、服务、考核“三位一体”评价机制，强化“持续改进”，以办学目标和办学成效的达成度、办学定位与社会需求的适应度、教师与教学资源的支撑度、质量保障体系运行的有效度以及学生和用人单位的满意度等来衡量新文科办学成效，奖优罚劣。

六、理论与实践教学深度融合的新医科培养体系

当前我国高校医学教育总体上还不能适应国家卫生系统、“健康中国”建设的需求，不能紧跟医学发展潮流；医学专业学生解决临床复杂问题能力较差，不能应对人口老年化、文化多元化和患者就医行为方式变化及公共期望值增加所带来的挑战。这和当前过分强调学科专业、基础知识的医学专业学生培养理念不无关系。新医科顺应了科技进步、产业进步以及中国高等教育的战略改革，是现有医学教育体系改革的升级版，探索不断变化背景下的医学教育新理念、新结构、新模式、新质量和新体系，将传统医学教育与更多的新兴和前沿学科进行有效整合，升级完善为更符合“健康中国”战略建设需求、引领全球医学创新的中国特色医学教育新形式。

根据《加快推进教育现代化实施方案（2018—2022 年）》的要求，确保“六卓越一拔尖”计划 2.0 的实施，落实教育部“一流人才培养”的有关要求，顺应知识从分化到整合的发展趋势，满足“健康中国”建设的现实需要以及社会对交叉融合医学人才的需求，加强新医科建设应运而生。新医科建设，主要是为了适应新一轮科技革命和产业变革的要求，教育部提出了从治疗为主到兼具预防治疗、康养的生命健康全周期医学人才培养的新

理念。新医科建设，需要与时代发展的要求、高等教育“四新”建设要求以及建设“健康中国”的需求相符合，必须体现整体观（服务国家重大战略）、整合观（强化学科交叉融合）和医学观（构建大医学格局）。

新医科将推进医、工、理、文融通，紧密结合以人工智能为代表的新一轮科技革命和产业革命，全面整合精准医学、转化医学等方兴未艾的医学新领域。与传统医科不同，新医科指的是新兴智能医学，即传统医学与机器人、人工智能、大数据等进行融合。面对人类对健康医疗的新需求和对疾病谱的新认识，面对生物医学模式向生物、心理、社会、技术（工程）医学模式的转变，面对人类生命信息的解读、生命奥妙及人脑奥秘的揭示等，这些都表明医学人才培养关注数、理、文、工等知识的交叉融合，关注信息科学、人工智能等在医学专业的应用。事实上，计算机技术、移动通信技术、医疗大数据等在疾病的预防、诊疗过程中发挥着至关重要的作用。在新时代，新医科建设在学科体系、专业体系、教学体系、课程体系、管理体系要做到理论与实践教学相融合。

（一）新医科学科体系设计

随着信息技术特别是人工智能的快速发展和运用，新医科建设不仅是高校医学教育对未来医学发展新态势和人民健康新需求的回应，更是医学教育领域响应“健康中国”建设的突破性改革，新医科将是一种颠覆传统医科教育形态的全新医科教育形态。新医科与传统医科的区别主要体现在以下三个方面。

首先是理念上。新医科要紧密对接国家“健康中国”战略和人民对卫生保健的新需求，主动布局，谋求发展。打破学科间壁垒，淡化学科概念，注重学科之间的交叉，树立大医学、大学科的培养理念，与国家高等教育和医学发展需要同向同行，不仅要培养适应当下医学发展需要的人才，还要引领未来医学的发展。

其次是路径上。新医科建设将立足于“新”，以临床实际问题为导向，与互联网、大数据和人工智能紧密结合，探索“医、教、研”一体化平台，探索创新“医疗＋”“人工智能＋医科”的学科融合改革，以实体化新型科研机构以及附属医院等教学单位为平台，培养创新型医科人才。

最后是目标上。新医科建设是一个系统工程，新医科培养的人才不仅医术高明，还必须具备娴熟使用人工智能、操控手术机器人等工程能力；不仅懂得医学专业知识，还广泛涉猎其他学科（如心理学、统计学、行为管理学），是具有医、工、文、理交叉的复合型人才。从医师为主、工具为辅，到数据驱动、人机协作，这就是新医科与传统医科之间的最大区别。传统医科人才培养更加注重对本领域知识的输入，强调又专又精，新一轮产业与技术革命要求医学人才走出医学的单一路径。新医科是科学、人文、工程的交叉融合，新医科培养的复合型人才要适应、引领和服务于信息时代的医学研究和医疗实践。

为此，医学教育亟待转换思路，尤其是承担着培养高层次医学人才重要使命的医学研究生教育，更应该在优化传统医学教育的基础上，通过多学科支撑、交叉融合与专业结构调整，探索培养高素质创新复合型医科人才，满足新时代对医学发展的新需求。

首先，新医科要求树立交叉融合的培养理念。淡化学科和专业的概念，在融合创新理念下培养具备较高的创新创业能力和跨界整合能力的临床医师或者医学科研工作者。医科作为培养与人的生命直接关联的对象，学生和教师要相互激励、共同超越，不仅要求教师具备全科的优秀，而且要求培养的学生更加卓越。

其次，要有动态发展和医教协同的思维。新医科的学科建设是动态的过程，知识总是在不断地进行加工和再加工，技术总是在不断地推陈出新。“新医科”的特点是新兴和智能，是传统医学与人工智能、大数据、机器人等技术的融合。天津大学 2018 年开设首个智能方向医学类专业，哈尔滨工业大学成立医学与健康学院，积极探索“医工交叉融合互补、产学研协同创新”的科学研究模式。因此，新医科的医学学科专业教育也应该是动态的过程，医学相关院校不仅仅要关注当下医疗健康领域紧缺人才的培养，还必须着眼于互联网革命、新技术发展，预测未来医学的发展方向，因校制宜，及时调整人才培养模式，做到和医学行业人才需求密切对接。

再次，要树立创新型、科技型、综合化的新医科学科建设与发展新理念。随着科技进步和产业变革，基于“健康中国”新战略、国际竞争新形势、立德树人新要求，医学教育的改革需要明确新目标、树立新理念。新医科学科建设要紧扣新时期医学发展前沿，在开展科学研究的同时要紧密结合社会需求开展人才培养工作，既注重对现有临床医学、基础医学培养体系的升级，又要加强“医学 + X”交叉学科的建设，培养卓越科技型医生。

最后，要面向未来建立中国特色新医科。随着中国国际影响力、感召力、塑造力的不断提高，中国日益进入为解决人类发展问题贡献中国智慧、中国方案的伟大时代。中国的医学教育改革也要以引领人类文明发展为目标，建立中国特色医学教育学科新体系，包括重点开展医学人工智能、健康大数据和医用纳米材料等前沿研究等，以引领全球医学的发展方向。

（二）新医科专业体系设计

新技术革命以信息技术为核心，以社会生产与生活的自动化为目标，以智能化为发展方向。近年来，人工智能在医学领域获得突破性发展，已经在智能影像、智能语音、医学机器人、临床智能决策等方面得到了广泛应用；与此同时，大数据分析、高分辨影像学诊断以及生物新材料等快速发展；精准医学、分子医学、转化医学纷纷诞生，由此引发医疗方式和医疗行为的改变。新技术的革命性飞跃冲击着整个医学教育界，一方面，医学教育理念、专业结构、教学模式、人才培养模式以及教育体系需要优化调整；另一方面，医学伦理学和法律等新问题挑战层出不穷，新医科专业体系也应结合实际需要重新设计。

一是通过新医科与新工科、新文科交织交融、交互发展，可以主动设置和发展新兴医学专业。一方面，立足中国医学发展的国情，在确保目标同质化的基础上，以多元化渠道促进多学科交叉融合，加强医理、医工等结合，挖掘多学科知识、多领域交叉潜力，注重培养适应新时代需求的复合型医学人才。如上海交通大学在建设和开设有机化学、生物化学与分子生物学、细胞生物学、生理学、组织胚胎学等医预课程的基础上，开设了大数据分析等医工结合交叉课程。另一方面，新医科人才的培养并非要求医学生必须掌握新一代技术革命前沿领域的核心技术，而是需要掌握相关学科的基础知识，预测未来医疗领域的工作环境，整合资源建设符合未来需求的交叉实验室。此外，选拔理科学、工程学、计算机等专业的优秀毕业生，鼓励其攻读医学专业，或是医学毕业生转攻理工等专业，跨学科、跨专业培养人才。

二是推动现有医学专业的改革创新，发展人文、医学专业、理工基础、前沿科技以及交叉学科等课程有机结合的医学专业新结构。一方面，探索发展新医科新专业，主要包括精准医学、转化医学、智能医学等。另一方面，应将信息技术、人工智能、工程学原理、数据统计、科研学术等前沿知识融入医学专业学科的学习中，鼓励综合大学之间跨专业、多学科的交流合作，全面提升医学生的综合素养以及未来的职业竞争力。

（三）新医科教学体系设计

1. 整合基础和临床知识体系

医学教育必须更加注重理论与实践教学的深度融合，高校在建立医学教学体系时需注意将基础医学课程和临床医学课程结合起来。一方面，要以临床为导向，使学生能够较早得到临床实践的机会；另一方面，要培养学生的医学兴趣、系统思维、逻辑思维和问题导向思维。此外，要使学生深入了解医院的运作情况，对医生的工作有更深刻的体会，对患者与疾病有更深刻的认识，也使学生学习目的更加明确，学习更有动力。

2. 整合基础和临床师资队伍

整合学科领军人才、教学名师、医学大师、临床教师、基础教师，组建一支理论与实践教学协同的优秀师资队伍。医学相关教学强调多人交叉协同开课，其中基础医学课程由基础师资讲授为主，临床师资为辅；临床医学课程由临床师资为主，基础师资为辅；实验或实践课程由基础师资和临床师资共同参与。

3. 整合基础和临床医院、社会实践基地教学资源

高校可依托临床医学院、社会实践基地、实习基地、附属医院进行实践教学，构建覆盖诊疗全过程的临床实践教学基地体系。通过举办创新论坛、教学论坛、实践分享会，注重学生的兴趣、敬业乐业精神培养；通过技能培养和素养训练来夯实学生的实践基础与综合能力；举行大学生创新实验，注重学生能力培养和创新实践的积极性；举办校际交流、国际交流以及各类竞赛，注重经验交流与成果分享；重视学生的临床科研、毕业论文以及科研轮训，结合交叉学科知识学习，培养学生综合的临床实践能力。

4. 接触临床前移

高校要从一年级开始注重学生的实践能力，安排学生早期接触临床，进入医院门诊、导医、辅助科室、病房、后勤部、护理部进行临床实践。例如，安排一年级学生举办院史参观、导医实践、门诊观摩、教学查房和病例讨论观摩；二年级学生进行与临床医学相关问题的探索与研究相关的社会实践，强调实践和临床思维培训，加强学生对医疗各方面的初步认识；安排三年级学生开展系统整合课程见习，理论知识学习后尽快深入病房接触实际；安排四年级学生通过临床课程见习，床边教学、案例讨论等方式进行临床观摩，初步培养专业实践和临床分析能力，促使良好职业道德和职业习惯的养成；三至五年级的学生需要注重临床技能的训练，对其问诊、体格检查、常用操作、医患沟通、临床思维及临床综合分析和危重急症病例的处理等技能进行全面、系统和规范培训，实行实习前、实习中、实习后的强化临床操作训练。五年级学生在进行毕业临床实习时，需到临床科室轮转、选科实习和基层医院实习，一般地，内科板块 12 周，外科板块 12 周，妇儿板块 12 周，综合板块 12 周，临床实训 4 周，基层实习 4 周，综合培养学生的临床思维和临床实际工作能力。

5. 科研训练前移

采用以问题为导向的学习（Problem – Based Learning，PBL）教学模式，培养学生以问题为基础的学习意识。同时，培养学生自主选题、实验操作、开题汇报、数据统计、论文撰写的能力，激发学生的求知欲和创新意识，且应在本科阶段接受创新能力的基本训练。再者，设立科研轮训课程，利用 1 个月时间集中课程学习。科研轮训由学术带头人、项目负责人及其课题研究组带教，开设海内外与青年教师同步的临床研究培训；同时，加强指导医学专业学生的开题报告、文献查询、论文报告等科研环节的工作。

6. 新医科建设需要采用灵活多变的教学方法

根据课程内容、培养环节等的不同来设计教学方法，采用以问题为导向的教学模式、整合课程模式、卫生社区导向模式，创新“医学 + 人工智能/大数据”的新医学教育模式，提高学生独立思考解决临床实际问题的能力。

7. 发挥多学科联动优势

教育部已经明确提出要落实“四新”建设，各医学相关高校、医院等可采用联合召开医学教育战略研讨会的方式，寻求行业共识，创造新医科建设的理论成果，为有关部门建言献策。综合性高校在多学科联动方面具有优势，应通过政策鼓励、协调把控等方式，推动学科交叉融合，鼓励新兴技术行业参与教育教学，促进医教产研的协同发展，让医学汲取不同学科领域的营养，赋予医学生扎实的数理化基础、高超的医疗技能、跨学科的知识结构、广阔的全球视野以及引领科技发展的创造力，构建一个医、文、工、理协同共建的中国特色新医科人才培养体系。

（四）新医科课程体系设计

（1）课程体系的设计要把立德树人特别是医德教育贯穿到医学人才培养的全过程，将思想政治教育和职业素养教育贯穿教育教学全过程，进一步加强以医学职业道德、职业态度和职业价值观为基本内容的职业素质教育，着力培养学生“珍爱生命、大医精诚”的救死扶伤精神，引导学生将预防疾病、解除病痛和维护群众健康权益作为从医的神圣职责。实现素质教育与专业教育的有机结合，拓展学生所学知识的深度和广度，激发学生创新思维。医学职业是直面人生命的工作，要加强学生交流沟通能力的培养，提升学生团队合作能力；加强学生职业能力培养，提升学生促进健康和解决临床实际问题的能力、批判性思维能力、信息管理能力以及终身学习能力。

（2）采用多学科联动教学，构建跨学科课程管理平台。医疗技术和医学科研技术的不断进步，对未来医生的知识结构提出了新要求。如各院校的基础医学专业、生物医学方向教育，增加了数理、生物、大数据等课程的比重。但是，国内医学有关高等院校多学科交叉课程开设刚刚起步。课程体系设置的广度和深度决定了学生知识掌握的基础性、宽广度和交叉融合程度。医学生课程应增加医、理、工、文等交叉学科课程的比例；课程设置要注意在核心课程体系中增加研究方法类、学术探讨类、边缘学科类等方面的课程。通过建立跨学科课程管理平台，打破学科间课程设置的壁垒，在课程设置上，聘请医学、计算机、信息技术、人文社会科学等各领域的专家进行反复讨论、充分论证，将医、理、工、文等多学科知识的交叉渗透到核心课程体系中，构建一批交叉学科课程。同时，多学科联动教学必定涉及跨学科组织机构建设和跨平台师资配置问题。跨学科课程管理平台有利于打通政策壁垒，建立跨学科师资合作机制，鼓励多学科、多领域优秀教师和行业高端人才合作授课。

（3）加快推进现代信息技术与医学教育教学的深度融合，推进“互联网 + 医学教育”，用新技术共建共享国内外优质医学教育资源，充分发挥国家医学虚拟仿真实验教学项目、国家医学教学案例共享资源库、国家医学线上线下精品课程等精品资源作用，广泛开展混合式教学和在线教育。

（五）新医科管理体系设计

首先，充分利用课程评价，提高教学质量。有效的课程评价体系不仅包括评价指标的有效性、评价内容的全面性、体系结构的合理性，更在于能否提供一种强有力的指导，即在指导教师教学、指导学生构建自己知识体系的同时，更加主动地进行拓宽加深。新医科课程评价体系的构建在遵循科学性、通用性、客观性、可操作性和反馈性等基本设计原则的同时，应突出医学专业知识的基础性、高等教育的知识探究性、新医科所彰显的交叉融合性。坚持学生评价、教学督导组评价、课程组同行评价、教师自评乃至毕业生和医生参与的等多元评价主体相结合，发挥发展性评价的促进作用和终结性评价的监督引导作用，利用定性评价和定量评价相结合的方式，建立行之有效的教学质量评价体系。

此外，还应重塑医学人才评价体系，重新定义新医科人才。人才评价是关键，前面连着人才培养，后面连着人才使用，因此重塑医学人才评价体系对于新医科建设至关重要。结合中办、国办印发的《关于分类推进人才评价机制改革的指导意见》中关于医疗卫生人才评价制度改革的有关内容，制定遵循医学生人才培养规律、符合人才培养特点的分类评价体系。首先，要建立多元评价体系。针对新医科多学科交叉融合的医学专业学生的培养目标，在评价过程中建立医学生的立体化培养指标，不唯论文项目论，采用多维度、多标准来评价医学人才，以评价标准引导医学专业学生的个性化发展。其次，要结合动态评价。新医科培养的医学生是具有较强创新能力、学习能力的复合型人才，因此对人才的评价应该是动态的过程，要更加关注医学生学习与实践的过程、能力和实际贡献，善待医学生在科学研究中的失败。最后，要注重医德评价。医学是人学，新医科培养的医学生将是医学发展和人类康养发展最主要的推动力量，更应该在评价标准中特别强调医德、医学人文和伦理、职业操守和道德层面的考核。

综合来看，在新时代，高校围绕“双一流”建设，推进一流专业建设、深化新工科、新医科、新农科和新文科建设，调整教学目标和人才培养模式，其中要注重新工科和新医科、新农科交织交融、交叉发展；新文科为新工科、新医科、新农科注入新元素；新工科、新医科、新农科为新文科提供新命题和新方法；学科专业发展的小逻辑服务于社会经济发展的大逻辑。借助于现代技术，例如，农工结合需要深化大数据、云计算、物联网等专业课程运用，建立“人工智能+农业”，由此可以打造智慧农业供应链课程；医工结合可通过云端大数据分析获取个体健康报告，发展一系列自组织健康医疗课程；工文结合可以建立数字人文，包括开发数字经济、智慧管理、数字艺术、“人工智能+法律”等课程。现代技术与专业以及课程交叉的宗旨是以学生能力提升、前沿知识探索及人格建树的人才培养理念为目标，以深化高等教育改革为契机，按照教育部金课建设要求，深度改革第一课堂、第二课堂、第三课堂、第四课堂的培养模式，特别是将四个课堂的理论与实践教学深度嵌入贯通。如第一课堂要融合与时俱进的前沿理论和方法，引入思辨的教学学术观点；第二课堂要打造高质量的创新创业训练和校内实践活动，此处的高质量包括指导教师配备、学业竞赛级别、科创项目的选题、实训平台等都要从高质量和高难度上下功夫；第三课堂要建立高质量、多维度的“强重”部门实习实践环境，此处的强重指世界500强、国内100强企业以及国家战略新兴产业的重点行业、重点领域；第四课堂要给学生创造多渠道、高质量的国内外交流学习平台。除了四个课堂本身从教学内容到教学模式、教学环境等变革，特别要注意强化理论与实践深度融合对高质量人才培养的重要意义。即站在四个课堂深度融会贯通方面来设计并不断完善优化人才培养体系，实施以本为本、质量先导的内涵式建设与发展深度改革，根据学校办学特色和理念培养高素质学术研究型和拔尖创新人才。

诚然，任何大学都是以人才培养为根本，为了提高教育质量或者降低质量下滑的风险，必须慎重考察整个学校所有短板带来的各种后果。因为一所大学本质的内涵都必须从它培养的众多卓越人才或者创造的科学成果中找到合理答案，否则这不是大学，这是丧失灵魂的大学！

参考文献

[1]《中国高等教育质量报告》.

[2] 张秀婷，解子越，王卓航. 大学生创业协会的现状与对策 [J]. 中外企业家，2018 (20)，234.

[3] 钟登华. 新工科建设的内涵与行动 [J]. 高等工程教育研究，2017 (3)：1－6.

[4] 林健. 第四次工业革命浪潮下的传统工科专业转型升级 [J]. 高等工程教育研究，2018 (4)：1－10.

[5] 陈孟威，陈兴明. "新工科" 理念下地方高校人才培养路径探析 [J]. 教育探索，2018 (6)：37－40.

[6] 李志鸿. 地方本科高校 "新工科" 建设的四个基本问题 [J]. 黑龙江高教研究，2018 (12)：40－42.

[7] 陆国栋. "新工科" 建设的五个突破与初步探索 [J]. 中国大学教学，2017 (5)：38－41.

[8] 夏建国. 面向主导行业创新需求 推动 "三协同" 合作教育模式升级 [J]. 中国高等教育，2018 (13)：18－20.

[9] 杨毅刚，唐浩，宋庆，孟斌，王伟楠. 企业视角下新工科建设与工程教育改革 [J]. 高等工程教育研究，2018 (5)：45－51.

[10] 施晓秋，赵燕，李校堃. 融合、开放、自适应的地方院校新工科体系建设思考 [J]. 高等工程教育研究，2017 (4)：10－14.

[11] 马廷奇. 高等工程教育转型与工科专业建设的实践逻辑 [J]. 高校教育管理，2018 (3)：25－29.

[12] 朱高峰. 中国工程教育发展改革的成效和问题 [J]. 高等工程教育研究，2018 (1)：1－10.

[13] 吴涛. "新工科" 视域下工程人才关键能力的思考 [J]. 黑龙江高教研究，2018 (3)：156－160.

[14] 许涛. 创新创业教育视角下的 "人工智能＋新工科" 发展模式和路径研究 [J]. 远程教育杂志，2018 (1)：80－87.

[15] 李茂国，朱正伟. 工程教育范式：从回归工程走向融合创新 [J]. 中国高教研究，2017 (6)：30－36.

[16] 林健，胡德鑫. 国际工程教育改革经验的比较与借鉴 [J]. 高等工程教育研究，

2018 (2): 96 - 109.
[17] 纪宝成. 中国教育统计年鉴 [M]. 北京: 人民教育出版社, 2004: 80 - 85.
[18] 高昌海, 刘克敌, 梁君梅. 国民素质与教育 [M]. 济南: 山东教育出版社, 2000: 41.
[19] 应义斌, 梅亚明. 中国高等农业教育新农科建设的若干思考 [J]. 浙江农林大学学报, 2019, 36 (1): 1 - 2.
[20] 刘竹青. "新农科": 历史演进、内涵与建设路径 [J]. 中国农业教育, 2018 (1): 15 - 21.
[21] 庄孟林. 中国高等农业教育历史沿革 [J]. 中国农史, 1988 (2): 106 - 108.
[22] 习近平. 在哲学社会科学工作座谈会上的讲话 (全文) [EB/OL]. http://www.xinhuanet.com//politics/2016 - 05/18/c_1118891128.htm. 2016 - 05 - 18.
[23] 习近平. 在庆祝改革开放40周年大会上的讲话[EB/OL]. http://www.xinhuanet.com/politics/leaders/2018 - 12/18/c_1123872025.htm.
[24] 陈宝生. 教育战线哲学社科工作要着眼"六个好". [EB/OL]. http://www.sohu.com/a/231670367_117882. 2018 - 05 - 05.
[25] 吴岩. 新使命大格局新文科大外语 [J]. 外语教育研究前沿, 2019 (2): 5 - 9.
[26] 王铭玉, 张涛. 高校"新文科"建设: 概念与行动 [N]. 中国社会科学报, 2019 - 03 - 21.
[27] 习近平. 决胜全面建成小康社会 夺取新时代中国特色社会主义伟大胜利——在中国共产党第十九次全国代表大会上的报告 [EB/OL]. https://www.guancha.cn/politics/2017_ 10_ 27_ 432557.shtml. 2017 - 10 - 18.
[28] 吴岩. 在高等学校专业设置与教学指导委员会第一次全体会议上的讲话 [EB/OL]. http://rwqkjzw.hebmu.edu.cn/a/2019/06/27/2019062716984.html. 2019 - 06 - 27.
[29] 周毅, 李卓卓. 新文科建设的理论与设计 [J]. 中国大学教学, 2019 (6): 52 - 59.
[30] 周杰, 林伟川. 地方院校新文科专业建设的掣肘及路径 [J]. 教育评论, 2019 (8): 62 - 67.
[31] 马世年. 新文科视野下中文学科的重构与革新 [J]. 西北师大学报 (社会科学版), 2019 (5): 20 - 23.
[32] 王之康. 新文科: 一场学科融合的盛宴 [N]. 中国科学报. 2019 - 05 - 08.
[33] 教育部、中央政法委关于坚持德法兼修实施卓越法治人才教育培养计划2.0的意见 [EB/OL]. http://www.moe.gov.cn/srcsite/A08/moe_ 739/s6550/201810/t20181017_ 351892.html. 2018 - 10 - 08.
[34] 教育部、中共中央宣传部关于提高高校新闻传播人才培养能力实施卓越新闻传播人才教育培养计划2.0的意见 [EB/OL]. http://www.moe.gov.cn/srcsite/A08/s7056/201810/t20181017_ 351893.html. 2018 - 10 - 08.

[35] 中共中央、国务院印发《中国教育现代化2035》[EB/OL]. http://www.moe.gov.cn/jyb_xwfb/s6052/moe_838/201902/t20190223_370857.html.

[36] 中共中央办公厅、国务院办公厅印发《加快推进教育现代化实施方案（2018—2022年)》[EB/OL]. http://www.moe.gov.cn/jyb_xwfb/s6052/moe_838/201902/t20190223_370859.html.

[37] 中共中央国务院印发《"健康中国"2030规划纲要》[EB/OL]. http://www.gov.cn/xinwen/2016-10/25/content_5124174.htm.

[38]《教育部、国家卫生健康委员会、国家中医药管理局关于加强医教协同实施卓越医生教育培养计划2.0的意见》[EB/OL]. http://www.moe.gov.cn/srcsite/A08/moe_740/s7952/201810/t20181017_351901.html.

[39] 教育部长陈宝生在新时代全国高等学校本科教育工作会议上的讲话（2018年6月21日）[EB/OL]. http://met.ntu.edu.cn/2018/0911/c276a33954/page.htm.

[40] 教育部介绍"六卓越一拔尖"计划2.0有关情况[EB/OL]. http://www.moe.gov.cn/fbh/live/2019/50601/twwd/201904/t20190429_380086.html.

[41] 吴岩."六卓越一拔尖计划2.0全面开工"[EB/OL]. https://www.toutiao.com/i6685532339658818062/.

[42] 岳彩玲，颜超. 新医科背景下医学研究生核心课程建设的思考与探索[J]. 卫生职业教育，2019，37（18）：1-3.

[43] 范舜，谈在祥. 人工智能背景下"新医科"建设的挑战与变革[J]. 中国高校科技，2019（7）：56-59.

[44] 何珂，汪玲. "健康中国"背景下"新医科"发展战略研究[J]. 中国工程科学，2019，21（2）：98-102.

[45] 尚丽丽. 新医科背景下医学研究生教育的思考[J]. 医学研究生学报，2018，31（10）：1078-1081.

[46] 顾丹丹，钮晓音，郭晓奎，胡翊群. "新医科"内涵建设及实施路径的思考[J]. 中国高等医学教育，2018（8）：17-18.

第四章

改革与创新：案例分析

本章从理论与实践教学深度融合若干问题入手，有针对性地选择了 11 所高校案例进行分析。希望通过分析案例的成功做法，寻求解决我国高等教育理论与实践教学深度融合发展的有效实践途径，并为新时代我国高校进一步推进理论与实践教学深度融合提供示范借鉴。

一、厦门大学内部质量保障体系探索与实践

（一）改革背景及解决问题

1. 改革背景

20 世纪 90 年代以来，高等教育规模扩张导致教育质量危机，“教育质量”以及“质量保障”成为各国高等教育共同关注的话题。在发达国家，高等教育质量保障建设进入系统化、精细化、标准化、规范化阶段，并从外部质量保障（EQA）转向内部质量保障（IQA）发展。

在我国，随着高等教育进入以全面提高质量为核心的内涵式发展新阶段，提高高等教育质量、建设高等教育强国已经成为中国高等教育改革发展的核心任务和时代主题。特别是随着政府对于高等教育管理“管评办”分离步伐加快，高等教育质量管理主体从外部压力转向高校内部驱动，IQA 体系已成为高等教育质量保障体系的重中之重，也是现代大学教学管理制度走向成熟的重要标志。

厦门大学历来重视 IQA 建设。2005 年，学校以全优成绩通过教育部本科教学工作水平评估后。2006 年始，创新性地开展一年一度的校内教学评估，形成了常态化的内部质量“年检”制度，奠定了 IQA 基本框架。

基于八年实践探索，2014 年，经教育部高等教育教学评估中心（简称“教育部评估中心”）考察推荐以及竞争性答辩，厦门大学成功入选联合国教科文组织教育政策规划所（UNESCO/IIEP，简称“联合国教科文组织”）发起的“高等教育内部质量保障优秀原则和创新实践研究”（Exploring Good and Innovative Options in Internal Quality Assurance in Higher Education，简称 IQA 项目），是中国也是东亚地区唯一入选高校，与德国、奥地利、南非、智利等国八所大学共同作为典型案例，为发展中国家高等教育质量保障提供指导原则和案例示范。

以入选 IQA 项目为契机，学校立足全球视野，融入“以学生为中心、基于成果导向和持续改进”三大质量保障理念，参照国际 IQA 原则标准重新优化 IQA 体系，聚焦教学过程、教师教学能力、教学质量文化建设三大重心，形成了以年度评估为抓手，涵盖四个质量保障环节（培养目标、培养模式、培养过程、培养结果）、优化五个维度评估指标（适应度、保障度、有效度、满意度、达成度）、动态挖掘六维数据（生源、学习经历、课程测评、教学运行状态、毕业生调查、用人单位调查）为核心的内部质量保障体系，实现

了 IQA 系统化、科学化、国际化、标准化，形成了具有世界标准、中国特色、厦大传统的 IQA 模式。IQA“厦大模式”研究报告已由联合国教科文组织正式出版，并在联合国教科文组织、教育部评估中心官网报道，在中国和世界部分国家产生了领先的示范效应。

2. 解决问题

实践证明，通过近 15 年 IQA 建设，成功解决了如下几点教学问题。

（1）依据国际 IQA 的原则标准，将零散、碎片化的质量保障要素优化重组，构建了一套完整、标准、规范的 IQA 体系，有效解决了高校普遍存在的管理过程随意、管理方式粗放、管理手段办法有限等问题，实现了教学质量保障的科学化、规范化、标准化、精细化管理。

（2）融入国际 IQA 的新理念，将质量保障重心从经费设备等供给要素转移到学生学习体验、学习获得感等需求要素上来，聚焦到最为核心的教学过程和教师教学能力提升上来，有效解决了高校质量保障从外延性发展向内涵性发展转变。

（3）按照国际 IQA 流程环节，打通质量保障“最后一公里”，凸显反馈整改的极端重要性，解决了过去重视政策制定、忽视政策落地的问题，形成了“自我检查、自我反馈、自我整改、持续提高”的闭环机制，并以事实和数据为依据，实现对质量保障的精准监控。

（4）根据 IQA 运行环境要求，强化师生对质量保障的认同感，把质量保障压力层层传导到师生身上，克服了过去质量保障过分依赖外部杠杆、忽视内生动力驱动的不足，推动了追求卓越教学质量文化形成。

（二）改革思路及主要做法

1. 改革思路

（1）构建 IQA 系统。

依据多年理论研究积累，学校认为 IQA 是动态、可分解、可操作、可控制的相对闭环管理流程。从人才培养的全生命周期来看，包含了培养目标设计、培养模式设计、培养过程监控、培养结果检验四个环节。基于这一框架，学校从质量适应度、保障度、有效度、满意度、达成度五个维度重新建构完整的 IQA 系统。一是培养目标设计质量，即把国家社会需要和个体发展需求转化为人才培养目标。考察这一转化过程中形成的技术标准，主要包含知识、能力、素质等基本规格要求及质量标准。二是培养模式设计质量，即把培养目标转化成可操作的技术路线、方法。考察培养模式、课程体系、教学方式、学习方式、运行机制、基本教学制度和资源配置等。三是培养过程监控质量，通过监控组织体系建设、人财物要素投入、教学过程和学习过程监控考察，有效保障培养结果与预期培养目标相吻合。四是培养结果检验质量，通过毕业生跟踪调查、用人单位反馈等考察，了解毕业生自我满意度和社会用人单位的满意度，以此不断校正人才培养目标、调整培养模式和培养过程。

（2）确立 IQA 实施原则。

一是“3E”原则，即有效性原则（Effectiveness），强调质量保障的针对性和有效性；效率性原则（Efficiency），强调质量保障单位时间内的时效性；节约性原则（Economy），强调质量保障简洁有效，避免无谓的、投入较大的质量保障运行条件。

二是以生为本原则，即坚持“以学生为中心”“基于成果导向”“持续质量改进”三大质量保障理念，把质量保障各项政策措施最终落实到学生学习效果。

三是整体性原则。IQA 是学校整体动态系统优化工程，对于教学质量管控，从目标设计、模式选择、过程监控和结果输出等进行全过程整体监测与评估。

四是持续性原则。IQA 建设的路径、方法选择和手段应用是经济节约且与时俱进的，充分调动和利用现有教育资源并发挥其最大效益，最终使整个质量监测可持续发展。

五是可控性原则。教学质量有标准和底线，是可操作、可控制的，通过设定指标和测定具体数据，对教学质量进行量化监控。

（3）建立 IQA 运行机制。

依据上述系统和原则，学校形成了以日常质量监控为基础、课程教学评估和年度教学评估为重点、以学生学习反馈和毕业生跟踪反馈为补充的多元化质量监控手段，实现对人才培养全环节的质量监控，形成了“自我检查→自我诊断→自我反馈→自我整改”的闭环式 IQA 运行机制。

（4）完善 IQA 工具系统。

根据联合国教科文组织教育规划研究所开发的 IQA 工具，学校不断完善、拓展原有的 IQA 质量保障检测工具，形成包括课程教学测评、专业课程评估等 11 项质量保障工具，从师生参与情况、反馈情况、改进情况三个方面对原有的质量保障效果进行检测。

厦门大学内部质量保障模式如图 4－1 所示。

2. 主要做法

学校先后承接了《高校人才培养质量保障体系研究》《我国本科人才培养质量研究》等 10 多项省部级重大课题，与教育部评估中心联合研制中国首份《中国高等教育质量报告》和首份《中国高校本科教育质量报告》，近三年发表研究论文 20 余篇，结合多年实践积累，形成了以下几种解决教学问题的方法。

（1）聚焦校内教学质量“年检”制度。

完善以整改为重点的校内教学评估制度。学校坚持每年开展年度教学自我评估，每年 11 月组织约 60 人的专家组，分成若干个评估专题，以问题为导向，涵盖了课堂教学、实验教学、实习实践、毕业设计、创新创业、教师教学能力提升等人才培养各环节，形成“自我检查、相互观摩、典型示范、及时整改”的质量持续提升机制。

（2）聚焦课堂教学效率提升。

完善以持续改进为目标的课程评价。参照世界一流大学课程评价量表，研制了以学生

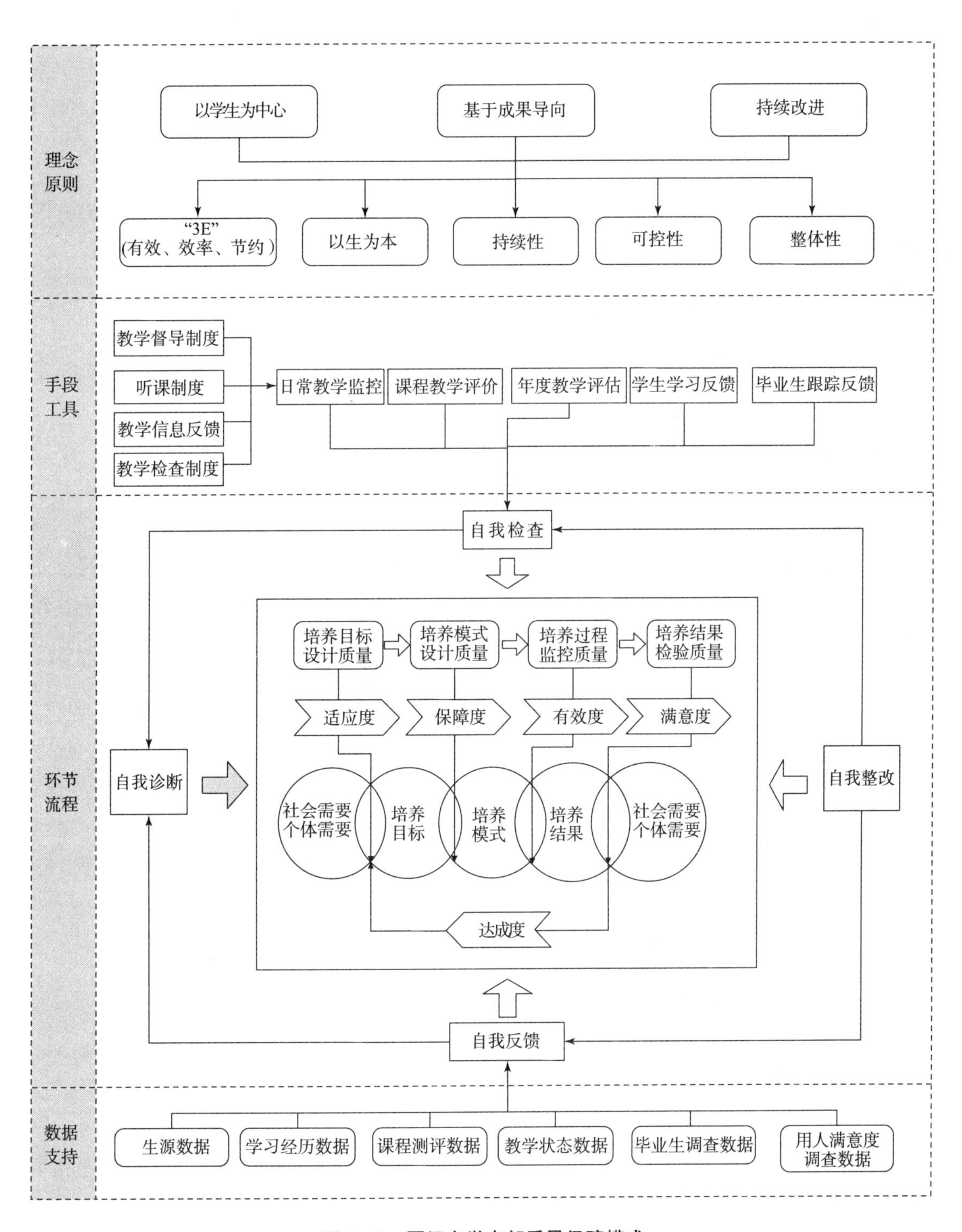

图 4－1　厦门大学内部质量保障模式

为中心、注重学习效果的评价量表。连续 13 个学年开展课程教学过程评价，编制课程评估报告，作为教师改进教学依据。根据课程评价结果，实施更加严格的课程准入与淘汰制度，完善多单位协同、多主体参与的教学检查与信息反馈制度，形成课堂教学质量提升机制。

（3）聚焦质量保障手段改进。

建立基于大数据的教学状态监测平台。借助校内评估结果，三次优化评估指标体系，构建了集“数据采集→挖掘分析→实时跟踪→发布报告”于一体的大数据监测平台，并定期发布年度质量监测报告。依托数据平台，与教育部评估中心共建全国首个“高等教育质量监测评估研究基地”，与麦可思共建“中国高等教育数据中心”，并获批省发改委“数字福建高等教育大数据研究所”。

（4）聚焦学生学习效果反馈。

建立学习经历和毕业生跟踪调查机制。连续 11 年，开展新生调查和毕业生调查并定期编制调查报告，开展毕业生就业和用人单位跟踪回访，发布毕业生就业质量年度报告。建设包括大学生背景、心理健康调查、第二课堂在内的数据库，实施对学生全程学习体验实时跟踪。

（5）聚焦教学质量文化建设。

建立教师教学能力的持续提升机制。每年根据年度校内教学评估、课程评价、新生及毕业生调查报告等，精准诊断教学问题，持续提升教师的教学能力。自 2005 年起举办教学比赛，并开展教学沙龙、教学咨询、名师设坛指导、名师诞生演练、骨干教师夏令营等活动，建设青年教师成长档案库，逐步形成“教学比赛、教学研修、课程评估”三位一体的教师教学能力发展模式。推动“翻转课堂”等教学创新，1996 年至今，出版教学论文专辑 40 期共 1 870 篇；2014 年至今，立项教改项目 1 180 项。强化教师教育教学业绩考核，每年投入近 2 000 万元用于教学绩效奖励，形成“教有所值、教有所长、教有所规”的局面，推动教师爱教、乐教、善教。

（三）改革创新点及取得成效

1. 改革主要创新点

学校立足中国国情，充分吸收了国际 IQA 建设的先进理念和做法，结合本校教学传统进行创新性发展，创造性转化，形成了如下几个创新点。

（1）建设了一套中国特色的 IQA 体系。

依据国际 IQA 理念、原则和标准，再造 IQA 体系，构建科学管控流程，实施闭环管理。特别通过年度评估这一把“尺子”，形成了以日常质量监控为基础，以课程测评和年度教学自我评估为重点，以学生学习经历调查、毕业生跟踪调查、用人单位满意度调查等为补充的系统化、国际化、标准化、多元化的内部质量监控体系，在全国具有典型的案例示范意义。

（2）建立基于大数据的质量监测系统。

参照联合国教科文组织提供的质量保障手段，建立了基于数据和事实的质量检测评估系统，依据数据监测，每年定期开展质量的诊断、评估与总结反馈，改变了质量保障从凭经验、惯性思维的模式演进到基于大数据、依赖统计分析规律和事实判断的科学模式，实现质量保障从经验走向科学，从粗放管理走向精细管控，在全国高校具有较强的借鉴价值。

（3）聚焦课堂为核心的质量文化建设。

吸收世界 IQA 的最新理念，坚持以学生为中心，把提高质量的重心聚焦于理论与实践教学融合的课堂教学和教学能力提升，在全国高校率先提出教学质量文化建设。依托学校国家级教师发展中心建设，在校内营造严肃教学、尊重教学、热爱教学氛围，使质量建设重点从刚性制度要求转向更为深层的追求卓越教学质量，从“要我管”转向“我要管”，让自我保障、自我评估、自我监测成为大学的文化自觉，在全国高校具有示范的引领作用。

总之，厦门大学 IQA 建设从粗放管理到科学精细管理、从关注定性到注重定性定量结合、从关注表象到注重内涵、从关注局部到注重全过程、从关注制度建设到培植质量文化，探索出一条持续提升质量的科学路径，建立了人才培养质量引领力（重大项目和理论研究引领）、提升力（教学能力精进提升）、推动力（全额学费返还教学、教学绩效激励）、止退力（常态化内部评估）和洞察力（多维大数据挖掘）“五力合一”的协同机制（如图 4－2 所示），实现对人才培养全流程、全过程的闭环质量监控。

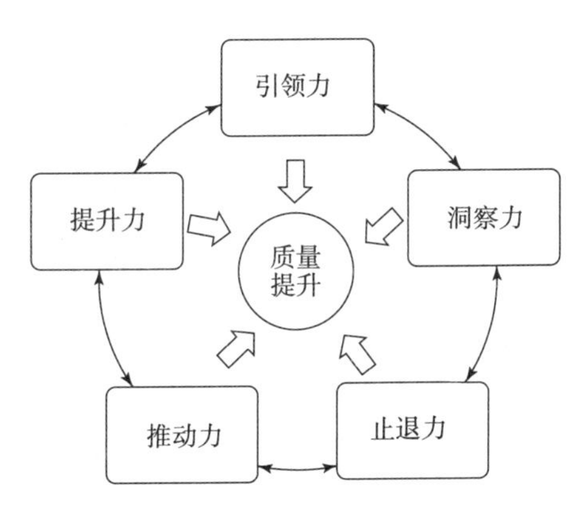

图 4－2　“五力合一”的协同机制

2. 取得成效

厦门大学始终致力于本科教学内部质量保障体系建设，经过多年的探索与实践，形成了具有鲜明特色的内部质量保障监控机制，取得了一系列人才培养成效。2015 年，李克强总理视察学校时指出：“学校人才培养工作抓得很扎实，创新创业工作用人单位很满意。”具体应用效果有以下几点。

（1）联合国教科文组织高度认可 IQA 的“厦大模式”。

2016 年，联合国教科文组织在厦门大学召开“高等教育质量与就业：内部质量保障的贡献”国际研讨会，厦门大学邬大光副校长向26个国家80所高校和10个国家评估机构180余名专家分享IQA“厦大模式”的主题报告。教育部高教司司长吴岩、中国高教学会原会长瞿振元、厦门大学资深教授潘懋元、IIEP所长Suzanne Grant Lewis、美国高等教育认证委员会主席Judith Eaton、欧盟全球大学多维排名项目负责人Frank Ziegele等国内外专家出席会议。联合国教科文组织及教育部评估中心官网等均做了专题报道。

联合国教科文组织在法国出版题为“Enhancing Teaching and Learning through Internal Quality Assurance—Xiamen University，China”的研究报告，并在其官网高度评价并向世界推广IQA的“厦大模式”——“Over the past two decades，this leading research University has developed an efficient and effective IQA for enhanced teaching and learning”。2018年，“高等教育内部质量保障原则和创新实践——厦门大学联合国教科文组织IQA项目建设”项目获国家高等教育教学成果奖二等奖。

（2）国内外专家高度评价厦门大学IQA建设成效。

2015年年底，以北京大学校长林建华为组长的教育部审核评估专家组认为：厦门大学已经“构建运行有效的教学质量保障体系，教学改革措施得力，在全国高校具有引领和示范作用”。加拿大联邦政府总理教育及文化事务顾问、圣玛丽大学前校长J. Colin Dodds教授对厦门大学IQA评价道：“每个大学在保有自身特色的同时，也能更好地满足整个世界对他们的要求和标准，中国特色没有必要让步于世界的统一标准。”

（3）成果辐射推广范围广，受到媒体广泛关注。

《中国高等教育质量报告》（2014年）及《中国本科教育质量报告》（2016年）把厦大IQA作为案例选入报告并向全国推介。IQA所倡导的理念和原则也部分被教育部评估中心吸收并融入审核评估实践中。德国杜伊斯堡－埃森大学、北京大学、南京大学、吉林大学等40多所高校来校调研和学习IQA建设经验。以IQA为培训内容，学校共举办福建省教育厅“师资闽台联合培养项目”、西部地区和解放军兄弟院校培训项目、中国矿业大学等46期高校师资和教学管理培训班，累计2 137人参加。2015年将IQA模式全盘复制并指导渭南师范学院开展内部质量保障建设。2019年6月，由厦门大学和同济大学等高校共同倡议发起成立了中国高校内部质量保障机构联盟（CIQA），以促进全国高校内部质量保障体系的建立健全；并举办了首次全国高校内部质量保障体系优秀案例和教学督导、专项评估和数据监测等创新实践经验交流会。

中国教育报2012年头版头条报道《厦门大学坚持教学自评促质量提升》，彰显学校“每年查找薄弱环节重点整改，注重实效建立评估长效机制”这一做法。2013年以《厦门大学：为教师发展保驾护航》为题报道，厦门大学IQA已形成“有部门、有机制、有制度、有举措的立体网络格局”。光明日报2016年《厦门大学：让本科教学不差钱》认为厦门大学除了“看得见”的创新人才培养体系，还编织起一套“看不见”的过硬质量保障体系。《厦门大学：在国际化道路上奔跑前行》指出厦门大学建立“国际标准的办学质量保障机制”。2019 年高教周刊《厦门大学：对教学“眼里揉不得一粒沙”》以经济学科的案例说明，学校以学生成长为中心，通过“奖惩”分明的制度、“大小”兼顾的模式、“软硬”并施的服务，最大限度地促进教师敬畏教学、尊重教学、热爱教学。

（4）推动教学改革持续深化，人才培养能力不断提升。

IQA 项目的实施，直接推动学校设立教学质量绩效奖，每年近 20% 教学经费专门用于绩效奖励，本科日常经费占学费比例从 30% 增到 100%；推动 79 个专业实施大类招生、大类培养，建设 200 多门大类平台课程和近 500 个课程组；入选教育部拔尖计划、卓越教育计划等重要人才培养计划。2014—2018 年，共获高等教育教学成果国家级二等奖 12 项，省级 52 项。学校在 2018 年度“双一流建设高校本科教育质量百优榜”排名第 15 位。46 位教师入选新一届教育部高等学校教学指导委员会。学校入选教育部首批“深化创新创业教育改革示范高校”、首批“全国高校实践育人创新创业基地”、首批“中美青年创客交流中心”等称号，牵头发起成立全国大学生创新创业实践联盟，荣获“国创计划十周年”最佳组织奖、第四届中国“互联网 +”大学生创新创业大赛先进集体奖、第四届和第五届“青年红色筑梦之旅”活动先进集体奖等。

人才培养质量不断提升。学校在 2018 年度“中国高等教育学会全国学科竞赛排行榜（本科）”排名第 10 位。在第四届中国“互联网 +”大学生创新创业大赛中，进入总决赛的 8 个项目团队取得 6 金 2 银的历史佳绩，金奖数和获奖总数位列全国第一。据不完全统计，近五年，本科生公开发表核心期刊论文 558 篇，申请专利 98 项，获得省市级以上学业竞赛奖项 4 128 项。近五年，文科所有生源省份出档线超出本一线平均值提高了近 20 分，理科提高了近 30 分。升学率从 40.1% 提高到 46.2%，其中，境外升学率从 13.8% 提高到 16.5%。2018 年，境外升学进入世界前 100 强高校的比例达到 58.1%。重要行业和领域就业比例从 30.8% 提高到 41.0%。李克强总理称赞厦门大学毕业生“高能成、低能就，既有能力又接地气”。

二、东南大学创新创业教育的探索与实践

（一）改革背景及解决问题

1. 改革背景

人才是创新创业的根基，是创新创业的核心要素。实施创新驱动发展战略，实现“两个一百年”奋斗目标和中华民族伟大复兴的中国梦，迫切需要深化高校创新创业教育改革，全面贯彻党的教育方针，落实立德树人的根本任务，以提高人才培养质量为核心，以创新人才培养机制为重点，以深化创新创业教育改革为突破口，促进人才培养综合改革不断深化，加快培养规模宏大、富有创新精神、敢于承担风险的创新创业人才，为建设创新型国家提供有力的人才智力支撑。

东南大学创新创业教育有着悠久的历史和坚实的基础。20 世纪 90 年代，学校设立专项经费，立项资助大学生科研训练项目；2003 年，学校修订人才培养方案，明确规定每位学生在进入毕业设计（论文）之前必须完成 2 个课外研学学分，并提供了包括科研训练项目、学科竞赛在内的多种课外科研训练途径。自《国务院办公厅关于深化高等学校创新创业教育改革的实施意见》（国办发〔2015〕36 号）印发实施以来，学校继续深化创新创业教育改革，积极探索创新创业教育的新模式。

2. 解决问题

我国创新创业教育的发展仍处在初步阶段，仍存在创新创业教育认识不清晰、创新创业课程体系不完善、创新创业教育师资力量不足、创新创业教育激励不到位等诸多问题，东南大学立足本校创新创业教育的优良传统，力图解决上述问题，尝试建立成熟的、可广泛推广的创新创业教育新模式。

（二）改革思路及主要做法

1. 改革思路

注重学思结合，从知识学历本位向能力素质本位转变，实现从分配就业、自主择业向创新创业培养目标的转变；注重知行统一，从封闭的学校教育向开放的社会化教育体系转变，实行教育教学与生产劳动和社会实践紧密结合；注重因材施教，从学科为中心向学习者为中心转变，促进个性化教学；注重整合培养，从课堂为主向课内外、校内外、国内外以及网络学习平台延伸，促进进入学习型社会的终身学习能力。

基于上述原则，东南大学建立了“面向全员、贯穿全程、多元引导、知行相辅、科创互哺”的教学理念（如图 4 – 3 所示），凸显学生主体，惠及全体学生，强化创新创业综合能力培养。在人才培养实践中坚持：育人为本，注重因材施教，活跃创新思维；协同推进，统筹开放共建，拓展创新视野；融入专业，强化实践导向，提高创新能力；循序渐进，突出成果孵化，激发创业潜质。

2. 主要做法

为切实推进创新创业教育，立足人才培养，学校不断深化教学内容和课程体系改革，探索教学和考核新方式，强化实践训练，培养学生创新精神，激发学生创业潜质。

（1）完善培养方案，优化课程体系。

修订人才培养质量标准，完善人才培养方案，明确创新创业教育目标要求，使创新精神、创业意识和创新创业能力成为人才培养质量的重要指标。挖掘和充实各类专业课程的创新创业教育资源与内涵，促进专业教育与创新创业教育有机融合。同时，学校在人才培养方案中明确规定本科生必须修完创新创业课程和实践实训环节，作为毕业基本要求；并设置了不少于 10 个学分的研讨性及创业相关课程，在学籍管理中修订了学生休学创业的有关内容，拟定了创新创业学分转化制度。

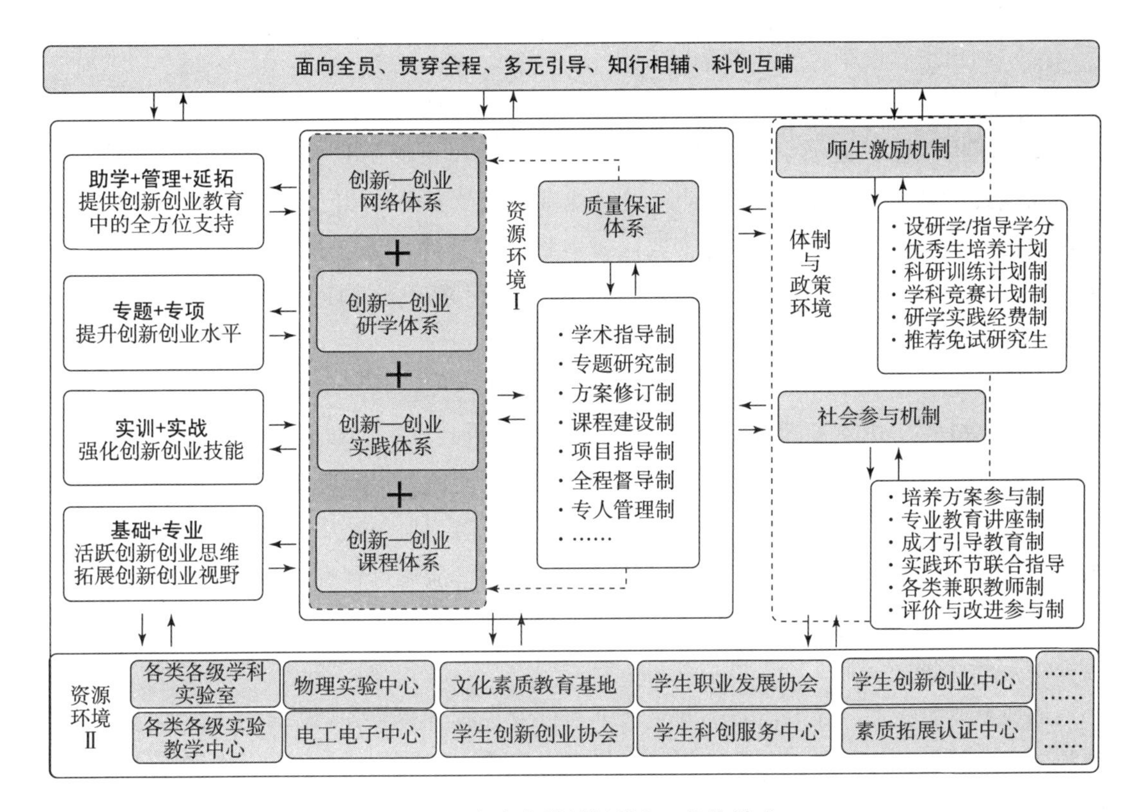

图 4－3　东南大学创新创业一体化模式

健全创新创业教育课程体系（如图 4－4 所示），加快创新创业教育优质课程信息化建设。在专业导论和新生研讨课程中加强行业认知、工程意识、创新思维、科学方法等方面的训练；在经济管理类课程中增加创业基础模块；在专业基础与专业方向课程中强化创新能力培养，同时积极组织开设创新创业基本理论和方法类课程，在公共基础实验和大类学科基础实验教学中强化综合性、设计性、研究性、创新性、自主性实验项目的开发；在综合课程设计、系列专题设计、大学生自主研学、毕业设计中突出创新创业的实践要求。

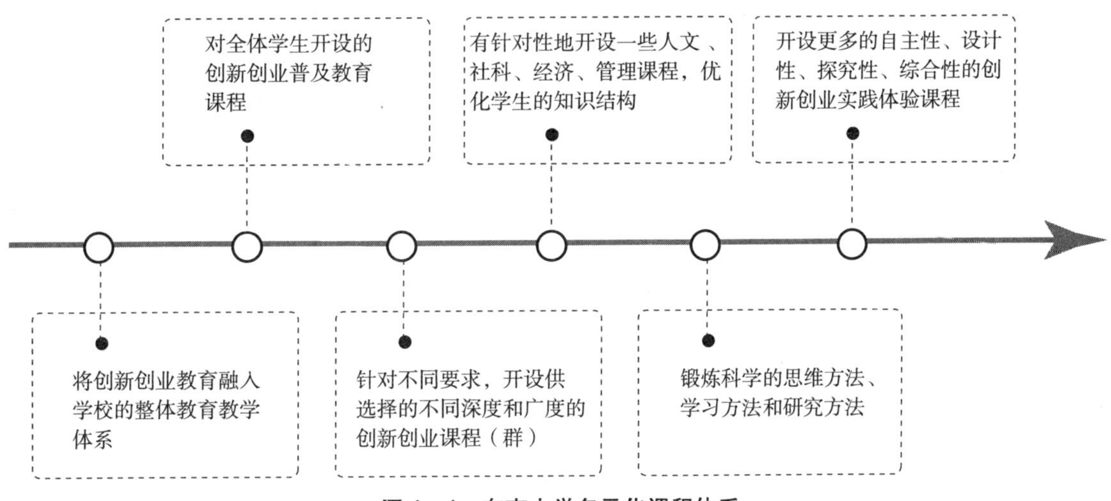

图 4－4　东南大学多元化课程体系

（2）创新培养机制，改革教学模式。

深入实施系列“卓越人才培养计划”，加快建立校校、校企、校地以及国际合作的协同育人新机制，积极吸引国内外优质教育资源投入创新创业人才培养中。打通一级学科或相近专业的基础课程，开设跨学科专业的交叉课程，开办双学位、主辅修（专业或学位）等多种形式的创新创业教育实验班，建立跨院系、跨学科、跨专业交叉培养创新创业人才的新机制，促进人才培养由学科专业单一型向多学科复合、融合型转变。

深化研究型教学模式改革，立项建设700余门研讨课，开展了案例式、互动式、探究式、角色模拟式、开放式等教学新模式；针对大班讲授课程，鼓励将学科前沿、科技开发、工程实践与社会服务课题引入教学，增加小班讨论环节；完善了大学生科研训练的结构层次与实现途径，确保每位学生在进行毕业设计之前，自主完成较为系统的科研实践训练。深化考试制度改革，发挥考试的导向和反馈作用，强化过程性、多样性考核。加强对学生研究型学习表现及成果的考核，加强对学生学术能力、创造精神、创业素养的评价。

（3）强化创新创业实训实践。

加强专业实验室、虚拟仿真实验室、创新创业实验室和创客空间的建设，促进各类科研和教学实验平台为创新创业人才培养提供有力支撑。目前，已建有国家级实验教学示范中心12个，国家级虚拟仿真实验教学示范中心3个，省级实验教学示范中心8个，省级实验教学与实践教育中心19个及一大批校级创新创业实验室及训练中心，覆盖全校各个专业；加大了国家级、部省级重点实验室和工程中心、协同中心等的开放力度，年均开设实验项目2 800余个，为开展创新创业教育提供坚实的基础平台支撑。

加快建设大学生创业孵化基地，积极推进大学生科技成果转化。针对不同创业方向，建设了“创意工坊”“工科超男屋”等五个主题鲜明的创客空间；与中科院创客学院联合创建了在线创客学院；与科技部首批国家级众创空间——创客街合作建设“大学生创业孵化基地”；依托大学科技园，打造了“东大众创带”及“九龙5G创业谷”国家级众创空间；建设了基于移动互联网技术的线上—线下的“互联网+服务”“孵化服务O2O平台”，为大学生创新创业搭建了宽广的创业实训平台。

深入实施大学生创新创业训练计划，举办大学生创新创业大赛和各类科技创新、创意设计、创业计划等专题竞赛。积极实施面向全体学生，贯穿学习全过程的大学生创新创业实践体系，每年资助1 500多项创新创业训练项目，在研学生数15 000人以上；支持6 000余名大学生参加100余项学科竞赛。

培育创新创业俱乐部等具有活力的社团，支持学生创办具有较高技术含量和较好市场前景的创业企业，鼓励学生开展创新创业实践。东南大学目前已经建立了包括东南大学方程式车队、DJI机器人俱乐部、东南大学创客部落、Lab View Club、Robo Cup类人组（Kid Size）、东南大学电子科协、东南大学智能车等数十个学生科技创新俱乐部，学生自我管理社团，成效显著。

（4）加强能力建设，改进指导服务。

加强教师创新创业教育能力建设，改进学生创新创业指导服务。坚持全员参加、专兼结合，配备高水平的创新创业教育教师队伍。建立了创新创业外聘教师专家库，聘请知名科学家、杰出创业者、企业家、杰出校友和优秀风险投资人等，担任专业课、创新创业课授课或指导教师。充实院系SRTP指导小组和学校大学生创业中心，为学生及时提供国家政策、市场动向、项目指南等信息，做好创新创业项目对接、知识产权交易等全程指导和持续帮助服务。

学校现有创新创业类专职教师100余人，拥有多位国家、省部级各类创新创业教育指导委员会委员以及全国普通高校创业教育基本要求起草专家组专家等；推动成立“江苏高校教学研究会创新创业教育分会”并主动承担为挂靠单位；新设立“创业教育与德育教育”方向的博士项目。

（5）完善保障体系，营造文化生态。

第一是健全体制。成立创新创业教育工作领导小组，建立教务处、学生工作、团委、大学科技园等部门齐抓共管的创新创业教育工作机制。多渠道统筹安排资金，支持开展创新创业教育教学，资助学生创新创业实践。改革教学管理制度，将学生参与课题研究、项目实验等活动作为人才培养的重要环节，为有意愿、有潜质的学生制订创新创业能力培养计划。营造创新创业文化氛围，把创新创业文化作为大学文化建设的重要内容。

第二是管理机制。实施“一把手工程”，成立创新创业教育工作领导小组，校长张广军担任组长，健全包括党办、校办、教务处、学工部、学生处、团委、研工部、研究生院、科技处、社科处、发展委员会、资产经营处、科技园、后勤管理处等协同配合的工作机制；领导小组下设工作小组。由校长和分管副校长领头成立了创新创业学院；每年的党政工作报告和计划中针对创新创业教育进行专门部署，并定期召开创新创业教育研讨会。

第三是资金保障。每年学校财政拨付大学生创新创业教育经费逾亿元；大学科技园设立近2 000万元创投资金用于支持学生创新创业；同时，校友会多渠道吸引校友捐赠用于学生创新创业教育与实践，充裕的经费保障有力地保证了创新创业教育工作的顺利开展和创新成果的孵化。设置了包括“三胞创新奖学金”在内的600余万元奖学金等用于鼓励在校大学生创业；还制定了政策鼓励大学生开展创新成果的转化，如大学生可以免费使用专利三年等。

第四是条件支撑。在全国首创智能化蜂巢式设备图书馆，学生在校园内随时可借到课外研学需要的小型设备和耗材，为大学生课外开展创新创业训练提供条件支撑，促进学生时时能创、处处能创。

第五是文化生态。邀请知名学者、企业家、投资人面向学生开讲座，开阔学生视野和思维。开展校庆学术报告会、跨年创新创业成果展示会、大学生科技创新节等交流展示活动，并邀请其他高校共同交流。同时，在校内建立学术走廊及交流展示网站展示创新创业成果，营造创新创业教育氛围。日常展示与集中展示、心得交流与实物展示、校内交流与校际交流，促进了东南大学创新创业实践蓬勃发展。

（三）改革创新点及取得成效

1. 改革创新点

（1）树立先进的创新创业人才培养理念。

东南大学树立育人为本、质量为先、素质教育、创新创业教育观念。尊重学生主体选择，鼓励个性发展；发扬“重基础、重实践、重素质”的培养传统，树立通才与专才结合、科学与人文结合、理论与实践结合、共性与个性结合、德智体全面发展的人才培养观；树立系统培养与开放培养观念，加强学校之间、校企之间、学校与科研机构之间合作以及中外合作等多种联合培养方式，形成体系开放、机制灵活、渠道互通、选择多样的人才培养体制。

（2）构建多元化创新创业培育体系。

东南大学大学生创新创业培育体系如图 4 -5 所示。

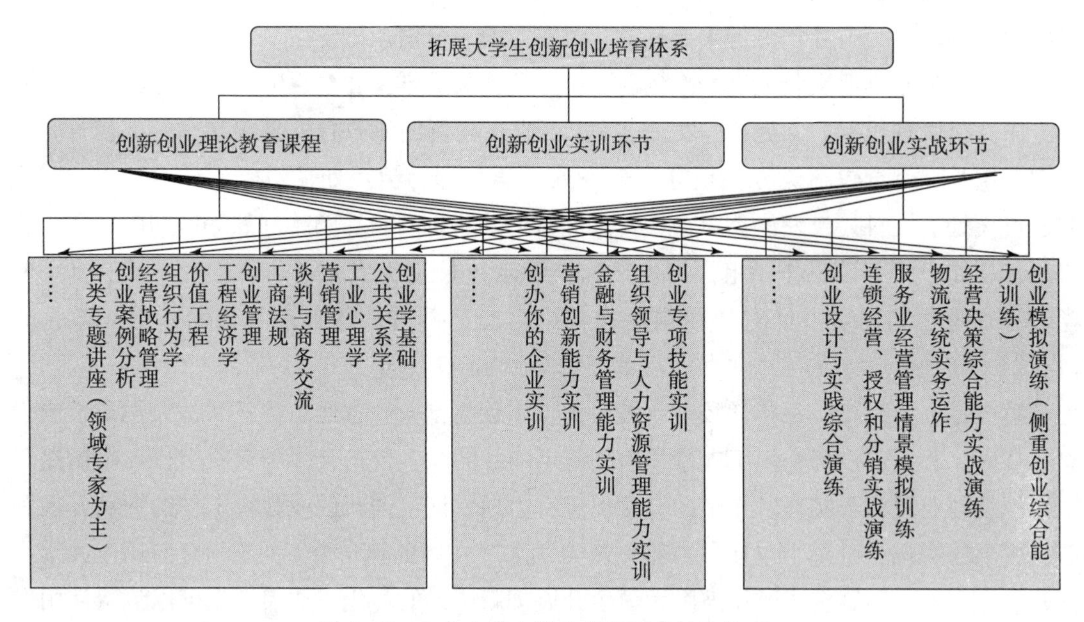

图 4 -5　东南大学大学生创新创业培育体系

（3）大力推进“四位一体”教学模式改革 。

东南大学“四位一体”教学模式改革如图 4 -6 所示。

着眼于学思智行的有机结合，全面构建以“基础教育活跃创新创业思维、专业教育拓展创新创业视野、实践训练强化创新创业技能、自主研学提升创新创业水平”为核心，创新创业互联互动的创新创业人才培养体系。实现创新创业意识开拓、创新创业知识储备、创新创业能力建立、创新创业素质（包括心理品质）养成的一体化；同时，关注创新创业

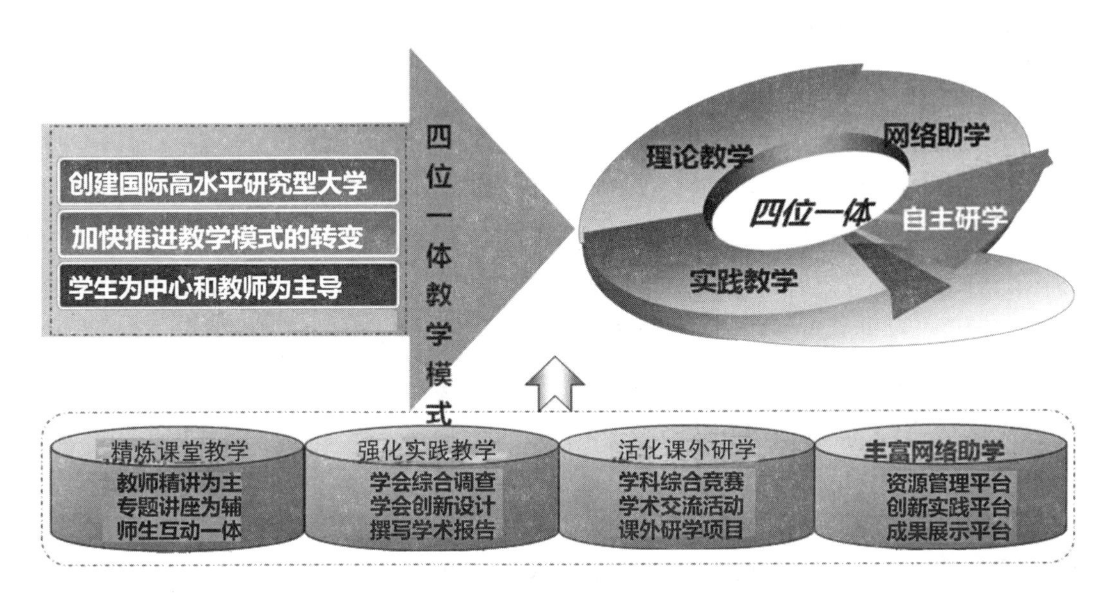

图 4－6　东南大学“四位一体”教学模式改革

教育课程间的内在逻辑性，创新创业课程与科学类、技术类、人文通识类课程之间的逻辑性。

（4）构建校企协同育人人才培养新模式。

校企协同育人人才培养新模式如图 4－7 所示。

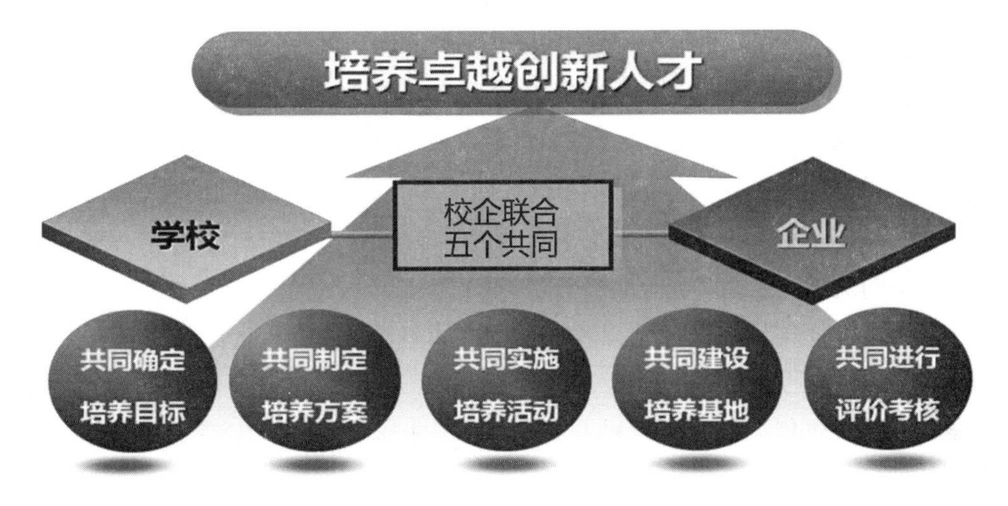

图 4－7　校企协同育人人才培养新模式

体系构建突出卓越化、国际化、研究型。以全面提高学生国际视野、综合素质和创新实践能力、培养卓越创新创业人才为宗旨，以加快推进研究型教学、加强国际联合与产学研合作培养、深化人才培养综合改革为突破口，以拓展创新创业实践舞台、提升教学资源现代化水平和提高课程教学质量为载体，以提升教师创新创业教育教学能力为关键，以加大投入和改革管理评价为保障。

2. 取得成效

（1）创新创业教育教学内涵日益丰富。

已建成面向全体学生的新生研讨课 60 多门、系列专题研讨课 600 多门、校级研讨课 70 多门、校企共建课程 100 多门，加强行业认知、工程意识、创新思维、科学方法等方面的训练。针对各类竞赛、科技成果转化设计、创业能力培训专题开设 4～6 个学分组成的选修课程组，改造和升级创新创业类课程 20 多门，专设创新创业基础知识 20～24 学分左右的辅修专业课程组，40～50 学分的辅修学位课程组强化创新能力培养要求。

（2）全体学生受益，人才培养效益显著。

每年立项大学生课外创新创业训练项目 1 500 余项，学科竞赛项目 100 余项，参与学生 15 000 余人。学生课外研学活动蓬勃发展，每年本科生发表高水平论文 200 余篇，本科生申请专利 100 余项，每年展出大学生创新创业作品 400 余件，在国际国内各类学科竞赛中获得奖励年均 1 500 人次，尤其是在“互联网＋”、挑战杯、全国电子设计竞赛、全国大学生数学建模竞赛、创青春大赛等竞赛中成绩优异。创业典范不断涌现，如途牛旅游网于敦德和严海峰、南京海善达信息科技有限公司创始人冯宏星、知乎创始人周源等，示范效应明显。

（3）大学生创业成果卓然。

拥有“一中心六基地”的东南大学科技园作为江苏省首家学生创新创业中心和科技部、教育部全国首批“高校学生科技创业实习基地”之一，自成立以来，累计孵化学生创业企业 154 家，培育了一批杰出的大学生创业典型：“途牛科技”CEO 于敦德、“邦宁科技”创始人徐毅征、“国金投资”董事长林嘉喜、“圣博华康”总经理朱正宝等。目前在孵学生创业企业 55 家，700 余名大学生在园区创业，带动 3 000 名学生就业。

2014 年在美国纳斯达克正式挂牌上市的“途牛旅游网”（美股市场唯一一家专注在线休闲旅游的中国公司）是继“江苏金智科技股份有限公司”后科技园孵化与培育的第二家上市企业，其首席执行官于敦德、首席运营官严海峰均为东南大学校友。

东南大学无线电通信在读博士冯宏星创办的南京海善达信息科技有限公司是“东大科技园—紫金科创学生创业基金”首批获资助的学生创业企业，2015 年实现营业总收入 2 000 多万元。

达斯琪数字有限公司是东南大学优秀学生创业项目的典型代表，创始人周全是东南大学 2015 届信息工程毕业生，该项目在校期间已具雏形，并获三项国家专利。这项技术已经被多家大企业相中，宝马、奔驰、本田等汽车企业已经购入该技术用于全息车型展示，同时与苏宁、可口可乐、VIVO、森马服饰、海澜之家等多家知名企业达成长期合作意向。不到三年，公司便完成了千万级天使轮融资，数千万 PREA 轮融资，2018 年营业额达到数千万元，纳税超过 500 万元，并在各大城市设立了分公司及运营中心。

三、中国矿业大学实习改革的探索与实践

（一）改革背景及解决问题

1. 改革背景

进入新时代，我国高等教育事业蓬勃发展，为社会主义现代化建设培养输送了大批高素质人才，为加快发展壮大现代产业体系做出重大贡献。但同时，受体制机制、理念观念等多种因素影响，人才培养供给侧和产业需求侧在结构、质量、水平上还不能完全适应，“两张皮”问题仍然存在。深化产教融合，推进理实融合，全面推行校企协同育人机制，探索建立需求导向的人才培养模式，促进教育链、人才链与产业链、创新链有机衔接，是当前推进人力资源供给侧结构性改革的迫切要求。这对新形势下全面提高本科教育质量、扩大就业创业、推进经济转型升级、培育经济发展新动能，更好地发挥高等教育对经济发展和产业升级的促进作用具有重要意义。

2012 年以来，教育部先后印发了《关于全面提高高等教育质量的若干意见》《关于进一步加强高校实践育人工作的若干意见》《关于中央部门所属高校深化教育教学改革的指导意见》《关于加快建设高水平本科教育全面提高人才培养能力的意见》《关于深化本科教育教学改革全面提高人才培养质量的意见》《关于加强和规范普通本科高校实习管理工作的意见》等一系列文件，要求高校聚焦教育教学主要问题和薄弱环节，加强实践教学工作，注重学生能力培养，切实增强学生的社会责任感、创新精神和实践能力。

实习是人才培养的重要组成部分，是深化课堂教学的重要环节，是学生了解社会、接触生产实际，获取、掌握生产现场相关知识的重要途径，对于培养学生实践能力、创新精神，树立事业心、责任感等具有重要作用。近年来，在高校和政府机关、企事业单位和社会团体等用人单位共同努力下，产学研融合不断深入，大学生实习工作稳定开展、质量稳步提高。同时，部分高校对实习不够重视、实习经费投入不足、实习基地建设不规范、实习组织管理不到位等现象仍然存在，在一定程度上影响了人才培养质量整体提升。2018 年，教育部在全国 22 个省市数百所高校和用人单位开展的问卷调查显示，80% 的调查对象认为“当前我国大学生实践能力培养的薄弱之处主要体现在校外实习环节”，78.9% 的调查对象认为影响用人单位接收学生实习的关键因素是“缺乏企业接收学生实习的法律法规”。

2. 解决问题

实习难已成为影响高校人才培养的瓶颈，长期得不到有效解决；当前我国大学生实践能力培养的薄弱之处主要体现在校外实习环节。高校对实习不够重视、实习经费投入不足、实习基地建设不规范、实习组织管理不到位等现象仍然存在。

高校在人才培养的实践教学环节特别在实习方面国际化培养举措严重缺失，导致培养的学生国际化视野不够、跨国交流能力不强、国际就业竞争力不足。具体问题有以下几个方面。

（1）解决“实习组织保障”问题。

一是实习责任体系。明确实习各方主体责任，学校负责全校实习工作的顶层设计、统筹规划、条件保障和质量监控；院、系（所）负责实习教学任务安排、基地对接、教师选派和考核评价；教师负责实习教学活动的具体指导和开展。二是实习基地保障。依托学校办学特色与区域特点，探索产教融合、校企合作有效路径，建设与专业契合度高、相对稳定、满足专业要求的实习基地，特别是支持建成一批跨学科、多专业、开放共享的高质量基地。三是实习经费保障。建立完善学校统筹、学院执行的经费使用机制，明晰经费列支范围，优化使用流程，确保经费专款专用效益高。

（2）解决“实习组织管理”问题。

选择专业契合度高且符合安全生产等法律法规要求的单位进行实习。选派经验丰富、业务素质好、责任心强、安全防范意识高的教师和技术人员全程管理、指导学生实习。明确校企合作双方在实习管理中的权利、义务以及责任。加强学生教育管理，做好学生的安全和纪律教育及日常管理。实习单位做好学生的安全生产、职业道德教育。学生尊重实习指导教师和现场技术人员，遵守学校和实习单位的规章制度和劳动纪律，保守实习单位秘密，服从现场教育管理。丰富实习教学信息化管理手段，推行实习教学活动全程动态管理，解决好实习运行管理信息及时对称、共享充分等问题，形成学校、学院、系（所）及专业负责人、指导教师等几类主体更加清晰的网络责任体系。

（3）解决“实习教学质量”问题。

加强实习教学体系建设。结合专业特点和人才培养目标，系统设计实习教学体系，合理制定实习大纲，健全实习质量标准，科学安排实习内容。丰富实习组织形式，形成“一体两翼”的组织形式，“一体”是指集中实习，即认识实习、生产实习以整班建制、毕业实习以教师指导毕业设计（论文）小组；“两翼”是分散实习，即顶岗实习和研究性实习项目。紧密对接企业生产现场，共同制定实习大纲、设计组织教学活动、安排教学内容，促进理论知识和生产实践紧密结合。实施“校企双导师”制，共同参与教学过程，开展企业真实项目教学。引入企业职业标准考核学生实习成效，采取现场操作、答辩等多元化考核方式。完善实习质量评价体系。紧扣目标、内容、过程和效果等关键要素，构建由学生、教师、督导、学校、企业等校内外多方参与的多元化开放式质量评价体系。分类设计教学评价标准，形成线上实时与线下实地的“双闭环”质量评价机制。实习工作纳入专业评估体系，全面量化评价指标，提升评价信度效度，形成持续改进的实习评价机制。

（4）解决“国际化实习”问题。

推进国际化人才培养，培养学生国际竞争力，提升学生未来治理全球能力。解决海外实习合作方问题，联合国外的高校、知名企业或第三方教育机构。解决海外实习内容问题，符合专业培养目标要求，形式可为学科专业讲座、现场参观及动手操作等。解决海外实习费用问题，构建学校、学院（部）和学生三方共同分担的常态化可持续机制。解决海外实习组织问题，明确学校、学院、学生三方的责任、权利和义务。学院（部）负责联系海外实习合作方及学生、带队教师的选派工作。与合作方及学生签订海外实习协议，与相关职能部门联合开展学生行前教育、考核评价和汇报交流等工作。

（二）改革思路及主要做法

针对上述问题，通过构建“教学组织、经费保障、基地建设、过程管控和质量评价”五位一体的实习管理体系，使得实习工作体制机制更加顺畅，保障体系更加完善，校企合作更加紧密，教学活动更加规范，内涵建设更加扎实。

1. 改革思路

（1）建立健全实习工作体系，不断提高实习教学质量。

建立健全教学组织、基地建设、经费保障、过程管控和质量评价“五位一体”的实习工作体系，使得实习工作体制机制更加顺畅，保障体系更加完善，校企合作更加紧密，教学活动更加规范，内涵建设更加扎实，打造一批可借鉴、可复制、可推广的实习“金课”。

（2）继续拓宽海外实习渠道，不断增强国际化培养能力。

探索建立健全海外实习工作机制，确保海外实习关键环节有机紧密衔接，使得实施渠道更加畅通，合作模式更加稳定，实习范式更加多元，组织保障更加有力，构建起学生国际化培养中海外实习的长效机制，着力培养学生的国际视野、跨界交流能力、国际竞争能力。

2. 主要做法

（1）构建“五位一体”实习工作体系，即“实习组织责任体系、校企合作育人体系、实习经费保障体系、实习过程管控体系、实习质量评价体系”。2012 年，针对高校普遍存在的实习“老大难”问题，在不“坐、等、靠”政府、企业等外部政策环境改变的情形下，学校主动谋划实施实习改革，以加大经费投入为支点，设立实习专项经费，全面撬动本科实习全方位改革。通过近 8 年探索与实践，基本形成了较为完善的实习工作体系，中国矿业大学实习工作体系框架如图 4－8 所示。

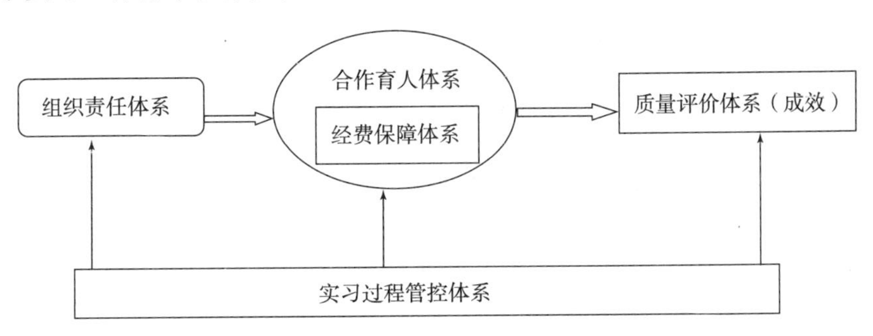

图 4－8　中国矿业大学实习工作体系框架

①教学组织：建立贯通互联的责任网络体系。

明确学校、学院、系（所）及专业负责人、指导教师等几类主体责任。学校负责全校实习工作的顶层设计、统筹规划、条件保障和质量监控。院、系（所）负责实习教学任务安排、基地对接、教师选派和考核评价，教师负责实习教学活动的具体指导。自主研发并启用实习教学信息化平台，推行教学活动全程在线管理，形成了“学校、学院、系（所）、教师”纵向贯通，“教务、财务、学工、保卫”横向互联的责任网络体系。

②基地建设：创建校企利益共同体。

以校企双方利益为基础，以合作育人为价值取向，探索了一条产教融合、校企合作的有效路径。依托学校办学特色与优势，充分开发利用校友资源，建立企业实习成本补偿机制，健全实习安全保障体系，畅通教师企业挂职渠道，打通技术人员来校授课壁垒，构建了学校与企业紧密合作办学的利益共同体，建成了一大批高质量校外基地，确保了实习教学活动能落地、有质量、见成效。

③经费保障：精准测算设立实习专项。

按照学校全额承担实习成本，精准测算实习经费保障额度，由改革前的每年 600 万元提高至 2 400 万元，集中实习经费标准达到 500 元/学分 · 人。按照“责权”对等原则，确定了学校统筹学院执行的经费使用机制，改变以往学院“自行筹集经费自主使用”的方式。明确经费列支范围，优化经费使用流程，强化经费使用监管，确保经费专款专用。

④过程管控：全程跟踪动态管理。

全力打造“学与教”新形态，紧密对接企业生产现场，共同制定实习大纲，共同设计组织教学活动，共同安排教学内容，促进理论知识和生产实践的紧密结合。实施“校企双导师”制，共同参与教学过程，开展企业真实项目教学，引导学生“真刀真枪”顶岗实习，提高学生解决复杂工程问题能力。共同考核学生实习成效，引入企业职业标准，采取现场操作、答辩等多元化考核方式，提升学生岗位适应能力和就业竞争力。

⑤质量评价：多维考核科学评价。

紧扣过程控制关键要素，分类设计教学评价标准，建立校内外多方参与评价机制，借助自主研发信息化平台，实现了“督学、督教、督院”的质量评价体系。成立实践教学督导专家委员会，开展实习专项检查，集中实习全程跟踪，现场督导和电话督导同步跟进，实现了实习督导全覆盖。将实习工作纳入专业评估体系，评价指标全面量化，引导建立“数据说话”，提升评价信度效度，形成了学院持续改进的实习工作机制。

（2）持续打造一批高质量的实习项目。

①实施“课堂化”的认识实习。

依托 484 个国内实习基地，25 个海外实习基地，每年保持新建 30 个以上高质量实习基地，全面打造“车间小课堂、企业大讲堂”的育人新机制。

②实施“实战化”的生产实习。

通过加大经费投入，每年立项支持50项以上“跨+（学科、学校、企业等）”实习项目，形成“理实融合、科教融合、产教融合”的育人新模式。

③实施“课题化”的毕业实习。

每年立项支持100项源于教师科研课题的毕业实习与毕业设计（论文）一体化项目，形成“真刀真枪”解决实际问题的育人新路径。

④实施“规模化”的国际双向实习。

2016年，学校实施了实习改革2.0版，加大实习经费投入，推出海外实习项目，有力解决了学生国际化培养不足问题。每年选派500名左右学生赴海外实习，接收50名以上“一带一路”国家学生来校实习，形成国际紧密合作的育人新局面。截至目前，全校累计有1 100余名学生参加了海外实习项目，每年投入经费超过4 000余万元。此外，近两年，主动接收了“一带一路”国家印度尼西亚、越南等20余名学生来华与我校学生共同参加实习，开辟国际化实习双向交流的格局。

（三）改革创新点及取得成效

1. 改革创新点

基于8年实习改革的探索与实践，构建了责任清晰、保障有力的实习工作体系。统筹优化实习工作的关键要素，从教学组织、基地建设、经费保障、过程管控和质量评价五个维度出发，建立实习经费保障机制，创建校企合作育人机制，健全教学组织管理体制，重构教学过程管控机制，完善教学质量评价机制。根据专业特点并结合实习类别，实施认识实习“课堂化”、生产实习“实战化”、毕业实习“课题化”和海外实习“规模化”，打造一批实习“金课”。

基于4年海外实习的探索与实践，构建海外实习工作长效机制。继续拓宽海外实习渠道，搭建稳定海外实习基地，对接国外人才培养标准，构建一流学生培养的海外实习常态化工作机制。着力拓宽学生国际视野，着力培养学生跨界交流能力，着力增强学生的国际竞争能力，为培养未来具有全球治理能力人才提供支撑和保障。具体创新点总结如下。

（1）体制机制创新。

针对长期以来高校实习教学“缩水”和“放羊”问题，从教学组织、基地建设、经费保障、过程管控和质量评价五个维度出发，系统性地探寻解决问题的路径和方法。建立了实习经费保障机制，创建了校企合作育人机制，健全了教学组织管理体制，重构教学过程管控机制，完善教学质量评价机制，形成“校院联动、校企协同”顺畅高效的实习教学管理体制和运行机制，为兄弟院校实习教学改革探索提供参考借鉴。

（2）教学方式创新。

针对实习教学普遍存在的“走马观花”和“浮光掠影”问题，从校企合作的培养机制、培养体系和培养基地入手，根据实习类别和专业特点，打造形式多样的实习教学方式。其中，认识实习“课堂化”，增进专业认同感；生产实习“实战化”，强化岗位适应性；毕业实习“课题化”，提升就业竞争力，海外实习“规模化”，打造国际竞争力。

（3）质量管理创新。

针对实习教学质量“谁来评、评什么、如何评”等问题，从目标、内容、过程和效果等关键要素，构建由“学生、教师、督导、学校、企业”等参与的多元化开放式质量评价体系，实现了实习教学质量评价主体由系统内向系统外跨界延伸。将信息化技术手段运用到教学质量管理领域，借助自主研发实习信息化平台，全程跟踪教学过程，形成了线上实时与线下实地的“双闭环”质量评价机制。

2. 取得成效

（1）人才培养质量明显提高。

通过创建“五位一体”实习管理体系，推动本科实习教学工作真正落地，人才培养质量显著提升。学校入选全国首批 50 个高校实践育人创新创业基地，新建了 9 个国家级工程实践教育中心、4 个省级实践教育中心、3 个海外实习基地，建成了 434 个校外实习基地，在基地实习的学生累计达 6 万余人次。学生综合素质和就业竞争力明显提高，就业率多年保持在 98% 以上，稳居全国高校前列。学生学科竞赛成果显著，2012 年以来获得省部级以上奖项 5 000 多项，其中特等奖 100 多项，一等奖 600 多项。

（2）国内外形成较大影响 。

学校实习改革相关做法和经验得到了教育主管部门、行业学会、兄弟院校的高度认可，发挥了较好的示范和辐射作用。学校受邀在中国高等教育学会“产教融合推进实践教学改革”“提高高校实习管理及实训教育质量”2 次专题报告会、江苏省高校实践教学年会、煤炭行业实践教学交流研讨会等做大会报告或主题发言，厦门大学、河海大学、浙江工业大学等 50 余家兄弟院校来我校调研交流实习教学工作经验。截至 2020 年，我校共选派 1 100 余名本科学生赴美国、澳大利亚等 20 个国家或地区开展实习活动，在国内外高校中产生了积极影响。

（3）媒体给予广泛关注。

2016 年 6 月 18 日，《中国教育报》头版头条以“中国矿业大学让学生‘上得了矿山、学得到干货’——434 个校外基地锤炼学生真本领”为题，专题报道了中国矿业大学本科生实习教学改革情况。2016 年 4 月 15 日，《江苏教育报》头版头条以“校企共育‘国际卓越采矿工程师’”为题，对中国矿业大学实习教学改革进行了深度报道。2017 年，教育部网站“一线采风”栏目以“中国矿业大学建立健全‘五位一体’本科实习工作体系”为题进行了专题报道。2017 年，江苏省教育厅专报信息（第 30 期）以中国矿业大学构建“‘五位一体’本科实习管理体系，促进人才培养质量大提升”为题进行了专题报道。中国教育新闻网、搜狐网、江苏教育新闻网等多家媒体予以转载。

四、西安交通大学“两交叉四融合”菁英班实践育人新模式的探索与实践

（一）改革背景及解决问题

1. 改革背景

面对新的科技革命和产业革命带来的机遇和挑战，以及对金融危机的深刻反思，居于世界产业链高端的美国、欧洲、日本等国家（地区）分别提出了“再工业化战略”“德国工业 4. 0”等制造业和工程科技人才培养的战略规划，以保持本国的核心竞争力。在此背景下，我国也首次从国家层面提出了实施制造强国战略第一个十年的行动纲领——《中国制造 2025》，提出了坚持“创新驱动、质量为先、绿色发展、结构优化、人才为本”的基本方针，体现出未来中国发展对卓越工程人才的渴望。

我国在校大学生中工科专业学生约 35%，“现役”和“后备”工程师的数量均排名世界第一，但在瑞士洛桑发布的《世界竞争力报告》中，标志创新能力的合格工程师数量和总体质量，在参加排名的 55 个国家中却排在第 48 位，与发达国家差距明显。为何中国拥有如此庞大的工科人才，却培养不出世界规模一流、质量一流的卓越工程人才？对标《中国制造 2025》等国家战略需求，聚焦国家发展战略，面向未来技术和产业，如何培养具有领军潜质的卓越人才？这些问题值得我们深思并付诸实践。

2. 解决问题

中国高等教育发展迅速，规模和质量尚未实现同步增长；我国工业制造发展迅速，但是教育领域的改革却较为缓慢。因此，卓越工程人才培养改革方面在未来要重点面对并解决以下几点突出问题。

（1）专业设置与社会需求脱节。

随着我国社会经济的发展，面向科技与产业前沿，急需多学科专业交叉的复合型卓越人才。而高校工科专业设置大多借鉴苏联模式，普遍存在专业设置面窄、交叉融合弱、不利于学生交叉融合创新能力培养的问题，难以满足社会需求。

（2）实践教学与产业前沿方向脱节。

我国高校，特别是一流大学教师的发展轨迹多从“高校”到“高校”，选拔、考核与晋升主要看论文、数项目，这就产生三大问题。一是教师工程实践能力欠缺，创新实践教学引领不足；二是实践教学内容单一，学科交叉项目驱动实践育人功能不足；三是实践教学方法陈旧，难以兼顾学生团队协作精神与个性化发展融合培养。

（3）创新实践平台与卓越人才培养目标脱节。

我国以工科人才培养为主的高校，过去都建有校办工厂，“工匠精神”培养卓有成效。现在工厂关闭，以各级各类教学实验中心、工程训练中心等为主的实践教育平台，学科相

对单一，难以支撑学生开展综合性、交叉性较强的科创类项目。高校自身还没有建立起能够满足卓越人才培养的创新实践平台，企业参与度又低，尚未形成校企融合、为学生营造复杂工程实践环境的有效机制。

“三个脱节”问题是工科专业卓越人才培养中普遍存在的问题，制约卓越人才的创新能力、团队合作能力、解决复杂工程问题能力等的培养，难以支撑国家发展对具有领军潜质卓越人才的需求。

（二）改革思路及主要做法

1. 改革思路

学校以“学科专业交叉，校企协同，模式创建，知行合一培养卓越人才”为指导思想，以改革实践育人机制与方法、创建创新实践育人平台为突破口，以培养面向科技与产业前沿领域具有领军潜质的卓越人才为目标，聚焦国家发展战略，面向科技与产业前沿，以多学科专业交叉创办菁英班和跨学科交叉创建创新实践平台为支撑，创新引领，首创“四融合”实践育人新机制、提出“一一二”实践育人新方法、构建校企协同育人新范式，从而打造了“两交叉四融合”菁英班实践培育卓越人才新模式，推动工程人才培养方法、结构与层次趋向多元、交叉、融合，解决了卓越人才培养过程中实践教育教学普遍存在的三个脱节的突出问题。成果成效显著，理念先进，符合当前新工科教育理念，引领工程实践教育改革发展方向。如图 4 –9 所示，改革的整体思路如下。

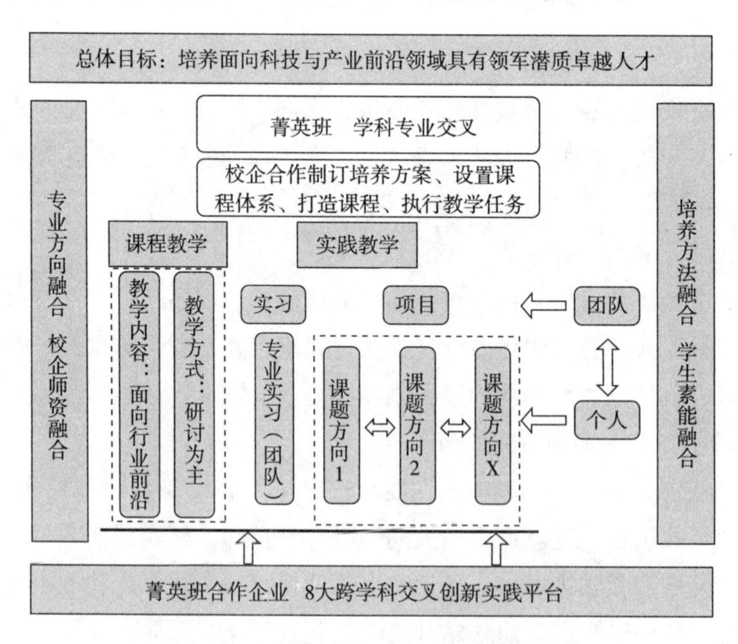

图 4 –9 西安交通大学菁英班建设思路

（1）“两交叉”建班建平台。

面向科技与产业前沿选择方向，与相应龙头企业、著名科研院所合作，学科专业交叉创办菁英班；校企协同创建跨学科交叉创新实践教育平台。

（2）“四融合”创建实践育人机制。

修读专业方向融合、校企师资融合、培养方法融合和学生素能融合。

（3）“一一二”创新实践育人方法。

一队一策双师资、一人一题双导师。

（4）“互利共赢”构建校企协同育人范式。

企业与高校互利共赢，学校获得适合多学科交叉融合的综合型工程人才培养实践环境、融合了企业师资、培养了卓越人才；企业则收获卓越人才、创新思维和优秀科研实践成果。

2. 主要做法

我国龙头企业从跟跑到领跑转型，对卓越人才极度渴望，企业家的家国情怀也随企业发展而愈发强烈，愿意为培养卓越人才贡献力量。我校菁英班卓越人才培养理念恰与企业家需求形成共鸣，因此校企双方同频共振，提出了如下三个举措，着力解决“三个脱节”问题。

（1）创办面向科技前沿、学科交叉的菁英班。

①方向选择。每个菁英班面向产业与科技前沿选择方向，与相应龙头企业、科研院所合作，充分体现交叉性、前沿性、国际化。先后与华为、360、百度等著名企业和科研院所创建了 15 个模式多元的菁英班，解决了卓越人才培养中存在专业面窄、交叉性弱的问题，满足了卓越人才复合型能力培养的需求。

②培养要求。为学有余力的学生创造开放性、不设天花板的学习和成长空间。菁英班学生修读原专业（本科生约 155 学分）外，同时为达成卓越人才培养要求，为菁英班定制了一年或二年制培养计划，实现原修读专业方向与菁英班前沿方向的融合培养。

③学生选拔。采用校企联合专家组面试的形式，不分学科专业、不分年级、不分身份（本科、硕士和博士生），组成多层次人才融合培养的菁英班。

（2）构建校企协同范式、创新实践育人方法。

校企深度协同，制定培养方案、构建课程体系，贯穿学生培养全过程。在课程内容上，面向行业与科技前沿，合作打造交叉类课程 8 门、引入国际课程 2 门；在教学方式上，由企业资深专家和不同专业的学校教师组成教学团队，理论教学以研讨式为主，实践教学采用项目驱动方式。通过校企协同，破解了实践教学内容单一、高校教师自身创新实践教学引领不足的问题。学校采用“一一二”实践育人方法，由 3 ~ 5 名菁英班学生组成“一”个面向行业与科技前沿的项目团队，制订“一”个培养计划，由校企“双”师资共同完成，如图 4 – 10 所示；团队中的每“一”位学生，主导“一”个项目中的前沿方向课题，并配合项目中的其他课题，由学校和企业组建“双”导师指导，如图 4 – 11 所示。

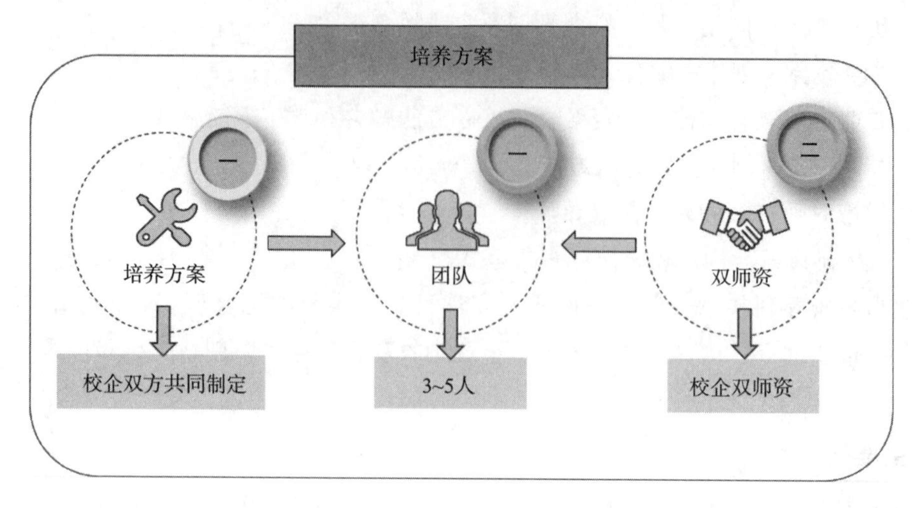

图 4－10　西安交通大学一队一策双师资

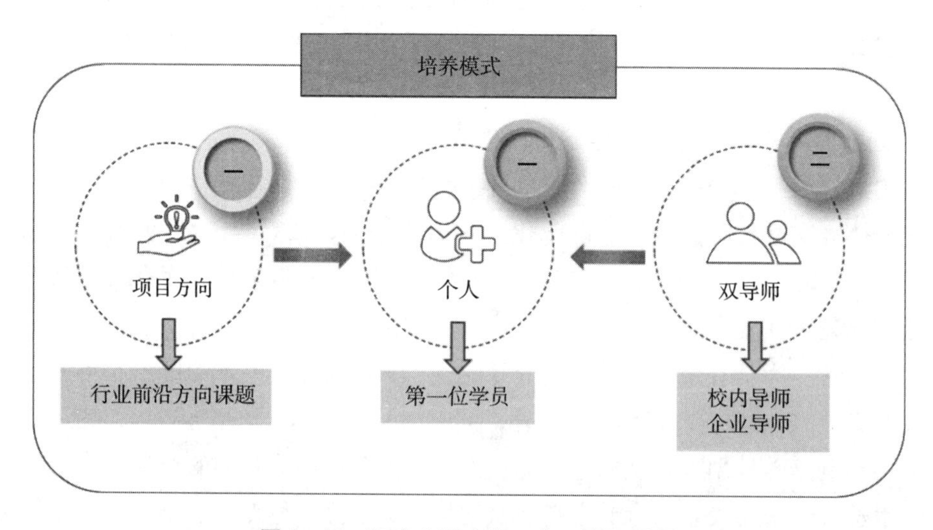

图 4－11　西安交通大学一人一题双导师

累计 91 位企业专家和 127 位学校教师指导了菁英班学生团队，通过校企协同，实现学生团队合作精神与个性化发展融合培养。具体做法有以下几点。

①3～5 名学生组建一个团队。菁英班学生选拔完成后根据兴趣方向自由组队，每个团队由本科生和研究生共同组成，团队成员间分工协作，各有所长，以团队为单位完成菁英班所有的教学环节和实践活动等。学生在团队学习过程中实现了专业背景、思维模式和研究风格的碰撞与融合，在学习与实践中互相帮助、共同提高。

②一个团队一个培养计划。高校与企业分别为每一队学生配备导师，双方导师一起制订培养计划，面向行业前沿发展方向，确定团队实习与科创计划的研究方向。学生以团队为单位在校企导师的共同指导下，根据兴趣选择科创计划项目，每个团队一个研究项目。为了支撑科创计划项目的开展，锻炼学生技术与能力的提升，校企导师将科创计划项目研究与专业实习打通，根据团队成员分配的相关工作性质，为每位学生选择适合其锻炼项目

所需技能的部门岗位进行实习；在实习的过程中提升专业知识与工程实践能力，推动科创计划项目的研究和学生能力锻炼。

③一名学生主导一个课题。校企导师为团队选定研究项目后，再根据团队成员技能水平与长项为其分配具体课题。每位学生主导项目中的一个前沿研究方向课题，并参与项目团队其他成员所主导课题的研究。

④配备校企双方师资。菁英班实行高校与科研院所、龙头企业双师资协同育人，在实践教学环节以企业和科研院所为主的教学形式，有效弥补了高校师资工程实践能力的不足。

⑤成绩评定。项目团队面向校企联合导师组答辩，依据项目团队及个人完成情况进行成绩评定。

⑥案例分析。如图4－12所示，以华为云计算菁英班的一个团队为例，团队成员由杨硕、邵琛蓉、李美娜3人组成，在校企导师的共同指导下，开展科创计划项目“交通大数据拥堵预测及通行模式挖掘”研究，每位学生负责项目的不同方向。为了支撑科创计划项目的研究，在专业实习环节，导师将李美娜、杨硕分至IaaS服务产品部，在企业导师的指导下参与公有云IaaS层云服务开发，学习公有云基础架构、云服务开发上线流程、OpenStack架构等；邵琛蓉被分至FusionInsight数据洞察开发部，参与FusionInsight大数据平台产品研发，熟悉和掌握业界热门的Hadoop架构。在校企双方导师的指导下，经过三人的分工协作和共同努力，他们的科创计划项目在全国参赛者中脱颖而出，获得了以技术服务生活的创新性比赛“华为公有云开发者大赛”第三名。

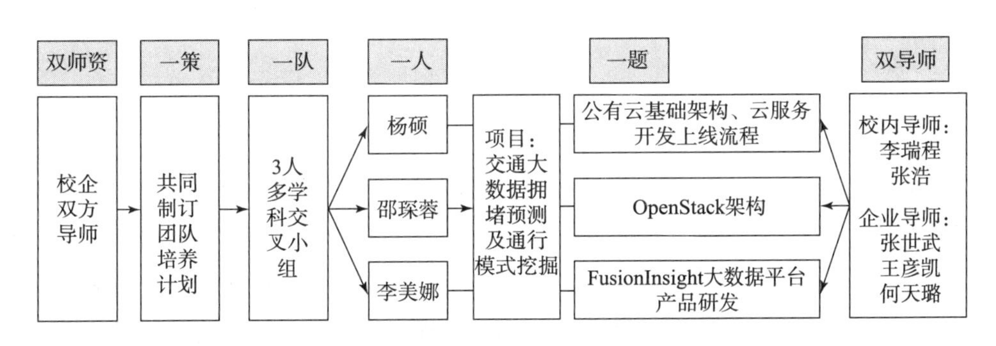

图4－12　西安交通大学菁英班“一一二”实践育人新方法案例

面向行业前沿发展方向实施一队一策、一人一题，并配备双师资的“一一二”实践育人新模式，既为学生的团队合作精神培养提供了平台，也为学生提供了有针对性的、个性化的发展空间，使得学生能在感兴趣的领域充分发展，实现了学习—实践—成果产出的全过程，科学素养和工程实践能力得到了极大提升。

（3）创建学科高度交叉的八大创新实践平台。

学校秉承学科高度交叉的原则，每个平台涵盖至少4个学科融合建设，突破了原有平台的单一学科桎梏。采用一个学科主导，联合多个学科，并引入华为、陕鼓、NI 等知名企业，建设了机电一体、新能源、智能微网等 8 个跨学科交叉创新实践平台，支撑了实践培育菁英班学生创新能力的需求，如图 4－13 所示。

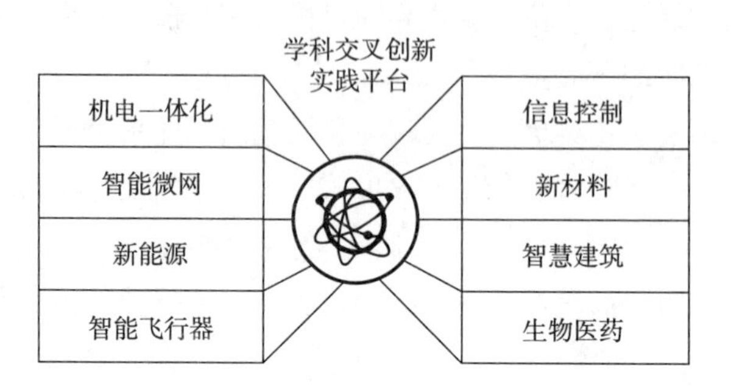

图 4－13　西安交通大学八大学科交叉创新实践平台

校企联合建设跨学科交叉创新实践平台，校企导师合作进行指导；以问题需求为导向，项目来源于实际问题；以综合项目为纽带，累计 21 个菁英班学生团队开展项目实践。

菁英班学生依托交叉创新实践平台参加国家级、省级大创项目和国内外各类竞赛 100 多个项目，蝉联 2017 年、2018 年 VEX 机器人世界锦标赛，获得 2018 年 SAE 国际航空设计大赛世界冠军，国际国内一、二等奖 28 项，发表论文 5 篇。

（三）改革创新点及取得成效

1. 改革创新点

通过校企深度协同，面向科技与产业前沿需求，以多学科专业交叉创办菁英班和跨学科交叉创建创新实践平台为支撑，创新引领，首创卓越人才培养新机制、提出实践育人新方法、构建校企协同育人新范式，知行合一，打造了“两交叉四融合”菁英班实践培育卓越人才新模式，如图 4－14 所示。这种模式提供一种可复制、可推广的实践育人新模式，推动工程人才培养方法、结构与层次趋向多元、交叉、融合，解决了卓越人才培养过程中实践教育教学普遍存在的三个脱节的突出问题，成果成效显著，理念先进，符合当前新工科教育理念，引领工程实践教育改革发展方向。

（1）首创“四融合”实践育人新机制。

校企协同，学科专业交叉建设菁英班，校企协同共创跨学科交叉创新实践教育支撑平台，达到学生修读专业方向、校企师资、实践育人方法和学生素能的“四融合”，首创实践育人新机制，为面向未来工程技术领域的卓越人才培养探出了新路。培养理念符合当前新工科教育理念，引领工程实践教育改革发展方向。

（2）提出“一一二”实践育人新方法。

根据菁英班学生的培养需求，融合了学生团队合作精神与个性化发展，提出“一一

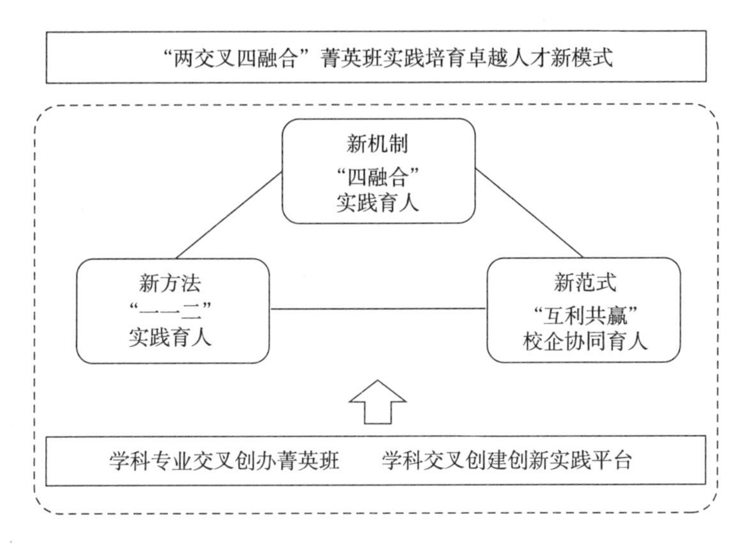

图 4－14　西安交通大学“两交叉四融合”菁英班实践培育卓越人才新模式

二”的实践育人新方法，即“一队一策双师资”和“一人一题双导师”，培养学生解决复杂工程问题能力，为卓越人才培养提供了一种新型的可推广、可复制的方法。

（3）构建“互利共赢”的校企协同育人新范式。

校企深度协同，制定培养方案、构建课程体系，贯穿学生培养全过程。学校在合作中获得适合多学科交叉融合的综合型工程人才培养实践环境，融合了企业师资，培养了卓越人才；企业则收获卓越人才、创新思维和优秀科研实践成果，形成互利共赢的校企合作新范式，打造了卓越人才培养的试验田和新高地。菁英班的互利共赢新范式得到了合作企业的高度认可，华为技术有限公司明确表示希望进一步加大投入，扩大培养规模。

2. 取得成效

（1）菁英班模式校内快速复制与推广。

2012 年创建“自动化”菁英班，通过 3 年实践探索与完善，2016 年新增 3 个菁英班，2017 年达到 7 个菁英班，已形成可复制、可推广的“两交叉四融合”菁英班卓越人才培养新模式。2019 年达到 16 个菁英班，覆盖 18 个学科 520 名学生。

（2）学生科学素质与创新能力显著提升。

菁英班累计培养学生 520 名，学生在学业与德育成绩、社会实践和科技创新活动等方面表现均有显著提升。以 2018—2019 学年菁英班结业学生为例，菁英班本科生和研究生获得奖学金比率分别为 57. 5% 和 16. 67% ，分别比全校对应学生获奖比率高出 20. 11% 和 11. 03% ；本科生国内升学率比全校本科生高出 22. 13% ，出国出境留学学生比率比全校本科生高出 5. 75% 。

如图 4－15 所示，菁英班合作企业对菁英班学生在“道德品质”“工作态度与积极性”“责任担当精神”“工程实践能力”“工作适应能力”“学习与再创新能力”6 项指标评价分值接近满分。

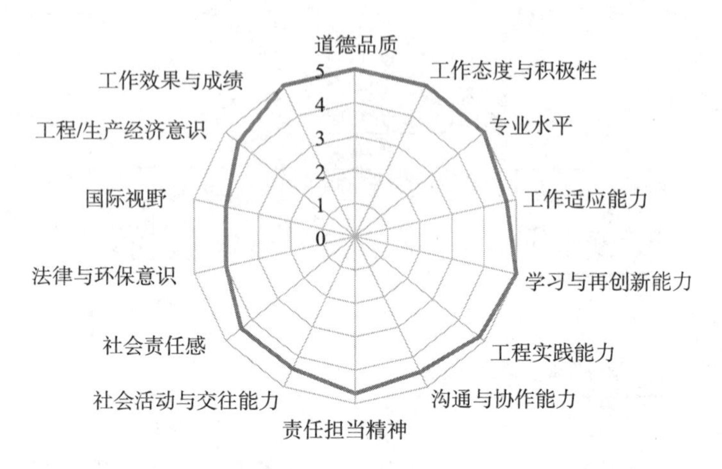

图 4－15　合作单位对菁英班学生各项能力达成情况的评价结果

（3）师资队伍结构明显优化。

菁英班引进天舟一号应用系统总师、奇虎 360 首席隐私官、百度云首席数据科学家等 113 名行业顶级专家，校企师资融合为学生授课、指导创新实践项目，有效弥补了我校师资队伍工程实践能力不足的问题，优化了实践教学师资队伍结构。

（4）校内校外实践资源显著增强。

2010 年以来，校企双方投资构建了机电一体、新能源、智能微网等 8 个跨学科交叉创新实践平台，有效支撑了菁英班学生开展创新实践活动，并辐射全校学生。菁英班学生依托交叉创新实践平台参加国家级、省级大创项目和国内外各类竞赛 100 多项，获得国际国内一、二等奖 28 项，如蝉联 2017 年、2018 年 VEX 机器人世界锦标赛，获得 2018 年 SAE 国际航空设计大赛世界冠军，“习悦——智瞰万物”获第三届中国“互联网＋”大学生创新创业大赛国赛金奖。

（5）成果形成有效辐射。

教育部高等教育教学评估专家组在审核评估报告中提到：西安交通大学利用校企合作、教学科研协同创办“菁英班”，为育人水平的持续提高提供资源保障。

以中国高教学会原会长瞿振元教授为组长的鉴定委员会认为本成果：针对工科学生培养中“三个脱节”的问题，创新卓越人才培养新机制、实践育人新模式，符合当前新工科教育理念，引领工程实践教育改革发展方向，成效显著；达到了国内领先水平，为我国卓越人才培养起到了示范作用，具有很强的应用和推广价值，应加快向其他高校的辐射。在《高等工程教育研究》《中国大学教学》等顶级期刊发表教改论文 7 篇。成果被兄弟高校认可，上海交通大学、哈尔滨工业大学、电子科技大学在人才培养、实践平台建设等方面借鉴了本项目成果。近三年，清华大学、华中科技大学、四川大学等 985 高校来我校调研

17 次。

（6）全国各类大会报告及媒体反响。

在“2017 首届中国高校创新创业教育联盟年会”“第二届中国高等工程教育峰会”等全国重大会议上做主题报告 4 次，邀请报告 12 次。

菁英班人才培养理念被国务院教育督导委员会办公室编印的《教育督导决策参考》专题报道，并受到“中国网”“中国青年报”和“中国教育报”等媒体的报道。

五、华南农业大学基于“三本位”理念协同人才培养模式探索与实践

（一）改革背景及解决问题

1. 改革背景

2000 年，学校由农业部划归到广东省主管，根据广东省社会经济发展的需求，开始大幅度的扩招。到 2006 年，招生规模高达 10 000 名，6 年间在校本科生数量猛增 4 倍，由于教学条件建设滞后，人才培养质量明显滑坡。2006 年开始，学校提出由扩大规模为重点的外延式发展向提高质量内涵式发展转变，以实践教学环节为突破口，深入开展教育教学改革，提高本科教学质量。

21 世纪初以来，广东现代农业迅速发展，催生了温氏集团等一批大型现代化农业龙头企业。针对广东现代农业发展对人才培养要求的变化，2008 年学校制定了农林专业本科多样化人才培养方案，2012 年确立走“政产学研用”协同育人的道路。2010 年教育部开始实施“卓越计划”，学校在农学等专业组建了“丁颖实验班”；2011 年学校将农林本科人才教育教学改革整合为农林人才卓越计划。2013 年教育部、农业部、国家林业局设立“卓越农林人才教育培养计划”改革试点项目。2014 年，学校有 8 个专业入选为第一批卓越农林人才教育培养计划改革试点项目。

2. 解决问题

重点要解决以下四大突出问题。

（1）农林专业学生实践教学环节薄弱，实践能力和创新能力不高。

（2）农林专业生源质量较差，学生“不想学农，学农也不爱农”，学生学习动力不足。

（3）农林人才培养与社会需求契合度不高，毕业生就业对口率较低；人才培养与现代农业发展脱节。

（4）教学资源不足，有生产实践经验的教师更缺。部分教师“教书不育人、重科研轻教学，上得了讲台下不了地”，没有树立以育人为本的教学观念，没有将科学研究与人才培养有机结合，没有将个人发展与学生发展更好融合。尤其是部分年轻教师到生产一线

少，实践经验少，不敢承担野外实习和生产实习教学任务；教学质量监控不力和评价体系不科学。

（二）改革思路及主要做法

1. 改革思路

（1）围绕培养什么人的问题。明确卓越农林人才应具有的品质，这也是改革的目标。据调研分析结果，作为卓越农林人才至少要具备以下五大品质。一是卓越的思想品格。农林行业条件艰苦、待遇低，农林人才必须要有崇高理想、艰苦奋斗精神和“三农”情怀。二是卓越的知识结构。农业是基础性的产业，要求农林人才不仅要有扎实的专业知识，还要懂管理，会经营。三是卓越的创新能力。随着现代农业的发展，农林产业的组织方式、经营模式都在发生巨大变革，要求农林人才要有更强的创新意识和能力。四是卓越的团队精神。农林产业系统复杂、产业链长、具有多功能性，需要多学科和专业协同，要求农林人才具备卓越的团队协作精神。五是卓越的国际视野。与世界农业强国相比，我国农业还有很大差距，迫切需要加快培养具有国际视野和国际水准的农业科研拔尖人才，以推动我国现代农业的发展。

（2）围绕怎样培养人的问题，明确培养卓越农林人才的理念和途径。一要明确以什么理念培养卓越农林人才。经过长期实践与总结形成了“三本位”理念。即坚持“育人本位”，把人才培养作为学校的根本任务，把教学工作作为学校的中心工作，把本科人才培养作为学校最基础、最根本的工作，把提高教学质量和人才培养质量作为立校之本，牢固确立人才培养在学校工作中的中心地位。坚持立德树人、德育为先的原则，落实全员育人和全过程育人，把思想教育与“三农”情怀教育相融合，并务实化，着力培养热爱“三农”，立志献身“三农”的新农人；坚持“社会本位”，以社会需求为导向，适应现代农业发展，把专业建在产业链上，建在需求链上；坚持“学生本位”，以学生为中心，把促进学生全面发展作为核心使命，尊重学生的专业兴趣和职业规划，实施分类培养，解决学生学习动力不足等问题。二要明确以什么方式和途径培养卓越农林人才。作为地方高校，教育教学资源长期紧缺，但是社会却蕴藏着无穷的资源，通过协同地市、产业、企业、科研院所等各方资源“为我所用、合作共赢”，也可解决教育与市场、产业脱节的难题。

（3）以培养目标导向，从卓越的思想品格、知识结构、创新能力、团队精神和国际视野五个方面，改革和优化农林本科人才培养模式和方案，实现卓越农林人才的培养目标。

（4）以“三本位”理念为导向。一是以思想为引领，按照“立德树人、德育优先”的思路，建立起专业教学与思想教育相结合的协同育人机制，将思想教育和“三农”教育务实化，贯穿于农林人才培养全过程，帮助学生树立崇高理想和艰苦奋斗精神，引导学生“学农、爱农、服务三农”。二是以社会需求为导向，按产业链和需求链设置专业，根据现代农业发展对人才需求的新要求，优化人才培养方案，使专业建设与人才培养契合社会需求。三是以学生为主体，实施分类培养，建设智能课堂，通过自主选择专业和类型，构建分类培养的多样化人才培养模式。并通过开展教学信息化建设，搭建智慧课堂，为学生自主学习和个性化发展提供平台支撑，调动学生学习的积极性和主动性。四是以实践教学为突破口，加强对实践教学平台整合、优化和建立共享机制，强化学生创新创业教育和科研能力培养。五是以教师为源头，解决教师“教书不育人、重科研轻教学，上得了讲台下不了地”的问题。六是以多方协同为途径，通过“校政协同”“校企协同”“科教协同”“境内外协同”等途径，有效汇集了优质的教育教学资源，并实现了教学、科研和社会服务的协同发展。七是以质量问题为导向，重点要改进学生评教方式方法、教学督导组织建设、质量信息综合利用不够充分、保障机制不完善等问题。

2. 主要做法

（1）立德树人，将“三农”情怀教育融入教学全过程。

一是开设具有农业大学特色的4A系列通识课程，激发学生的学农兴趣；二是实施学生进村头、进田头、进农民屋头的“三进计划”，引导学生认识和服务“三农”；三是开展“红满堂大讲坛”等活动，邀请著名企业家、专家现身说法，引导学生立志投身乡村振兴。

（2）以实践教学和创新创业教育为抓手，提高学生实践和创新能力。

增加实践教学学分，将农林类专业实践教学的学分比重由原来的10%提高到30%；建立教学平台共享机制，整合、优化实践教学平台，成立公共基础课实验教学中心，74个省部级以上科研平台均向本科生开放。成立创新创业学院，建设“全链条、梯进式”创新创业实践平台。实行“三个一工程”，学生从二年级开始“跟一名教授，进一个实验室，搞一项研究”。

（3）构建学生自主选择、充分发展的人才培养机制。

一是大类招生。学生到二年级时，可据职业规划和学习兴趣，自主选读专业。二是分类培养。以“强基础，重创新”策略，培养拔尖创新型人才；以“宽口径、重实践”策略，培养复合应用型人才。三是设置课程模块。丰富课程体系，提高选课自由度。四是放开转专业。转专业不设门槛，实施学生与学院双向选择。五是建设智慧课堂。将传统课堂的“封闭+被动+僵化+分割”转变为智能课堂的“开放+自主+创新+融合”。

（4）多方协同育人，有效汇集教育教学资源。

一是与研究机构协同。与21所在粤研究机构合作，利用其科研资源，强化学生科研能力培养。二是与政府协同。与珠海、汕头等25个地市共建教学实习和就业基地230处。三是与国外协同。与都柏林大学等32所国际知名大学联合办学，学生在访学中扩展学生国际视野。最受欢迎模式是“3.5+0.5+1”制，即3.5年在本校学习，0.5年在国外学习，1年读国外研究生。

（5）建设师德高尚、实践经验丰富的高素质教师队伍。

政策导向，确立人才培养的中心地位。在职称评审上向教学倾斜，增加教学型教授和副教授职数；实行教学质量一票否决制；每年评选“十佳优秀教师”，并给予重奖。提高教师实践教学能力，规定农林学科新进青年教师先从事科研或到生产一线工作，三年后再承担教学任务。实施“四个一工程”，即“由教授领一个团队，联一个企业，兴一个产业，富一方农民”、教师“三进计划”，即进政府、企业、进农业园区和企业特派员计划，使教师在服务中积累实践经验。

（6）构建产教协同育人机制，校企协同培养卓越农林人才。

建立“五个捆绑”的协同机制，即权利捆绑、责任捆绑、利益捆绑、科研捆绑、人才捆绑；共建研究院，作为培养创新型人才的平台；实施校企“人员互聘”，企业聘请学校100名教师担任科技带头人，学校聘任97名知名企业高管和技术人员任教；实施“六个共同”，即共同设计培养方案、共同使用学术资源、共同承担课程教学、共同使用科研教学平台、共同设立奖教学金、共同实施质量监控；构建“校内课程学习＋企业课程学习＋公司实习实训”的教学模式，采取“理论—实践—理论—再实践”的教学方式。

（7）构建全员、全过程、全方位参与的教学质量保障体系。

2006年起，共制订和修订了63项教学质量管理制度，涵盖了教学建设、教学运行、实践教学和质量监控等方面。实施教育教学质量第三方评价、各学院教学状态评估和专业评估，构建“发现问题—解决问题—提升质量”的闭环式教学质量保障体系。

（三）改革创新点及取得成效

1. 改革创新点

（1）提出了以“三本位”为导向的人才培养理念。

强调立德树人的思想引领，专业建设以社会需求为导向，教育教学以学生为主体。以该理念导向，将“三农”情怀教育融于课程教学，有效地解决“不愿学农、学农也不爱农”的问题；以社会需求为导向，按产业链和需求链设置专业，根据现代农业发展需求，优化人才培养方案，解决人才培养与现代农业发展脱节的问题；以学生为中心，实施分类培养，建设智能课堂，解决学生学习动力不足的问题。基于“三本位”理念，构建了卓越人才培养模式，回答了培养什么人和怎样培养人的问题。

（2）“产教协同、专兼结合”，建设高素质实践教学师资队伍。

打破高校师资培养内部封闭状态，通过“四个一工程”和教师“三进计划”，让教师深入企业，在实践中发现和解决问题，由此提高业务水平。为了保证教师实践锻炼，学校规定新进农科博士到企业实践锻炼三年或先做企业博士后。为了让一部分教师安心长期服务企业，增加推广教授和副教授职数，并通过企业提高薪酬待遇；打破师资引进“从学校到学校”的单一格局，从企业引进高层次人才，作为学校在编教师。加强校企合作，建立共享机制，引进教师可留任企业。此外，聘请企业的高管和技术人员做指导教师或担任创新创业导师。

（3）创建“温氏模式”，成为全国高校产教协同育人的典范。

学校与温氏集团以“五个捆绑”的协同机制，解决了校企资源实质性汇集、整合和共享的难题，实现了“能协同，真协同”。构建“六个共同”的育人机制，形成“理论—实践—理论—再实践”的培养路径、“校内课程学习 + 企业课程学习 + 公司实习实训”的教学模式，强化专业建设与产业发展同步、人才培养与社会需求的对接、课程教学与生产实践紧密结合，不仅提高了学生的实践与创新能力，还提升了学生对产业认知程度，激发了学习内在动力。

2. 取得成效

在学校农学、园艺、植保、林学等 4 个专业试点实践并取得显著效果后，又推广到动物科学、资源环境等其他 4 个学院，最终在全校 20 个专业推广应用，均取得显著效果。

（1）学生综合素质明显增强，创新能力显著提高。

自 2014 年以来，本科生平均绩点达 3.0 以上的学生比例为 80.2%，比 2008 年提高了 11 个百分点。2014—2017 年，学生共获得国家级、省级学科竞赛奖励分别约 800、1 500 项。例如，在 2016 年国际基因遗传工程机器设计竞赛中，获得全球总决赛总季军，名列英国帝国理工大学与悉尼大学之后，创中国高校参赛最好成绩。林学与风景园林学院学生在第六届艾景奖国际园林景观规划设计大赛中获得了唯一的“杰出设计奖”。

农科毕业生升学率从 2010 届的 12.5% 逐年增加至 2017 届的 30.6%，其中被清华大学、北京大学等“双一流大学”和加州大学伯克利分校等全球 QS 排名前 50 高校录取毕业生从 2010 届的 63 名增加至 2017 届的 273 名。学校于 2017 年列入“全国深化创新创业教育改革示范高校”，并入选 2017 年度 50 所全国创新创业典型经验高校。

（2）生源质量逐年提高，就业竞争力明显增强。

2006 年学校在广东最低录取分数低于一本线 33 分。但通过多年的教学改革，教学质量显著提高，得到社会的肯定。2014 年首次实现农科全部一本线上录取，2015 年最低分数线超一本线 3 分，2016 年超 18 分，2017 年再超 29 分。据麦可思公司调查结果，连续 5 年，农林毕业生就业率均高于其他学科，就业专业对口率从 2006 届的 21% 增加至 2017 届的 59.9%，高出全国农科平均水平（47.1%）；毕业生总体创新能力均保持在 80% 以上，自主创业比例为全国“211”院校平均水平的 2 倍左右；94.6% 的用人单位认为毕业生的综合素质好。2014 年被教育部评为“全国毕业生就业典型经验 50 强高校”。

（3）校企协同育人实现了学校和企业的“双赢”。

学校通过创建产教协同的“温氏模式”，有效提高了人才培养与行业发展需求的契合度。同时，每年也从产教协同中，获得上亿元的技术服务回报。温氏集团创新能力和效益也不断提高，产值由 2006 年的 70 亿元飙升到 2017 年 594 亿元。

（4）成果推广产生了较大的社会影响。

项目研究期间，共发表相关论文 57 篇。研究成果先后在《中国高等教育》《人民日报》《光明日报》等刊物发表，被人民网、新华网、凤凰网、搜狐网等 30 余家大型网站转载。项目研究形成的人才培养方案、多媒体课件被全国 20 多家兄弟院校所借鉴。

2016 年 3 月 1 日上午，项目负责人陈晓阳校长在北京教育部的新闻发布会上，介绍了

“四个一工程”“五个捆绑”等校企协同育人的“温氏模式”和教师“三进计划”和学生“三进计划”等在服务“三农”的经验，引起了反响。2015 年 5 月 24 日，学校教授、公司总裁陈瑞爱向中共中央原政治局委员、国家副主席李源潮介绍了校企协同育人和协同创新的成效，他称赞这种机制实现了技术、资本、市场的结合，达到了教授、企业、大学的“三赢”，并做了批示“这个经验值得推广”。

六、西安电子科技大学“深化工程能力”教育教学探索与实践

（一）改革背景及解决问题

1. 改革背景

随着新时代工程教育的发展，现代工程教育理念普遍认同“通识教育为基础，技术、非技术并重，持续发展和学生自主发展为中心”，即关注学生的全面发展和成才，以学生能力获得为核心，不断适应产业和社会的需求发展。作为首批参与专业认证试点的高校之一，西安电子科技大学关注学生的全面发展和成才，以学生能力获得为核心，不断适应产业和社会的需求发展，着力培养学生的国际化视野、解决“复杂工程问题”能力和综合素质的提升，截至目前已有 9 个专业通过专业认证。这为新时代工程教育背景下的人才培养提供了参考。具体包括以下几点内容。

（1）打造工程教育新理念。

突出“国际化”“复合型”和“前沿性”；借鉴国际工程教育先进理念和培养体系，结合新经济、新产业需求，修订培养方案，增设跨学科课程，更新教学内容，打造国际化教师队伍等。

（2）深化产学研协同人才培养模式。

实施“百企拓展”“优企促教”“校企繁荣”等“三大计划”；提出“三基三实”的教学模式，即“基于综合工程设计的实践、基于产学企业项目的实践、基于科研成果转化的实践”；突出综合性实验项目的设计，以“大工程”为牵引促进学生系统工程能力的培养。

（3）构建了贯穿本科教学全过程的“工程实践贯通培养保障体系”。

以学生发展为中心，从工程训练的基础培养，到生产实习的能力提升，再到专业实习的工程强化，创造性地实施“本科生实验实践能力达标测试”与“第二张成绩单”，实现了课内基础对标与课外综合对标的有机结合，完善了评价机制。

2. 解决问题

西安电子科技大学基本建成了国际化和现代化工程人才培养体系，但工程教育能力培养与产业人才需求之间的矛盾仍需持续改进；同时，评价机制是培养体系的终点和起点，

如何突出大学生知识、能力和素质能力培养，综合评价学生的工程实践能力、创新精神、沟通协作能力和可持续发展能力等显得尤为重要。

（二）改革思路及主要做法

1. 改革思路

西安电子科技大学遵循“以生为本、能力为核”的理念，探索工科人才培养质量新理念、新标准、新体系、新模式，以质量持续改进为根本目标，着力培养爱国进取、创新思辨，厚基础、宽口径、精术业、强实践，具有国际视野的行业骨干和引领者。始终以“培养具有国际化视野、多元文化、国际竞争力的学生”为目标，借鉴国际先进工程师培养体系，对标国外高水平工科院校，修正人才培养体系，突出全面工程能力培养。在工作中，进一步细分为培养过程、评价体系、支持条件和持续改进的提升和发展。

（1）在培养过程中，以工程项目为引导，突出“面向复杂工程问题”，打破课程和实验室界限，建立综合实验体系。

（2）在评价体系中，改进学生成绩评定方式，建立以能力考核为主的达标测试系统。

（3）在支持条件中，联合国际化大企业，企业参与人才培养全过程，实现师资、项目和资源的持续支持和更新，建立校企合作共赢机制。

（4）在持续改进中，不断激发国际化人才工作的活力，提高师资国际化水平，建立大学生海外经历拓展体系。

2. 主要做法

学校通过实施“本科教育质量提升计划”“国际化牵引行动”、成立本科生院等重大举措，在全校开展本科教学大讨论活动百余场，探索工科人才培养质量新标准，给予学生充分选择权，激发学生学习兴趣，创建了特色显著的“3.5 层塔构”实验教学示范中心运行模式，突出“多层次、立体式、重内涵、开放性、强联合”等要素。聚焦国际前沿，融通校企优势，延展工程内涵，构建新型实践布局，引导学生积累工程实践经验，显著提高了学生面向解决大型系统复杂工程问题的能力，实现了“三大一强”工程能力培养新模式，具体包括以下几点。

（1）“内部” + “外部”，构建工程能力培养“大平台”。

构建跨学科、跨专业、跨学院、跨地域“大平台”。以实验教学示范中心建设为主线的“内部”平台构建，以校外实践教育基地建设为主线的“外部”平台构建。现有国家级实验教学平台 9 个，全国领先；创建校、省、国家三级大学生校外实践教育基地，总量达 173 个；国际化联合实验室 74 个，学生同顶尖学者互动，接触国外前沿科技，每年 3.4 万人次受益。在提升“内部”平台软实力方面，构建了以基础层、专业基础层、专业层等为主体，分层支撑顶端综合层的“3.5 层塔构”实验教学示范中心运行模式。结构运行突出“多层次”，强调“厚、实、宽、坚、深、专、广、新”；实验过程突出“立体式”，强调“感受—感知—感悟—拓展”；建设“重内涵”，强化课程、教材建设；保持时间、空间、内容、管理上的“开放性”；实现“强联合”，强化与跨国企业、海外名校合作的深度与广度（如图4－16、图4－17所示）。

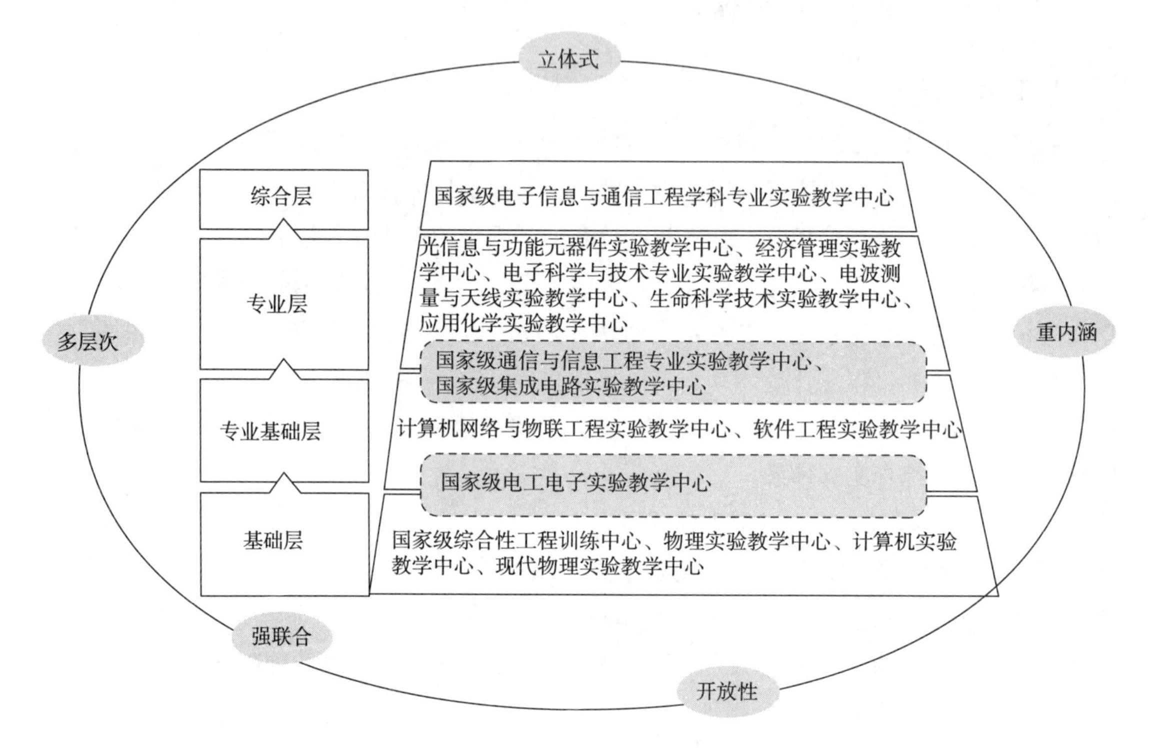

图4－16　西安电子科技大学“3.5层塔构”实验教学示范中心运行模式

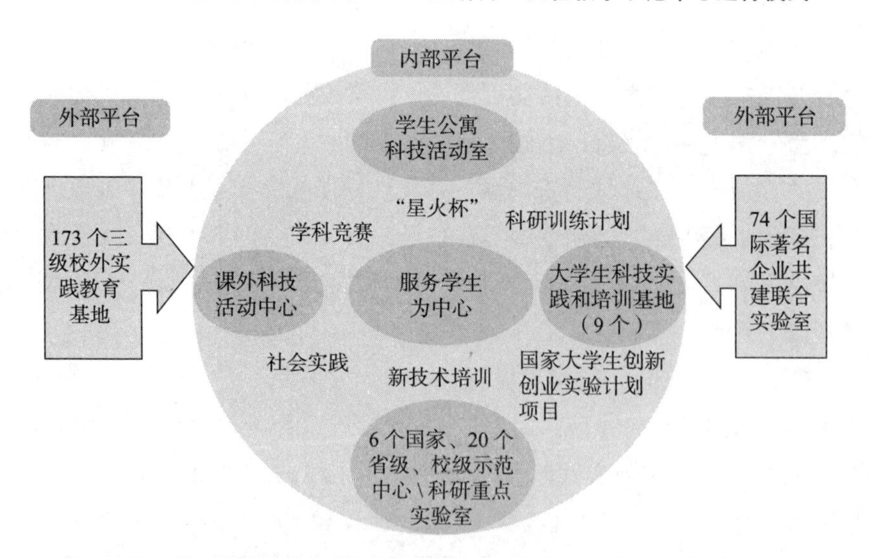

图4－17　西安电子科技大学“内部”＋“外部”工程能力培养服务平台

（2）“课内”＋“课外”，建设工程能力培养“大体系”。

①教育教学课程优化体系。

注入国际先进教学理念，完成69份培养方案、全校300余门公共课程与实验大纲的系统化修订，完成420项实验内容优化；依托中英、中法合作办学项目，引进System Design等课程，实现工业设计、机械结构、通信系统、金融经济等学科知识的交叉融合，有效提升学生沟通协作、经济决策、系统设计等复杂工程问题解决能力。截至目前，已有9个专业高质量通过专业认证。

②工程实践贯通培养对标保障体系。

工程实践贯穿1~4年不断线，激发学生学习潜质与兴趣。创立“本科生实验实践能力达标测试”课内基础对标模块，对学生学习成效进行跟踪与评估。编写专业测试大纲25套，建立测试题库236套，完成2万余人次的测试工作。创立“第二张成绩单”课外综合对标模块。加入国际竞赛、跨国企业创新项目、论文、社会公益等实践创新活动，给予学生除文化课程评价之外的综合能力素质拓展方向的量化评价，如图4－18所示。

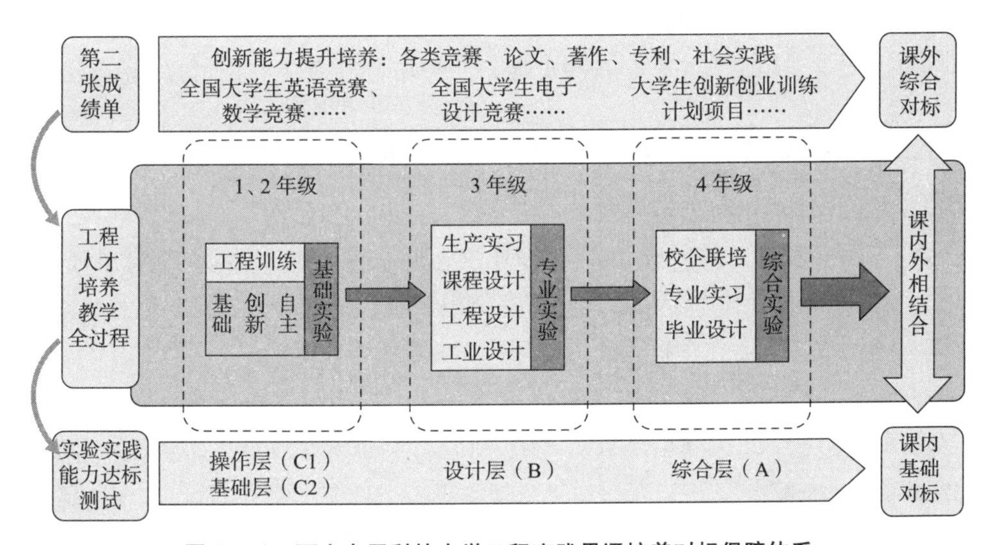

图4－18　西安电子科技大学工程实践贯通培养对标保障体系

③科学研究双创育人体系。

学校引导学生创新、创造、创业，连续31年举办“星火杯”课外科技竞赛，每年有万余名学生参赛，作品达4 000余件。成立创新创业学院，聘请创新创业导师300余位；设立1 000万元的“创新创业校长基金”；实施“弹性学习年限制度”。与IBM、HP、TI、华为等国内外知名企业建立了双创人才培养合作机制，并将创新创业纳入课程体系，设2学分课程。

（3）“教学”＋“科研”，设立工程能力培养“大项目”。

以大项目为牵引，开发应用50种、千余套“从模块化结构到综合性系统”实验。“科教协同”，引入智能感知、无线通信网络等“系统级”科研项目，提倡科研反哺教学，转化形成82项高水平实验。

“校企协同”，融合“三大计划”（“百企拓展”“优企促教”“校企繁荣”）。与美国TI

公司实施“校企联合拔尖创新基金项目”200 项，每年立项各类学生项目 3 500 余个。

（4）“激励” + “氛围”，强化工程能力培养“强师资”。

实施“三引三学”工程（“引智、引人、引课” “教师访学、学生游学、合作办学”）。2016 年海外专家近 500 人参与学生培养；赴海外交流、引课教师约 1 469 人次；每年 400 余名学生游学访学。

聘请“企业导师”110 余名，青年教师企业挂职锻炼；制定《新开发实验与新研制实验设备鉴定》制度，每年 130 余项，70% 以上的项目转化成本科生实验项目；首创校、省两级“中青年教师实验技能竞赛平台”；出台教师奖励办法，已有 6 位老师由讲师直接晋升为副教授。

（三）改革创新点及取得成效

1. 改革创新点

（1）提出“三大一强”（大平台、大体系、大项目、强师资）工程能力培养建设新模式。

（2）提出“多层次、立体式、重内涵、开放性、强联合”等要素，创建“3.5 层塔构”实验教学示范中心运行创新模式。结构运行上突出“多层次”，基础层强调“厚”与“实”；专业基础层强调“宽”与“坚”；专业层强调“深”与“专”；综合层强调“广”与“新”，紧跟国际化现代电子信息新技术，突出系统级、综合性概念。将实践教学贯穿 1 ~4 年不断线，发挥中心在学校人才培养环节中的重要作用。

（3）提出并构建了“教育教学课程优化体系、工程实践贯通培养对标保障体系、科学研究双创育人体系”三大支撑体系，贯穿学生的本科教学全过程。创立并实施了“本科生实验实践能力达标测试”课内基础对标模块。提出“以学生培养为核心，以成效检验为手段，以实验课程优化为重心，以提升学生工程实践创新能力为目标”。对应本科 1 ~4 学年，达标测试分为操作层（C1）、基础层（C2）、设计层（B）、综合层（A）等 4 个层次。对学生学习成效进行跟踪与评估，通过形成性评价，形成促进学生工程实践创新能力和实践水平提升的有效机制。创建并实施了大学生“能力素质拓展模块”，即“第二张成绩单”，采用引导激励的方式，量化评价效果，为学生搭建自主选择、广泛实践的平台，引入“创新能力提升”学生自选单元，采取“基点”评价模式，为学生能力素质提升的激励设置“金质奖、银质奖、优秀奖”。同时，对应建立课内基础对标与课外综合对标，将课内、课外有机结合，完善运行管理机制，创建“工程实践贯通培养对标保障体系”，有效促进教学方法课程内容改革和实践平台建设，进一步促进了大学生工程实践创新能力的提升，在学校人才培养环节中发挥了重要作用。

（4）提出并实施“百企拓展”“优企促教”“校企繁荣”校企融合“三大计划”战略，构建了产学研合作人才培养新模式，“百企拓展”保证了平台数量与学生受益面逐年上升；“优企促教”推动了量变到质变，丰富了合作内涵；“校企繁荣”实现了校企联合培养，共建“成长手册”，强化质量评价，达到校企双赢，助推工程人才培养显成效。

2. 主要成效

（1）体系先进，学生评价高。

搭建了“以学生为中心”，贯穿学生本科4年教学全过程的“工程实践贯通培养对标保障体系”，建立课内基础对标与课外综合对标相结合，有效促进教学方法课程内容改革和实践平台建设。服务全校2万余名学生，学生对实验内容、教学方法给予高度评价。

（2）创新活动丰富，师生受益面广。

每年学校有3.4万余人次的学生开展能力达标测试、毕业设计、大学生创新创业项目、课外科技活动、国内外学科竞赛以及科研项目等各类活动。师生受益面广，近5年，学生科技竞赛共获省级以上奖励3 400余项，其中国际奖300余项、国家级奖400余项，包括：3次捧得全国嵌入式专题赛最高奖“Intel杯”，全国唯一；多次获美国大学生数学建模竞赛最高奖“特等奖”（2014年全球19个）；首次捧得全国大学生电子设计竞赛最高奖“瑞萨杯”，全国冠军；在2015年首届“互联网+”创新创业大赛中获季军，夺得2金（全省唯一），至今获金奖牌数居全国第五；2017年获微软“创新杯”中国区总决赛冠军。大学生创新创业训练项目成果申请专利41项，发表论文49篇，在历年全国大学生创新创业年会中屡次获得“全国最佳创意项目奖”“十佳优秀论文奖”“十佳项目奖”等。康晓洋同学编写出版《微装配与MEMS仿真导论》一书。

2015年4月，创立“首届陕西高校中青年教师电子类实验技能竞赛”，共有48所高校360余位教师参赛。此举为全国首例，并起到广泛辐射作用。在已举办的两届陕西省中青年教师实验技能竞赛中，学校获奖排名均位列全省第一。

（3）示范辐射作用显著，吸引媒体关注。

近些年，国内外110余所高校来访，举办研讨会55次，全省约有70余所高校的万余人次参加。2016年，外国专家面向本科生学术报告100余场，受益学生逾1万人次；国际化双语课程40余门；数字化新形态教材促进了在线开放教学。被誉为“全球第一本”的《SoC FPGA嵌入式设计和开发教程》和《数字电路与EDA实验》被Intel公司大学推广到全国100多所高校。新实验设备开发每年130余项，部分被长安大学、空军工程大学、210所等20多家单位采用；发表教改论文360余篇，出版实验教材30余本，共建课程13门；建校企联合实验室74个；科研成果转化82项。

2019年，学校在第五届中国“互联网+”大学生创新创业大赛上获得2金、4银、1铜，首次获得大赛国际赛道金奖，学校在前五届大赛中共获11个金奖，金奖总数并列全国高校第五，西北地区高校第一。近年来，学校培育了大学生创业团队200余个，成功孵化70余支学生创业团队，学生创业公司累计获得风险投资超过3亿元，并涌现出许多创业典型。2017年，学校入选教育部首批“全国深化创新创业教育改革示范高校”；同年入选国家“第二批大众创业、万众创新示范基地”，是电子信息领域唯一入选高校，同时也是西北地区唯一入选高校。2019年，学校国家双创示范基地典型经验“传承红色基因，打造高校双创育人升级版”入选国家发改委和国家信息中心联合发布的《全国双创示范基地创新创业百佳案例》，形成了良好的示范辐射作用。

2017 年，作为全国 5 所高校典型代表受邀参加教育部产学合作协同育人项目总结会，分享产学合作经验。成果从不同角度被人民网、新华社、人民日报、中国教育报等 30 多家媒体近 100 次报道，在全国产生了重要且广泛的推广示范效果。如，《人民日报》刊发了《将课外实践成果转化为分数并计入总成绩——大学生有了第二张成绩单》；新华网发表了《西安电子科大："第二张成绩单"助力大学生创新创业》；《中国教育报》刊发了《当我们成为创新实践的主角》；《中国青年报》刊发了《西电搭建实践"金字塔"》等。

七、桂林理工大学新工科建设路径的探索与实践

（一）改革背景及解决问题

1. 改革背景

新工科建设是我国高等教育改革过程中的一次重要行动，是一项系统工程。"复旦共识""北京指南""天大行动"先后出台，对新工科建设的内涵、建设目标、理念、行动路线等做了清楚表述。高校需要立足自身基础，从教育理念、学科专业结构、人才培养模式、教育质量、教育体系等多方面、多维度进行思考、实践、改革与创新。根据"复旦共识"对不同类型高校在新工科建设中的作用划分，地方性高校要主动对接区域经济发展和产业转型升级对人才的需求，做好"新型"工科专业建设，即对现有专业进行改造升级。

桂林理工大学是一所中央与地方共建、以广西壮族自治区管理为主的地方性高校。学校源于 1956 年原国家重工业部在广西组建的桂林地质学校，经过多年建设与发展，已形成以工学为主，理、管、文、经、法、艺多学科协调发展的学科专业体系。桂林理工大学在新工科建设过程中，本着务实的态度、扎实的作风，以问题为导向，在关键环节和重点领域选择适合自己的路径，持续开展教学建设与改革。

2. 解决问题

许多专家学者分析了新经济发展对人才素质结构的要求，由此形成新工科人才培养目标，总体上说，在以下几方面形成共识：所培养的学生应具备家国情怀、全球视野、法治意识和生态意识、批判性思维、解决复杂工程问题的能力、信息素养与数字化能力、创新创造意识与能力、沟通与交流能力、自主学习和终身学习的意识与能力等，这些要求集中体现在对交叉复合型人才的需求上。根据上述人才培养要求，地方工科高校在人才培养中存在以下几方面的突出问题。

（1）人才培养学科思维严重，专业划分过细。

人才培养受制于"学科中心"思维，专业划分过细，相近学科、文理工之间缺乏有效

的渗透交融，学科、专业、平台、师资等培养要素缺乏综合统筹，一方面导致学生知识面狭窄，解决复杂工程问题的能力较弱，综合素质和能力有待提高；另一方面导致各教学单位各自为政，师资、实验教学设备、实践教学基地等难以共享。

（2）双师型教师比例低，工程教育能力弱。

加强学生工程实践能力、创新创造能力培养是新工科建设的基本任务，例如广西各高校教师大多数（占被调查人数的79.2%）认同其实现的有效途径是“增强教师的工程教育能力”，但同时对教师工程教育能力评价不高，认为能力一般和较弱的占76.4%。教师缺乏生产一线工作经验，导致教学中重理论、轻实践，教学脱离生产实际。

（3）校企协同机制不健全，企业参与人才培养方式单一。

新工科建设强调对接产业需求，加强校企合作，协同育人。例如，2018年5月对广西26所高校教师进行的工程教育现状调查，目前各高校校企协同育人工作成效比较显著的是企业接收学生参与实践教学和校企共建实习实训基地（比例在90%以上），企业参与人才培养方案制定的比例远低于上述两种合作形式（约占55.6%），而企业人员在高校任教、校企合作开发课程、编写教材、设立产业化学院等方面合作的比例极低（均不超过16%）。总体来看，校企“合作”还停留在初浅层面。此外，虽然校外实践教育基地在数量上基本能满足教学需要，但基地在培养学生实践创新能力中的作用不明显（约55.6%的被调查者认为作用一般或不突出）。

（4）产出导向质量保障机制未能建立。

从人才培养目标、毕业要求反推人才培养过程，以产出为导向的质量保障机制未真正建立，一些已通过工程教育认证的专业，在这方面也还存在改进空间。表现在课程设置不尽合理，学科交叉融合体现不够，课程标准执行不到位，教学内容、方法、课程考核等教学过程的实施与课程标准有差距，在教学条件有限的情况下，资源整合利用不够。

（二）改革思路及主要做法

1. 改革思路

作为地方工科优势高校，在“新型”工科和“新兴”工科之中，学校重在“新型”工科建设，通过发挥自身优势，凝练办学特色，深化产教融合、校企合作、协同育人、增强学生就业创业能力，培养大批具有较强行业背景知识、工程实践能力、胜任行业发展需求的复合型应用人才。

2. 主要做法

（1）推动学科专业一体化建设，完善校内协同机制。

针对专业划分过细、学科专业壁垒明显的问题，学校开展学科专业一体化建设。从国家、区域、学校三个层面分级开展17个一级学科建设，学科内集结相关专业群，建立学科专业负责人一体化建设机制，全盘考虑学科、专业建设，由学校学科办统筹学科、专业建设资金，集中建设和配置资源，建立交叉学科教师双聘机制。在实践层面，立项开展“基于学部制的跨学科专业群建设”，打破院系壁垒，组建跨学科教学科研团队；以学科建设和学术发展为核心搭建创新平台，按课题组、研究中心等组织科研，促进学科交叉研究和科研成果向教学的转化；组建跨学科、跨专业的学生创新团队和教师指导团队，开展大学生创新创业训练。

（2）推动复合型人才培养模式改革。

修订学籍管理办法，鼓励学生修读第二专业课程。在专业人才培养方案中设置辅修专业、第二专业培养方案，降低辅修专业和第二专业修读条件，培养“计算机 +”“外语 +”“管理 +”“营销 +”等学科交叉的复合型人才，加大宣传力度，吸引学生跨学科跨专业学习。近年来，学生修读第二专业的人数逐年上升，目前在校生中修读第二专业的学生数达 561 名，约占全日制本科生人数的 2.76%。试行跨学科专业联合培养机制。2018 年，宝石及材料工艺学专业（工学）与产品设计（艺术学）专业联合招生，设立“珠宝首饰工艺与设计”实验班，制定专门的人才培养方案，培养知晓珠宝材料基础知识、了解珠宝文化的珠宝首饰加工设计人员。充分发挥两个学科教师的专长，共享两个学科专业教学平台，在管理机制上，前两年由地球科学学院承担主管责任，后两年由艺术学院主管。

（3）探索多种模式的协同育人机制。

一是加大资源共享型协同育人平台建设。一方面，学校加大投入，重点建设一批专业建设急需、服务面广的校内外实践教学基地、实验教学中心，加强以地质博物馆为代表的一体化实践平台建设。例如，学校投入 400 多万建成的灌阳地质填图实习基地，共有 8 套住房，可容纳 130 多名学生和 9 位教师入住，除能满足校内多个专业地质学生实习和地质实习教学需要外，还先后接待了广东海洋大学、广西师范大学、南华大学、湖南科技大学等 6 所高校的 800 多名师生，无偿使用。另一方面，争取企业资金、设备，建立“校中厂”和联合实验室。例如，化学与生物工程学院与广东猛狮电源科技股份有限公司在校内共建“电源装配车间”实习实训基地，企业投入 80 万元提供成套电源装配生产线，创设了真实的生产情景，使专业根据生产、服务的真实技术和流程改革实践教学体系，为学生“做中学”，培养复杂问题解决能力创设了良好条件。

二是以项目为纽带，深化产研学协同机制。学校加强科研团队培育，增强联合公关能力，紧密围绕国家“一带一路”倡议、广西创新驱动发展 9 张名片、桂林国际旅游胜地建设，创新科技管理体制，以重点实验室，工程中心等为平台，与企业、校、所共建研发机构，开展科研项目合作并将科研成果转化为教学资源。例如环境科学与工程学院和中科院生态环境研究中心、中科院地理科学与资源研究所、广西环境保护科学研究院等联合开展了多项科研项目，教师将 80% 以上的科研成果转化为教学内容和创新实验内容。

三是试点知名企业冠名二级学院（或专业、实验室）共建育人项目。立项建设了博世科环境学院、台达班、周大福珠宝学院、信盈达实验室、燕京漓江营销学堂等 8 个试点项目。通过共建，构建资源共享、学科专业共建、人才互通等校企协同发展的长效机制，实现共同管理和监督人才培养、师资建设、联合课程开发、科研合作、培训认证、就业推广等校企合作内容，在良性互动中进一步提高学院服务社会水平。

（4）以课程建设改革为重心建设新工科。

课程建设是新工科建设的重要内容。对于新工科的课程建设，宏观层面是课程体系的构建与优化，微观层面是每门课程“单体”的建设。

①课程体系建设。

课程体系建设要解决设置什么课、如何设置的问题，要处理好通识课与专业课、专业基础课与专业核心课、理论课程与实践课程、第二课堂与第一课堂等不同课程的关系，通过优化整合提高学生学习效果。桂林理工大学主要在以下几方面开展了探索实践。

第一，优化通识教育课程体系。进一步丰富通识教育课程资源，引进智慧树、超星尔雅、八桂学堂等慕课平台通识教育课程，加强学生人文素质、环境保护、社会、伦理、政策法规等方面教育；加强制度设计，改变学生通识课程知识结构，要求在10个通识课学分中，理工类专业学生在人文社会模块中至少选修4个学分，文、管、艺专业学生在自然科学模块中至少选修4个学分。

第二，加强公共基础课对专业教学的支撑。改变高等数学、大学物理、大学英语等课程自成体系，与专业教学需要脱节的情况，设置模块化教学内容，给各专业和学生依需选择的权利。全校总共开出6门有共性又有差异性的高等数学；大学英语课在前两个学期开设公共英语的基础上，后两个学期开设“工程英语”“科技英语阅读与写作”“英语应用文写作”等针对性更强的课程，使得公共基础课能更好地服务于专业教学和学生发展需要。

第三，加强创新创业课程体系建设。构建以专业课为核心、应用研究型课程（教师将自己的科研课题、项目或设计转化为教学资源，开设应用研究型课程，采取小班化教学方式，培养学生的科研志趣和科研能力）为特色的创新创业教育课程体系，有效地促进了科教融合、学生创新意识、创新实践能力培养。

第四，对接学科和产业发展需求，在专业课设置学科前沿课、跨学科课程。例如，工程管理专业开设“建设工程信息化导论”、旅游管理专业开设“数据挖掘与旅游大数据分析”，提高学生的信息素养和数字化能力。

第五，开展第二课堂课程体系化建设。作为广西唯一一所共青团中央第二课堂成绩单制度试点高校，构建了包含“思想政治、创新创业、实践实习、志愿公益、文艺体育、社会工作、技能培训、其他”的8个模块第二课堂特色课程体系，发布实施《“第二课堂成绩单制度”实施管理办法》，将学生在校期间获得至少6个第二课堂学分方能毕业作为制度明确下来，促进学生创新实践能力发展。

②加强课程建设与课程教学改革。

学校以课程建设为重心，立项建设教学方法与考核方式改革课程、网络课程、创新创业教育改革示范课、在线开放课程、课程思政示范课、教学综合改革课程、暑期国际课程等近500门次，指向教学内容更新，推广使用问题导向、研究性教学方法、混合式教学模式运用，增强课程的育人功能，提升学业挑战度，吸引大批一线教师参与，涌现出一批优秀授课教师和极富特色的课程。通过开设公开研讨课、开展跨单位同行听课等活动，发挥课程建设的示范作用，收到良好效果。

（5）以师资队伍建设为保障建设新工科。

针对师资队伍存在教育教学理论与技能储备不足、工程实践经验缺乏、工程教育能力不足的短板，学校多措并举，把师资队伍教学水平提升作为人才培养的重要保障。一是加强国有企事业单位、科研院所工作经验的人员引进。二是改革人事考核评聘制度，将教师参与企业挂职锻炼作为职称评聘的重要条件。三是鼓励各专业聘请企业兼职教师参与教学、教研活动，并出台外聘兼职教师管理制度，加强管理。四是构建“5+5+5”教师教学培训体系，实施分层分类教师培训。通过名师讲坛、教学沙龙、教师工作坊、公开示范课、新老教师传帮带五种形式对新进教师、青年教师、创新创业导师、实验教师、重点督导教师持续开展包含师德师风、教育教学理念、教学基本能力、教育教学方法、创新创业教育五个方面的系列培训，加强教师教学能力建设。五是以项目参与促教师发展。校院两级设立各类课程建设项目、科研项目、学生创新实践项目，组织专业教师积极参与，使教师在项目建设中学习、思考与实践，提高教学、科研和育人能力。

（6）完善质量保障机制建设新工科。

加强质量标准体系建设。先后制定并完善人才培养质量标准、专业教学质量标准、课程标准、教材选用标准、命题质量标准、毕业设计质量标准，并作为专业建设和评估的依据。以工程教育“产出导向”理念为指导，构建人才培养标准实现矩阵，明确人才培养目标、毕业要求、课程之间的支撑关系，加强课程标准执行情况的检查、评估。修订《课堂教学质量评价表》，分别制定了理论课、实验课、体育课、艺术类、实践环节等不同类型课程的评估指标，实现课程的分类评价；出台《桂林理工大学课堂教学质量评估方案》，评估结果与教学单位教学工作年度考核挂钩，开展包括督导、同行、学生多方参与的课堂教学评估，督导、同行、领导评教总计覆盖率（门次数）达50%以上，学生评教覆盖率（门次数）达95%以上。引入麦可思教学质量管理系统，鼓励教师在课堂中发起即时性评价，将评价的主动权还给教师，实行过程性与结果性并重的评价模式。

（三）改革创新点及取得成效

1. 改革创新点

（1）大力推进复合型人才培养模式改革。

通过开展跨学院、跨学科人才培养机制体制建设，开展“基于学部制的跨学科专业群建设”，组建跨学科教学团队；完善第二专业和辅修专业人才培养方案，试行跨学科专业联合培养机制，形成了多学科、多专业交叉融合的课程体系和培养新机制，培养一批“计

算机 +”“外语 +”“管理 +”“营销 +”等学科交叉的复合型人才。

（2）构建多元化的协同育人机制。

结合学校和不同社会主体的需求，一方面，建设一批专业建设急需、服务面广的校内外实践教学基地、实验教学中心，加强以地质博物馆为代表的一体化实践平台建设。另一方面，积极利用企业资金、设备，建立“校中厂”和联合实验室，构建知名企业冠名二级学院（或专业、实验室）共建育人的运行管理体系、协同方式和经费保障机制，实现教育与产业的有机结合。

（3）构建面向新工科的理论与实践融合的课程体系。

以产业需求为导向，构建模块化的学科交叉课程体系，以专业课为核心、应用研究型课程为特色的创新创业教育课程体系；同时，不断优化通识教育课程和公共基础课程提升对专业教学的支撑，构建包含“思想政治、创新创业、实践实习、志愿公益、文艺体育、社会工作、技能培训、其他”的 8 个模块第二课堂特色课程体系，实现理论与实践课程教学、校内与校外教学的深度融合。

2. 取得成效

（1）新工科建设专业升级改造取得实效。

通过系统持续开展新工科建设专业升级改造，各专业内涵建设取得成效，其中应用化学、无机非金属材料工程、土木工程、给排水科学与工程、化学工程与工艺、资源勘查工程、环境工程、旅游管理 8 个专业入选国家级一流本科专业建设点，高分子材料与工程、测绘工程等 11 个专业入选自治区一流本科专业建设点。同时截至 2019 年年底，全校环境工程、给排水科学与工程、土木工程、资源勘查工程、勘查技术与工程、无机非金属材料工程、测绘工程、化学工程与工艺、城乡规划 9 个专业通过工程教育专业认证（评估），11 个专业在全国同类专业排名居前 20%，7 个专业居前 10%（数据来源：2018 年中国科教评价网《大学本科教育分专业排行榜》）。

（2）“开放协同”实践平台建设成果丰硕。

学校先后与地方政府、企业展开深度合作，联合建立了校外实习实践基地 478 个，每年投入 2 000 万元作为实验室常规投入，用于优先保证基础课、技术基础课相关的实验室和教学公共设施的建设，共建成了综合性实验室、工程训练中心 473 个，各级各类实验教学中心 22 个。依托实验教学中心建设，学校地质博物馆新馆已成为全国中小学生研学实践教育基地、广西壮族自治区科普教育基地、桂林市青少年科普教育活动中心、桂林理工大学第二课堂教育教学体验中心。

（3）大学生创新创业成效斐然。

学生参与课外实践创新活动的比例达到 80%，创新实践能力不断增强。近五年本科生获“互联网 +”大赛全国铜奖 5 项、自治区级奖项 176 项，“挑战杯”竞赛全国一等奖 1 项、二等奖 1 项、三等奖 12 项、累进创新奖银奖 1 项、区级奖项 65 项，“创青春”大赛全国银奖 1 项、铜奖 8 项、区级奖项 56 项；“大创”项目立项 2 500 余项，3 件作品入选全国大学生创新创业年会；在其他各类科技创新赛事中，学生获省部级以上奖项700多项，获奖级别和数量位居区内高校前列。涌现出了“全国大学生创业英雄十强”、广西“大学生创业明星”等一批优秀的“创客”团队、创新标兵。光明日报、中国教育报、广西日报等媒体多次报道学校创新创业教育教学所取得的成果，相关教学成果获广西区高等教育教学成果一等奖和高等教育创新创业教育教学成果一等奖。

八、陕西科技大学“教师发展工作”的探索与实践

（一）改革背景及解决问题

1. 改革背景

陕西科技大学是中华人民共和国成立后的第一所轻工高等学校，是我国西部地区唯一以轻化工为特色的多科性大学，是陕西省重点建设的高水平大学，是国家100所“中西部高校基础能力建设工程”高校之一。2007年，学校通过本科教学工作水平评估后，针对专家组希望学校加快师资队伍建设步伐的建议，结合学校《“十一五”事业发展规划及远景目标》整体思路和工作重点，按照“大力引进、重点培养、全面提高”的工作方针，全面提升师资队伍的建设水平。

2011年，教育部、财政部《关于“十二五”期间实施高等学校本科教学质量与教学改革工程的意见》，提出“引导高等学校建立适合本校特征的教师发展中心”。2012年，国务院《关于加强教师队伍建设的意见》强调“完善教师培养培训体系”和“推动高等学校设立教师发展中心”。学校自2012年7月经校党委研究部署，启动教师发展中心筹备工作，将中心建设计划纳入学校整体规划，并相继展开了各项工作。每年划拨专项资金用于中心基础设施建设及各项工作开展，实现场地落实、人员落实、经费落实，实现实体化运行，现有场地和配置满足中心日常工作的运行。

根据陕西省教育厅《关于加强省属高等院校教师发展中心建设的指导意见》（陕教师〔2013〕29号）文件中提出“全覆盖、实体化教师发展中心建设”的要求，陕西科技大学教师发展中心挂靠人事处，由主管人事工作的副校长担任主任，人事处处长和教务处处长担任副主任，常务副主任1名，专职工作人员3名。

2. 解决问题

（1）解决了师资队伍建设与培养中抓手问题。

陕西科技大学将教师发展中心视为学校整体发展和教师个人发展需求的战略结合点，作为加强教师队伍建设的战略抓手，使其成为满足学校特色化人才培养和教师个性化专业发展的重要平台；以中青年教师和基础课教师业务水平和教学能力提高为重点，切实提高全校教师教学能力和水平，建设高素质教师队伍；进一步完善教师教学发展机制，推进教

师培训、教学咨询、教学改革、研究交流等工作的常态化、制度化、组织化；使教师发展中心成为教师交流互助的平台、沟通联系的桥梁，形成学校、学院、教师三级联动、布局合理、机制健全、特色鲜明的教师发展运行机制。

（2）解决了教师发展理念问题。

陕西科技大学教师发展中心改变了教师发展即参加培训的理念，系统科学地开发教师发展项目，按教师发展的不同阶段给予不同的支持。开设大学战略、教育理念、教学基础知识、教师管理与发展政策、教育技术应用、师德修养等培训项目，帮助新教师迅速适应校园环境并开展教学和学术研究；对于中青年骨干教师，以教学、科研和社会服务能力提升为重点，通过项目提升教师的课程开发、课题申报和科学研究能力、主动服务经济和社会发展能力。实现师资培训从基础性培训和学历补偿教育逐步转变为着眼于知识更新、提高专业水平和创新能力的进修培训。以提升教师的教学和科研能力为重点，加强教师创新能力培养，建立方式灵活、内容丰富的全员师资培训计划。

（二）改革思路及主要做法

1. 改革思路

陕西科技大学教师发展中心承担着整合教师发展资源、服务教师发展的重任，始终坚持立足学校实际，针对学校教师特点，打造工作特色，构建适合以轻化工为特色、多科性大学的教师发展中心运行机制。

（1）坚持师德为先，加强思想建设。

教育的根本任务是立德树人，要育有德之人，必须先有有德之师。陕西科技大学的教师发展工作将师德师风建设摆在重要位置，作为培训的重要内容，融入日常工作，营造良好氛围，建立长效机制。

（2）开展业务培训，提高综合素质。

教师培养分层次、有重点：严格把关，做好新进教师教学基本功训练；通过多种培训方式，推动我校中青年教师的科研优势向教学实践转化；重视研究型、互动型教学，促进优秀教师向卓越教师的发展。

（3）提供教学咨询，致力专业发展。

通过课堂观摩、微格教学、教学调查、单独辅导等方式为教师提供教学咨询服务。为教师提升教学能力、搭建沟通交流平台及提供个性化的帮助，提供教学促进、教师发展、有效学习等咨询服务，满足教师发展的个性化需要。

（4）深化教学改革，弘扬教学文化。

教学研究方面，坚持教学学术理念，以扶持教学研究成果为己任，积极引领并支持教师立足学校教学改革实践，形成对提高教学质量和教学管理有具体指导意义的行动研究。

（5）提升学术水平，培育科研能力。

鼓励青年教师参加国内外高水平学术会议，开展学术交流和进修，选拔教学科研能力突出的优秀教师到国内外知名高校访学或进修。

2. 主要做法

（1）夯实师德建设工作。

加强教师的思想建设，把师德培养放在首位。依据陕西省《关于贯彻落实教育部关于建立健全高校师德建设长效机制的意见的通知》和《陕西科技大学关于建立健全师德建设长效机制的实施办法》，定期开展师德师风教育活动，邀请全国师德先进个人来校作师德专题报告，激励教师树立正确的价值观，培养教书育人、为人师表、敬业爱生的思想观念。中心还将师德建设工作与培训教育工作紧密结合。如在新进教师入职培训中，把高等学校教师职业道德修养、高等教育法规等列为培训必修课程，加强师德教育和法制教育；在新进专任教师师德师风教育暨入职培训结业仪式中，新增佩戴校徽和入职宣誓环节，引导广大教师坚定职业理想，增强责任感和荣誉感。在骨干教师高级研修班培训方案中，专门开设“做国家和人民满意的人民教师——教师师德和素养与教学方法和艺术”等课程。

（2）开展名师论坛活动。

邀请省内外的教学专家开展名师论坛活动，推动教育教学改革，推广教学创新成果。近五年，先后邀请省内外知名专家学者近 30 人来校作报告，累计参加教师人数超过 5 000 人次，促进教师更新教育教学理念。鼓励教师积极开展教学研究与改革，及时总结、凝练教学改革的成果和经验。邀请国家级教学名师来校作国家级教学成果奖申报经验交流报告，推动学校的教育教学改革，为总结凝练具有本校特色的教学成果提供思路与方向。

（3）加强企业工程实践。

青年教师需要具备较强的工程意识和实践能力，才能够带领和指导学生完成一定的实践教学环节，提高人才培养的质量。青年教师利用假期时间到企业实习，掌握产业发展新动向、新方法、新技术，站在应用学科研究的前沿，从而使个人知识体系得到进一步丰富和更新，有效促进了青年教师教学实践能力和科研创新能力的提升，为开展教学科研提供了宝贵经验。学校将暑期工程实践纳入教师考核和职称评审机制，从行政角度对教师参加活动做出约束。2015 年起，教师发展中心多方听取意见建议，换位思考，从选拔机制、政策保障、经费支持等方面采取一系列措施，将教师被动参加变为积极主动要求去企业实践，吸引和鼓励了更多的青年教师投身其中。自开展暑期工程实践以来，共有 450 余位教师参加。

（4）注重新进教师培训。

青年教师学历层次较高、工作有热情，但缺乏教学经验。在帮助新入职教师尽快适应学校的教育教学工作上，入职培训尤为重要。依据《陕西科技大学新进教师培训方案》，自 2015 年起，每年在校内开展一次新进教师入职培训活动。新进教师培训分为校情认知、师德为先、教学实务、科学研究、综合素质、凝练团队六个主题，从实施素质教育的目标出发，更新教育理念，加强对教育新理论、新知识的学习，引导青年教师做好角色转换，在教学准备、课堂教学基本功、教学反思等方面重点指导。校领导及学科办、研究生院等相关部门负责人也通过报告、座谈等形式为青年教师的职业生涯规划及相关问题答疑解惑，有力推进全校师资队伍建设工作。

（5）坚持外出集中培训。

组织教师外出集中培训，是学校为全面推动教师在职进修的常态化机制，是建设有特色、高水平大学的重要举措。“十三五”期间，学校加大了人才引进力度，教师层次与数量均有质的突破。自2015年年底大力推进人才引进工作以来，人才引进总数超过400人。切实加快高质量师资队伍培养步伐是贯彻落实“人才强校”发展战略的重要抓手。单纯依赖外送培训已不能适应师资队伍建设规划对教师培养的要求，必须更新人才培养理念、创新人才培养模式，开展更加高效务实、受众面广的培训活动。为进一步提升学校教师教育教学和科学研究水平，促进青年教师快速成长，建设一支师德高尚、业务精湛、具有开拓创新精神的骨干教师队伍，中心选拔教学科研突出的中青年教师赴清华大学、厦门大学、西交利物浦大学等知名高校研修，了解把握国内外高等教育的改革和发展趋势，掌握最新教育理念、教学模式和教学方法。培训取得非常好的效果，达到拓展育人视野、促进教学质量提升、推进学科与教师发展的目标。在培训教师的遴选上，中心不断扩大遴选范围，不仅有学校青年拔尖人才、高水平博士，也有“双带头人”教师党支部书记；有新进教师，也有教龄超过20年的老教师。自2014年至今，已开展9期集中培训，近600名教师受益。

（6）打造学术沙龙活动。

围绕提升教师学术研究能力，定期组织沙龙研讨。每次由10～15名专业或者学术领域相近的青年教师集体研讨，选择教学专题或在研学术课题进行交流，研讨教学问题，交流分享学术经验，把传统的集中培训转变为日常研讨，激发教师自觉参与的积极性。为青年教师搭建专业发展、思想交流、科研探讨的平台，如邀请已获批国家自然科学基金青年基金项目的教师代表参加沙龙活动，分享申报经验。通过面对面的沟通及探讨，青年教师接触到更多新的思想和方法，拓展项目申报思路，促进学科交叉与学术交流，改变了青年教师封闭式的科学研究状态，在一定意义上也促进了科研团队的搭建。

（7）引导教学研讨活动。

随着大数据时代的到来，互联网、多媒体、移动终端等行业的技术变革深刻地影响了从教室到校园的学习环境，应运而生的微课、MOOC、翻转课堂等引发了新一轮高等教育的革命。教师发展中心在这场变革中积极引导高校教师运用新的教学技术和课堂授课模式，加强教学信息技术的研究和推广，邀请校内外专家，积极引导教师运用新的教学技术和课堂授课模式，加强教学信息技术的研究和推广，定期组织视频编辑、PPT制作等方面的教学工作坊活动。

为进一步落实教育部一流课程“双万计划”，推进学校一流本科教育振兴计划，打造一批具有高阶性、创新性和挑战度的金课，中心举办了“金课行动”系列活动，包括：在线开放课程的建设与应用专题报告会、线上线下混合式教学研讨培训班、线上线下混合式教学经验分享沙龙和信息技术与课程教学深度融合的智慧教学工作坊等，为深化教育教学改革、打造“金课”提供助力。

（8）个性化教学咨询。

为教师提升教学能力搭建沟通交流平台及提供个性化的帮助，提供教学促进、教师发展、有效学习等咨询服务，满足教师发展的个性化需要。为青年教师录制微课，同时将专家指导点评意见单独反馈给教师本人。逐渐建立长效教师教学评价机制，以发展性评价和过程性评价为主，对教师进行教学能力反馈跟踪，引导青年教师树立自我反思和主动发展意识。每学年依托校级青年教师讲课比赛，从初赛、复赛到决赛均组织教师观摩学习，并通过个人总结和团体研讨的方式进行教学反思，分享教学成功经验、优秀教师的风采，以激励更多的青年教师钻研教学、提高自身教学能力。

3. 以强化理论与实践教学融合为重点的提升教师发展的做法

（1）强化理论与实践教学融合理念，拓宽教师发展的培训提升渠道。

为了强化理论与实践教学融合理念，陕西科技大学多措并举，不断拓宽教师发展的培训提升渠道，更新教师教育教学理念，创新教师发展培训提升模式。一是“走出去”，组织青年教师进行暑期工程实践。学校每年选派部分青年教师到企业进行工程实践，下沉到行业（企业）一线，既提升了青年教师的工程实践经验，又丰富了理论与实践相融合的教学素材。二是“请进来”，开展工程技术专题讲座。如环境科学与工程学院，近三年来先后邀请中国轻工业西安设计工程有限责任公司、中联西北工程研究院有限公司、西安水务规划设计研究院有限公司等12位来自企业一线的行业工程设计专家，为学院全体教师进行理论教学和如何与工程实践相融合的讲座培训，让专业教学始终与工程实践紧密联系。三是实施课堂教学融合设计专题培训。学校先后邀请国家级教学名师赖少聪教授、陕西首届“高校课堂教学创新大赛一等奖”获得者周屈兰教授等一批教学名师，做了“精心设计课堂教学，让每堂课深入人心”“高校工科教学的教学设计与课堂示范”等专题报告，重点围绕理论与实践教学融合方法和技巧，指导教师更好地将理论与实践教学融合理念和模式融入课堂教学中。四是启动“特色课程传承计划”。学校依托轻化工特色鲜明的优势学科，启动“特色课程传承计划”，组建“特色课程”教学团队，以老带新，在课程教材、教学方式、教学方法、教学管理等方面进行综合改革。青年教师和导师双向听课，对暑期实践内容、实践企业和考核方式予以限定，通过青老结合的传承，提升教师理论与实践教学融合能力。

（2）规划理论与实践教学融合的途径，搭建教师发展的实践平台。

为推进理论与实践教学的融合，学校协同教师发展中心、教务处、团委等部门，共同规划理论与实践教学融合的途径，搭建教师发展提升的实践平台。一是加大对理论与实践教学融合的相关教学改革项目的支持。如设置理实一体化课程专项研究项目，采用理论与实践一体化教学，加强理论课与实践课同步性、协调性探索与实践；设立实验教学专项改革项目，鼓励教师自主开发实验教学项目，自制实验仪器设备，以实验教学项目带动理论与实践教学融合等。二是在部分理论课程中采用行业、企业专家与专业教师共同承担一门课程，将生产技术和知识应用发展的最新内容引入课堂，丰富理论与实践教学融合的案例。三是在毕业设计环节设立校内外联合指导教师，邀请校外具有丰富工程实践经验的工程师全过程、实质性地参与到毕业设计的指导环节。在校内外导师联合指导过程中，丰富专业教师的工程实践经验。四是以科研项目、学科竞赛等为依托，汇聚政府、学校、校友和社会的优质资源，通过兼职导师、外聘专家等途径，组建由专业教师、行业（企业）专家共同参与的“双导师”团队，指导学生开展创新创业类实践训练，提升教师能力。五是鼓励专业教师指导学生开展社会实践项目，共同将专业知识转化为服务社会的能力。

(3) 调动理论与实践教学融合的积极性，打通教师发展的成长路径。

为调动广大教师主动将理论与实践教学有效融合的积极性，学校将相关内容融入教师职业发展晋升和绩效考核中，打通了教师发展的成长路径。一是将参加相关培训提升项目记录在教师个人成长档案中，在年度考核、评奖评优中予以体现。二是将教师参加相关培训提升项目、教学研究与改革项目等纳入职称评审条件中，作为必备或可选条件。三是对课内外理论与实践教学融合相关工作予以一定工作量认定，产生的各项成果计入学校标志性教学成果或教学绩效中，予以奖励或教学绩效计分。

(三) 改革创新点及取得成效

1. 改革创新点

(1) 构建教师培养体系。

陕西科技大学根据教师成长与发展的实际需求，秉承“师德领先，一体两翼，全面发展”的教师培养理念，构建了分层次、分阶段、递进式的教师培养体系，以此促进教师理论与实践教学深度融合。该培养体系强化顶层设计，培养内容对标教师成长的不同阶段，依次为至诚计划、至博计划和卓越计划，如图 4－19 所示。

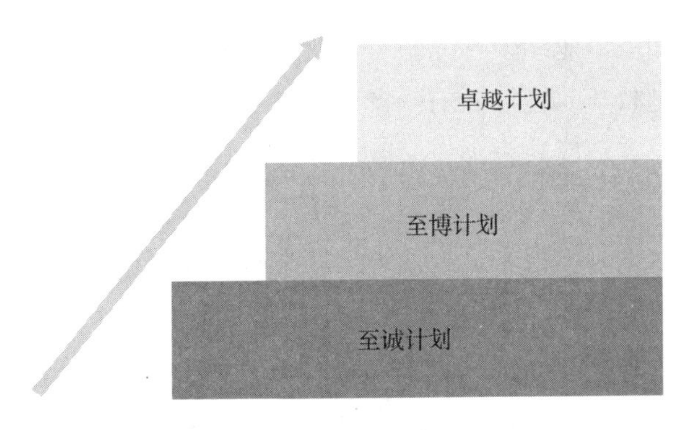

图 4－19　陕西科技大学教师发展体系

至诚计划的培养对象为新进教师，主要目标是确立教学发展目标及合理规划自身职业发展，成为一名合格的教师。针对新进教师对教师身份和学校身份认同度不足的特点，开展师德师风及校史校情系列活动；针对教学基本功缺乏系统训练的特点，开展系列集中培训，包括教学设计、PPT 制作、课堂发声训练，等等。为促进新进教师理论与实践的融合，要求新进教师积极参与本专业的认知实习，到专业实验室、工厂、公司等一线学习。

至博计划的培养对象为中青年教师，主要目标是更新教育理念，提升教育教学水平，将教师培养成为骨干教师。通过开展名师论坛、沙龙活动、教学技能提升系列工作坊等，引领教师教学发展。

卓越计划的培养对象为骨干教师，主要目标是推动教师从优秀到卓越的发展，打造名师。通过组织教师到国内知名大学集中培训、参加暑期工程实践、科研学术能力培育等，使教师教学、科研相长，全面发展。

（2）依托优势学科，促进教学与科研之间的平衡。

基于学校发展历史，轻化工类老牌专业优势明显，教师整体科研实力较强。中心在制订培训计划时，为这些教师专门开设培训课程，如网络培训《大学卓越教学系列》等；鼓励他们申报教学研究项目，以此促进教师自觉把科研成果及时转换为教学成果，把科研内容转化为教学内容，把科研方法渗透于教学方法，把科研过程渗透于教学过程，有效促进教学与科研的平衡。优势学科师资队伍整体实力较强，有一批教学科研突出的优秀教师；中心在工作中借助这些教师的言传身教开展培训，不仅以他们的奋斗事迹和成功经验激励青年教师立足本职奋发图强，也创造条件鼓励其他学科的青年教师加入他们的教学科研团队，以优势学科带动全校整体师资队伍培养。

（3）建立教师成长档案，持续关注教师发展。

教师不仅是职业身份，更是个体，具有鲜明的主体意识；每一位教师的生活背景、学科背景、教学经验、教育理念都存在不同程度的差异，因此在发展过程中遇到的问题也不尽相同。教师发展中心收集整理讲师职称教师任课情况、研究成果、论著、获奖及专业成长等详尽资料数据，建立青年教师个人专业发展信息库，为教师专业发展及职业规划提供咨询服务，针对性地安排培训、辅导，有的放矢地开展工作。成长档案内详细反映教师的业务能力、学术水平和工作业绩及未来五年的个人发展规划，既是对每位教师教学科研、成长经历的记录，也是教学问题诊断的依据，更是实现对教师多元化评价的需要。青年教师成长档案每年更新，客观反映教师教学改进和经验积累过程，促进教师专业教学能力持续发展。教师发展中心通过成长档案的数据分析，从宏观角度把握我校教师年龄、学源、职称等情况，并形成数据分析报告，为教师发展中心后期培训工作更有针对性地开展提供数据支撑。自 2013 年起，教师发展中心为青年教师录制微课，同时将专家指导点评意见单独反馈给教师本人，并在中心留档保存。通过这样的方式建立长效教师教学评价机制，以发展性评价和过程性评价为主，对教师进行教学能力反馈跟踪，引导青年教师树立自我反思和主动发展意识。

2. 取得成效

（1）做法先进，认可度高。

2016 年 12 月，学校本科教学工作审核评估专家组现场考察期间，教师发展中心成为专家组所有成员到现场考察的唯一单位，以厦门大学副校长邬大光为组长的专家组，对学校教师发展的做法予以充分肯定。

2015 年 4 月，陕西省高校教师发展中心工作现场推进会在陕西科技大学召开，省属高校主管教师工作的校领导、教师发展中心负责人、省教育厅有关处室负责人等 170 余人参加会议，学校作为代表，进行大会交流发言。

2019 年 4 月，学校教师发展中心作为西北教师发展中心联盟常务理事单位参加联盟理事会议，在会议分论坛上做交流发言，介绍了中心在集中外出培训和暑期工程实践中的具体做法，获得兄弟院校教发同仁的一致好评。

（2）覆盖面广，满意度高。

学校教师发展培养的各项措施实现新进教师的全覆盖，全校中青年教师 90% 以上参与中心的各项活动。根据问卷调查显示，教师对参与中心各项活动的总体满意度达 95% 以上。

（3）教师教学能力显著提升。

2020 年 2 月，在中国高等教育学会《高校竞赛评估与管理体系研究》专家工作组发布“全国普通高校教师教学竞赛分析报告（2012—2019）”中，学校教师参加各类教学竞赛，以获奖数量 28 项、总分 71.35 分的成绩，位列全国高校第 60 位。

（4）教师工程实践实现双赢。

青年教师参加暑期工程实践，不仅收集了丰富的一线教学资料，提高了实践能力，还利用自身的专业技能为企业解决技术难题，实现了双赢。近 5 年学校横向项目数量，每年增幅超过 40%。设计与艺术学院强小宁老师在深圳中世纵横设计有限公司实习期间，独立负责该企业的 009 Series Wristwatch 手表设计项目，并在 2013 年德国红点（Red Dot）设计竞赛中，从全球 54 个国家和地区超过 1 865 家国际设计公司和设计师提交的 4 662 件作品中脱颖而出，一举获得 2013 红点设计奖。

九、温州医科大学全科医学人才培养模式探索与实践

（一）改革背景及解决问题

1. 改革背景

20 世纪 80 年代末，经由国内外一些政界人士、医界精英和有识之士的大力倡导与积极推动，全科医学学科开始进入我国。2009 年，《中共中央、国务院关于深化医药卫生体制改革的意见》以“保基本、强基层、建机制”为工作重心，提出加强基层医疗卫生人才队伍建设，特别是全科医生的培养培训，着力提高基层医疗卫生机构服务水平和质量，这标志着全科医学人才队伍建设步入体制化层面。尤其是进入 21 世纪以来，党和国家颁发了关于加强全科医生培养的系列文件和政策，发展全科医学已成为我国的基本国策。但

是，在国策落实层面上牵涉的全科医学人才培养的基本问题，如培养什么、如何培养、谁来培养、为谁培养等争议不断、观点不一。

剥离“使用”的“培养”要么脱离社会实际需要，要么忽视个人发展需求，难以解决全科医生“下不去、留不住、用不好”这一根本性问题。全科医学人才的职业生涯发展作为一个整体，有必要拓宽囿于院校教育的“人才培养”视野，把“人才使用”纳入培养体系形成一体化，着手建立“全科医生的大培养框架”。温州医科大学于2009年自发开展面向基层的全科医学人才培养的探索实践。十多年来，温州医科大学依据党和国家加强基层全科医学人才培养的宏旨，在落实过程中发现培养与使用间的割裂是基层人才“下不去、留不住、用不好”的症结。通过积极摸索与实践，创造性地将人才使用纳入全科医学教育改革范畴，初步形成了具有中国特色的“国标省统，县管乡用”全科医学人才培养模式。

2. 解决问题

（1）解决人才培养规格和质量问题。

“国标”即以国家原已确定的五年制临床医学教育为基本学制等为标准，接壤住院医师规范化培训，符合国家执业医师标准为基本条件，确立全科医生培养的基本标准。这一标准有利于培养计划如培养形式、内容的连贯性与规范化问题，将全科医学理念融入培养全程，使得学生能娴熟运用全科医学知识、专业技能和临床思维，以成为今后执业的价值规范和实践原则。“省统”即省级行政部门与高校建立有效联动的调控机制，统筹全科医学人才培养的规格与要求，确保高校的办学标准，保障全科医生的教育同质化、管理均衡化等。

（2）解决全科医学人才培养与使用相分离的问题。

在确定全科医生基本标准和落实培养的相关政策后，如何让学生既达到标准，又充分满足全科医生的执业要求，成为一个关键问题。因此，我们明确培养权属。明确厘清政府部门、医学院校、医疗机构、社会组织、基层民众的权责边界，建立完善培养协同机制，推动相关主体与医学院校间搭建对接平台，对人才培养与使用进行协同管理，建立健全适应行业特点的全科医学人才培养体系，吸纳国际先进经验，完善与地方政府、医疗机构的协同育人机制，充分利用国内国外、校内校外优质资源创新全科医学教育模式，以确保培养一大批能服务且扎根基层的高素质全科医学人才。

（3）解决人才“下不去、留不住、用不好”的老大难问题。

为进一步解决全科医学毕业生“下不去、留不住、用不好”问题，我们理顺中央和地方各层面、各类部门在全科医学人才培养体系中的权责担当、利益分享、协同方式，率先提出并联合政府与行业，共同构建“县管乡用”的选人、用人、留人发展机制。即建立县（市、区）域一体化的人才培养与使用机制，促进全科医学毕业生能在县域流动与统筹使用，解决基层全科医学人才培养和使用管理、职业发展等问题。

（二）改革思路及主要做法

1. 改革思路

（1）将全科医学人才的生涯发展视为一个整体。

基于多元治理，厘清政府部门、医学院校、医疗机构、社会组织、基层民众等主体的权属，在政府主导下推动相关主体与医学院校搭建对接平台，从专业能力、人事编制、薪酬待遇、生涯发展等方面着手，诉诸医教协同促成全科医学人才培养与使用一体化，创造性地通过“国标省统、县管乡用”模式将人才使用纳入培养体系形成一体化。“国标省统”探讨关涉人才培养质量若干要素的国家标准（国标）制订的原则与途径，建立省级统筹（省统）的培养框架，明确教育、发改、财政、卫健、人社各部门的权责边界，调整各方利益分配。“县管乡用”探索“县域人才统筹管理、省县乡三级医联体、县乡人才联动机制”的可行方略。职前教育与职后教育的有机融通，既明确了全科医学人才的生涯发展方向，又保证了其专业素养和社会地位，进而增强了职业认同感、使命感和归属感。这是坚持国家医改方向，解决基层医疗人才短缺、促进民众健康与地方社会发展的重要举措。

（2）“国标”主要保证人才培养质量。

“国标”即强调“入口与出口”问题，就是制定全国统一的“五项标准”。一是学历标准。明确五年制本科的学制学历及全科医学专业学位授予标准。二是课程标准。制定《全科医生教育课程标准》，在课程性质、课程目标、课程内容、课程评价、实施建议等方面明确学习基本要求。三是师资标准。制定《全科医学教师资格认证制度》，明确教师的知识结构、医德品行与职业水准。四是完善规培标准。统一确立培训模式、培训标准和管理制度，组织实施规范化培训。五是培养标准。制定《国家全科执业医师实践技能标准》，明确本科层次全科医生应具备的基础理论、专业知识、专业技能和专业伦理。概言之，学历标准是入口门槛，培养标准是出口准线，而课程标准、教师标准与规培标准则是人才培养过程的质量保证。

（3）“省统”，就是政府主导，相关部门做好“四个统筹”。

各省在国家对院校设置、区域布局、招生规模、资源配置的统筹基础上结合本地实际，要求相关的各级教育、财政、卫生、人社等部门合作参与，各司其职，统筹规划，协同推进。“四个统筹”是指，一是教育行政部门负责招录计划的确定和调整，保证全科医学专业招录的数量规模与生源质量，而确保人才培养质量是高校的第一使命；二是财政部门负责落实订单式全科医学生培养经费与待遇保障，建立全科医生制度的经费保障；三是卫生部门负责建设符合全科人才培养要求的规范化培训基地，统一全科医生规范化培养内容和方法；四是人社部门负责建立全科医生管理制度和从业激励机制，为全科医生安心服务基层创造条件。需要强调的是，作为统筹省内全科医学专业招录的省级教育行政部门，不仅要负责把订单式全科医学生纳入普通高校年度招生计划，还要组织专业统一考试、统一命题、统一评卷，实行单列志愿、单独划线、单设批次；或者下放招生权限和指标让社会声誉、办学条件与教学质量良好的高校实行自主招生，面向农村并优先录取定岗单位所在县的具有崇高理想、高尚品德和仁爱之心的品学兼优考生。

（4）“县管乡用”主要关注人才建设成效。

该模式即强调“管理与使用”问题。“县管”，亦即县级医院成立“全科医学部”，落实县级医院编制，对基层全科医生实行县域人才统筹管理；“乡用”，就是由县级医院统筹轮派经过住院医生规范化培训后的全科医生，进驻基层医疗机构工作。为解决全科毕业生因直接上岗而导致岗位胜任力不足的问题，在现有“5 +3”住院医生培训的基础上，把定向全科毕业生统一纳入规范化培训体系。根据“供需对接，按需施教”的原则，省级医院与县级医院加强对定向全科毕业生的医疗实践训练，着重培养临床诊疗能力；并在原已形成的省县二级医疗联合体基础上进一步下沉，形成省县乡三级医疗体之间的良性互助局面。根据基层医疗卫生服务特点并结合“5 +3”计划，构建“2 +1 +1 +4”培训模式。“2”是省级医院与县级医院协同对全科毕业生进行全科临床轮训 2 年，期间按照规定参加执业医生考试；“1”是在乡镇卫生院进行一年的基层实践，并接受县级医院与乡镇卫生院的工作绩效考核；“1”是再返回省级医院工作 1 年，进行重点专科方面的轮转学习，提升医学知能；“4”是根据协议，再返回乡镇卫生院工作四年，全科毕业生必须完成原签订培养协议所需的在乡镇卫生院工作年限（一般为 5 ~8 年）。但可根据培训和县乡医疗需求等具体情况分步、分期、分阶段实施，目的是既要让全科医学人才“下得去、留得住、用得上”，关键还要让他们“回得来”，这是县乡人才联动机制弹性用人功能的主要体现，也是县级医院在农村卫生服务体系中治理作用的重要发挥。“县管乡用”通过“实行县域人才统筹管理、构建省县乡三级医疗体、建立县乡人才联动机制”的“三条途径”，全面实施县级医院主导的人才建设一体化模式，建立起一个高效、集约与持续的职业发展机制。

2. 主要做法

（1）以“国家战略需求”为导向，“国标省统”引领全科医学人才培养规范化、同质化。

2009 年以来，温州医科大学与温州市政府合作，率先在全国启动面向基层五年制本科全科医师培养计划工作，采取临床医学专业高年级分流和定向招生相结合，立足国内实际借鉴与转换国际经验，边实践探索边实证研究，自下而上积极为省级层面统筹献计献策，提出实施按需培养、以用定招，建立发改、财政、人保、教育和卫生共同协商机制等相关意见与建议。2012 年起，每年浙江省卫生计生委与发改、教育、人社、财政等部门联合印发《关于开展基层卫生人才定向培养工作的通知》，由发改部门统筹实施，卫计部门确定人才需求，教育部门与高校做好宣传发动和招生录取工作，人社部门落实岗位和编制，财政部门落实培养经费和生活补助，各部门各司其职、分工协作，畅通了全科医生“需求—培养—发展”的全过程实施路径。

（2）以“个人职业发展”为核心，创新基层全科医学人才培养使用激励机制。

培养合格全科医学人才服务基层医疗，是国家新医改破解基层医疗能力不足、基层医疗人员短缺的战略要求。学校以苍南县、文成县两地为试点单位，与当地政府共同研制全科医生“落户”县级医疗机构、“落人”乡镇卫生服务中心方案，形成“县管乡用”方案并逐步推广完善。两县政府先后出台《“县管乡用”全科医生规范化管理办法》，落实管理、培养、待遇等7项优惠政策。通过县域一体化管理，建立了“可上可下”的选人用人机制，搭建了执业能力培训平台，使全科医生由“单位人”变为“系统人”，真正打开了全科医生职业发展通道。随着该模式的有效推进，温州的平阳、永嘉，宁波的象山、慈溪，绍兴的新昌，嘉兴的桐乡和杭州余杭区等十多个县、区，相继启动全科医学人才培养和使用的“县管乡用”模式。至2017年10月，全国有9个省实施“县管乡用”培养模式，如安徽省专门出台《关于建立基层医疗卫生机构人才“县管乡用”机制的意见（试行）》。经同一时间横断面调查后发现：相比传统模式培养的两届学生，实施“县管乡用”模式的两届毕业生下沉基层的比率从40%提升至87%。

（3）以“核心职业能力”为目标，协同不同主体共建特色专业教育发展体系。

基于医教协同构建“立足基层、面向国际”的特色专业教育发展体系。一是建立校地融合的教育管理体系。建立国内首家“全科医学学院”，在附属医院建立全科医学实训中心，与县级医院联合设立全科医学职业管理与发展机构，在基层医疗卫生机构建立实践平台，与海外高水平大学组建专业共建联盟。二是构建以“社区岗位胜任力”为导向的教育体系。根据本科专业教育标准优化人才培养方案，开发全科医学特色课程体系。构建全科医学大临床课程平台，强化基础学习、实践训练，“早临床、多临床、反复临床”。构建“五年不断线基层实践教学体系”强化社区实践能力。与人民卫生出版社签订合同，出版全科医学系列教材包括《社区人群营养》《全科医患沟通》《社区精神疾病的辨别与管理》《基础医学与临床》等，并与校外、社区师资共同完成相应课程。获国家级卓越医生培养计划项目2项，培养模式研究论文被《新华文摘》全文转载。《全科医生制度的推进策略与支持机制研究报告》得到全国政协副主席韩启德批示，《新医改背景下农村卫生人才队伍建设突出问题与发展策略研究》得到浙江省副省长批示。

（三）改革创新点及取得成效

1. 改革创新点

（1）创新培养理念。

从学理上阐明全科医学人才一体化培养体系的创新，对全面建立中国特色全科医学人才培养体系、推进国家医疗卫生治理与“健康中国”建设的价值。

（2）丰富培养方法论。

基于多元治理阐述全科医学人才一体化培养体系构建的理论基础、内涵构成与相互关系，为全科医学人才培养改革提供理论依据和方法论。

（3）“国标省统、县管乡用”人才培养与使用发展模式创新。

在国内首创“国标省统、县管乡用”模式，通过自下而上的有效实践，得到政府、行业和社会高度认可后，政府层面出台政策予以自上而下地全面推广。基本肯定了在我国近阶段的基层全科医学人才培养，应该以“全科医学”“执业医师”作为基本门槛（标准）；以省级政府统筹宏观调控为保障机制，以“面向基层”“定向培养”来确保合格全科医师落户。在政府统筹的背景下，校地协同、“县管乡用”解决基层全科医学人才培养与使用管理问题，有力加强了基层全科医学人才职业发展的保障机制建设，在实践中验证了“国标省统，县管乡用”制度设计的创新性和效度。

（4）“分层渐进、十年一贯”培养与使用一体化的人才培养体系创新。

根据院校教育标准化培养和毕业后教育规范化培训无缝衔接原则，构建了院校教育与毕业后教育一体化的人才培养体系。以临床医学教育作为基本起点，以全科医师岗位胜任力要求设计课程体系，按“能力培养综合化、课程设置模块化”的要求设计“岗位—能力—课程”三元融合的院校教育人才培养方案，将社区医疗实践和健康管理模式融入课程体系；以医联体（由高校附属医院—县级托管医院—乡镇医疗中心）为载体，实施“骨干—师资—培训”三位一体和“院校教育＋住院医师规范化培训＋县域内轮转及毕业后教育”联通联动培养计划，体现“分层渐进、螺旋上升”的渐进式关系，制定并运行配套政策、晋级机制，使全科医学人才在入校和学习期间能获得执业预见感，在执业后有继续成长归属感。

（5）“校地共育、医教协同”的互动式培养及用人机制创新。

学校打破壁垒，在各级政府支持下，形成多方共同参与的协同育人用人机制，开展“高校主导、行业指导、政府参与”的教育创新研究，制定出一系列有关人才如何有效落实到基层的政策。通过建章立制，保障了定向招生、基层签约、科学运行、县管乡用管理机制等。设置“县域统筹＋乡站轮转＋回炉培训”等，进一步丰富了“县管乡用”内涵。这为保障人才培养质量，加强全科医学人才培养和落户基层起到保驾护航作用。

2. 取得成效

（1）先行先试，浙江全面实践，育人成效凸显。

一是规模增长、效果显著。目前在学校及政府推广下，浙江省内已有4所医学院校开展面向基层订单定向全科医生培养工作，累计招生3 599名，覆盖全省69个县、市、区。已有10个县政府在“国标省统”基础上，与高校协同启动“县管乡用”，已经有874名毕业生，履约率达到86%，执业医师通过率85%。二是毕业生质量好、满意度高。根据浙江省教育评估院的调查结果，2016届毕业生对“县管乡用”满意度为90.92%，毕业生自我评价总体满意度为87.31%；用人单位对毕业生综合评价满意度（含实践动手能力、专业水平、创新能力、合作与协调、人际沟通与交往能力）为92.29%。让乡镇村百姓“在家门口能看到合格的医生”愿望有望得以实现。

（2）政府主导，全国应用推广模式获高度认可。

通过学校自下而上的有效实践，得到政府、行业和社会高度认可后，开始了由政府主导的自上而下的全国性推广。

①发起在温州。2009 年，学校在全国率先开展基层订单定向全科医生培养工作，承担浙江省本科层次订单定向培养任务。2011 年 7 月，国务院出台《关于建立全科医师的指导意见》（国发〔2011〕23 号），确立了合格基层医师培养的基本标准。

②推广到全省。经学校的实践和建议，2012 年 5 月，浙江省五部门联合印发《关于开展基层卫生人才定向培养工作的通知》（浙卫发〔2013〕28 号），定向培养在全省铺开，并提出招聘与招录并轨及用人地政府给予学生补助等政策。

③影响扩全国。2012 年 5 月教育部、卫生部发布《关于实施卓越医师教育培养计划的意见》（教高〔2012〕7 号），学校获批为第一批卓越医生教育培养计划项目试点高校。2015 年 5 月，全国人大常委会副委员长、农工党中央主席陈竺一行来访，专门考察学校的全科医生培养工作，并给予高度评价。2017 年 3 月，卫计委专家组专程赴温州开展“县管乡用”全科医生培养的“温医模式”调研。2017 年 7 月，教育部、卫计委和中医药管理局联合召开改革开放后第四次医教协同大会，学校有关负责人作了关于“国标省统，县管乡用”全科医学人才培养模式的专题发言。2017 年 7 月，国务院颁发的《关于深化医教协同进一步推进医学教育改革与发展的实施意见》，采纳“县管乡用”全科医学人才培养模式。2017 年，全国已有 9 个省、市、自治区，先后颁发医教协同文件，均把“县管乡用”写入文件，在全国范围的推广和应用面逐步扩大。2018 年 4 月，教育部、卫健委联合调研组赴温州开展“国标省统、县管乡用”模式调研。

（3）学术交流（经验推广），引领示范改革，社会影响广泛。

一是国内学术（成果）辐射及交流。自学校开展该项工作研究和实践起，省内外包括天津医科大学、西南医科大学、徐州医学院、新乡医学院、浙江中医药大学、广西医科大学、贵州医科大学、海南医学院等 26 高校，以及象山县委县政府、新昌县委县政府等 8 个地方政府，分别来校考察全科医学人才培养工作。项目骨干前往全国高等医学教育年会等和 30 多所医学院校进行学术交流，累计受益人群 10 000 多人次。自 2013 年起，学校作为主办方每年召开 1 ~ 2 场全科医学人才培养主题研讨会，同浙江省内委托培养的 69 个县、市、区的地方政府及用人单位进行经验交流，至 2019 年已举办 7 场。2016 年，学校以国际化办学为契机，与西澳大学、美国华人执业医师协会、美国家庭医生学会等联合举办“全科医学教育与基层医疗服务发展国际论坛”，至今该国际论坛已举办 3 届，每届都有海内外全科医学领域专家 300 余人到会交流研讨。面向基层打造师资互访培训平台，每年选派近 40 名骨干师资赴莫纳什大学、西澳大学培训；邀请境外师资每年来访 4 次；面向省内 69 个县市、区 100 多所社区基地的基层师资免费开设培训工作坊，至 2019 已举办 7 场，已有 200 多名基层师资受益。二是国际体系融入及影响。2017 年 5 月，受联合国中文组邀请，校长吕帆前往纽约联合国总部，做了两小时“中国的医疗与医学教育”的主题演讲与交流，介绍中国医疗改革和全科医学人才培养模式，受到社会各界的广泛关注和报道。2016—2017 年，有关人员应邀在澳大利亚（中澳科技交流大会）和加拿大作了有关

“国标省统、县管乡用”培养模式的主题演讲，在国际上引发专家、学者广泛赞赏和深度思考。

十、合肥学院“模块化课程体系构建”的探索与实践

（一）改革背景及解决问题

1. 改革背景

现阶段，我国经济社会的发展需要高等学校培养出大量高素质应用型人才。应用型人才培养强调“理论和实践”的融合，尤其是在教学体系方面。但是，就目前而言，我们应用型本科高校仍沿用传统的培养学术型人才的课程和教学方法，尚未建立起完善的“理论和实践”相融合的应用型人才培养教学体系，这严重影响了应用型人才培养质量和培养目标的实现。如何能够深化应用型人才培养模式的改革，特别是在课程层面的改革，是教育教学改革的重点和难点，也是摆在我们应用型本科高校面前的迫切任务。

合肥学院与德国应用科学大学有近 30 年多的合作历史。1985 年，安徽省人民政府和德国下萨克森州政府签署“按照德国应用科学大学办学模式，共建一所示范性应用型本科院校”的协议，合肥学院（原合肥联合大学）成为德国在中国最早重点援建的两所示范性应用科学大学之一。目前，学校是中德在应用型高等教育领域里合作交流规模最大、合作程度最深的高校之一。2015 年 10 月 30 日，国务院总理李克强和德国总理默克尔共同视察学校。李克强总理指出：“合肥学院 30 年来的发展壮大是中德务实合作的成功典范。”德国总理默克尔称赞学校是“中德近 30 年合作的光辉典范”。

在长期合作过程中，合肥学院借鉴德国应用科学大学经验，将德国经验本土化，为我国的应用型人才培养模式改革做出了积极的贡献。在此基础上，学校深入研究欧洲、特别是德国在高等教育领域改革和发展状况，结合博洛尼亚进程（即 29 个欧洲国家于 1999 年在意大利博洛尼亚提出的欧洲高等教育改革计划，目标建成欧洲高等教育区，其任务包括建立可比较学位体系、两阶段教育体系、欧洲学分转换与积累体系、师生流动、内外部教育质量保障体系、协同创新机制等）中的课程改革理念，根据我国国情和高等教育的实际，深化应用型人才培养模式改革，积极开展打造能力导向的模块化教学体系改革，取得较好成效。

2. 解决的问题

（1）解决原有课程体系理论和实践结合不紧密问题。

模块化教学体系不再过分强调学科知识体系的完备性、高深性，而是更加强调将理论知识和实践知识结合起来，课程体系更加突出理实结合，让学生在学中做、做中学，解决应用型本科教育课程体系理论和实践结合不紧密问题。

（2）解决学生能力培养与提升问题。

应用型本科高校以服务区域（行业）经济社会发展需要为导向，注重学术专业知识、专业技能的培养和训练，重视培养学生具备独立解决生产、管理、服务等实际问题能力。模块化教学体系更加重视学生能力培养，培养的人才更加符合应用型本科高校的目标定位。

（3）解决“校企融合度不深”问题。

产教融合是培养应用型人才的重要手段，但目前，应用型高校产教融合普遍不深。模块化教学体系强调校企合作制定/修订人才培养方案，校企合作开发课程资源，校企合作构建创新、实践教学平台，校企合作指导毕业设计（论文），校企合作优化师资行业背景等，解决校企融合度不深的问题。

（4）解决“教与学相脱节”问题。

在教学过程中，教师的“教”和学生的“学”是一对矛盾共同体，“教”的目的是让学生更好地“学”。但在现有教学过程中，“教”和“学”是相脱节的。模块化教学体系通过第一课堂和第二课堂的结合、项目化等教学方法的实施，以及过程性考试制度的改革等，解决“教与学相脱节”问题。

（5）解决学生个性化学习选择问题。

每一个学生都是独特的个体，都有与众不同的，独特的天赋、特性、偏好以及天生的优势，当然，也有不同于别人的弱点。模块化教学体系中的模块，可拆分、可重组，同时设置了选修模块，比较灵活，适合学生个性化学习的需要。

（6）解决校际或校内教学资源共享问题。

模块化教学体系设置了模块池。模块池由一个个模块组成，模块共享，可以解决校际或校内教学资源共享问题。

（二）改革思路及主要做法

1. 改“知识输入导向”为“知识输出导向”，构建人才培养方案

应用型高等学校在培养人才时应该满足两个需求：满足社会需求，满足学生发展需求。但当前应用型本科教育出现了人才培养与社会需求不符、与学生自身发展脱节等问题。合肥学院改革教学理念，实现改“知识输入导向”（Input - Orientation）为“知识输出导向”（Output - Orientation），改“哪些内容教师要讲授”为“哪些能力学生应该通过学习获得”，并在这些理念的指导下，重新修订人才培养方案，具体做法有以下几点。一是加大实践教学学分比例。人才培养方案中，理工科实践学分比例应在30%～40%，文科应该在25%～35%。二是在大学一年级开设专业导论课，共20学时，由本专业的一名或多名教授进行授课。开设专业导论课的目的是让学生明确本专业的培养目标、发展方向、学习任务，做好大学四年的规划。三是将传统“8学期”改为“9学期”（在大学二、三年级之间增加一个认知实践学期），通过认知实践学期的增加，突出对学生实践能力的培

养。四是将学生第二课堂（和学生专业学习结合紧密）纳入人才培养方案，根据专业的不同，给予6～12个学分。通过第二课堂将显性课程、隐性课程结合起来，培养学生学会利用知识综合解决问题的能力。并规定第二课堂学分不修满，学生将不准予毕业。

2. 改“学科逻辑体系”为“技术逻辑体系”，打造模块化课程

课程是人才培养的核心，也是落实应用型人才培养目标、实施教学改革的难点。应用型本科培养的人才要具有很强的运用所学知识解决生产、管理一线关键问题的能力，这一目标的实现需要合适的课程予以实现。但目前应用型本科课程仍然是学科逻辑体系课程，十分强调学科知识的系统性和完备性，强调根据学科知识的关联性、逻辑关系组织编排课程体系，忽视学生能力培养，难以实现应用型人才培养目标，因此必须对此进行重构。合肥学院在课程改革中，借鉴欧洲博洛尼亚进程后，即参照欧洲高校实施的模块化课程改革经验，改“学科逻辑体系”为“技术逻辑体系”，突破原有的学科定式，重构模块化课程体系。

模块（Module）可以由不同的教学活动组合而成。它一般是围绕一个特定主题或内容的教学活动的组合，或实验课程或实习；也可以说，一个模块是一个教学内容、教学时间上自成一体、具有限定内容的教学单元。它可以是单一课程，或实验课程或实习；也可以是若干相关知识点的组合，如理论课程与实践的组合。在构建模块化课程体系时，要联合企业，在企业（行业）开展广泛调研，了解本专业适应的岗位群对人才知识、能力和素质的需求；在此基础上再进行梳理细化，优化分解成若干能力要素，确定能力要素对应支撑的知识点；通过对专业人才培养目标的分析，确定不同模块具体能力要素以及彼此间关系；将相关联能力要素对应知识点及知识应用进行重构，组成模块；然后遵循“由浅入深、相对独立、相互支撑、环环相扣”原则进行排列，形成既层层递进又相互支撑的模块化课程体系。

以工业设计专业为例。首先，对企业工业设计相关岗位群进行调查分析，确定人才培养目标。通过调研确定合肥学院工业设计专业本科专业的培养目标：培养德、智、体、美、劳全面发展，具有工业设计专业的理论知识、创新品质和实际设计能力；能够创造性地完成各类工业产品的产品企划、产品工业设计以及初步的产品工程设计、营销推广和设计管理的工作；可在企事业单位、专业设计机构等从事产品设计及其相关的视觉传达和环境艺术设计的、一专多能的高级应用型人才。

其次，确定专业对应的岗位群。通过对国内制造业企业和设计行业，尤其是安徽省的制造业企业对工业设计岗位需求的广泛调研，得出：工业设计专业的岗位群贯穿在产品开发从立项到商品化的全过程。在产品企划、产品工业设计、产品工程设计、产品营销推广各个阶段都有工业设计师对应的专业能力岗位。

再次，根据岗位群的特点和能力要求确定能力结构。通过调研分析得出工业设计本科专业的培养规格以及各岗位群对人才的具体要求，然后将抽象的专业能力具体化为各个能力要素，并对能力要素进行优化组合形成能力单元，即能力模块，包括两类八种。一是基础能力模块：设计理念及思维能力、形态设计基础能力、设计表现基础能力、设计工程技术能力、产品工业设计能力、职业素质修养能力。主要是训练和培养学生的职业道德、设计思维和造型能力，训练学生掌握产品设计的流程和方法，在产品设计中考虑诸多工程技术因素，包括人机、结构、材料、制造工艺等。二是实践能力模块：产品项目实践模块、跨专业设计实践能力模块。产品项目实践模块可以针对地方经济建设、根据企业需求动态变化而灵活设置。比如针对安徽省制造业发展情况可以制定家电设计模块和交通工具设计模块等。跨专业设计实践能力模块可以根据学生就业需求而灵活设置。

最后，将这些能力模块进行组合，构建出能力导向的模块化专业课程体系，他们与基础教学模块等一起构成模块化的人才培养方案。

3. 改“封闭学校教育”为“开放合作教育”，强化校企深度合作

校企合作在应用型本科教育中已被重视，但在合作的深度上，很多学校还停留于表层。要解决这一问题，实行开放办学，强化校企合作是重要举措之一，这也是模块化教学所需要的。在基于能力导向的模块化教学体系的构建过程中，专业对应岗位群需要的总能力以及单一模块对应的子能力的确定都需要企业的深度参与。而建立专业“企业网络”是校企深度合作的一个重要方面。从相对稳定的专业“企业网络”中提取多种样本，加以研究，使其与模块所承载的能力相对应，充分发挥模块的功能。模块以能力为核心，在模块化课程体系中不论是项目学习、基于企业岗位或问题的实习，还是毕业论文的“真题真做”，都获得本专业“企业网络”的支持。模块的教学在执行中也需要企业的充分参与，从而实现以模块为载体的学校、企业的相互开放，这既是对模块化教学运行的保障，更是模块化教学体系的要求。专业“企业网络”既是学生面向企业就业的纽带，也可对学校人才培养质量做出社会评价。

如物流管理专业，合肥学院利用与德国奥斯纳布吕克应用科学大学深度合作的有利条件，积极促进德国物流协会在合肥建立分会，并以此为契机，联合德国物流协会合肥分会、安徽省物流协会、德国大陆轮胎公司（合肥）等有关企业，建立了由150家企业组成的专业“企业网络”，实现“企业”“学校”“协会”之间的融合和互动，实现了校企深度合作。

4. 改“教师授课学时”为“学生学习负荷”学分计算，促进“教”与“学”统一

目前，高校存在着学生学习投入不足现象，这既有学风的问题，也有制度设计上的问题。在学分计算上，一般高校采用教师授课“学时”（通常16～18学时为1学分），这对学生课外学习缺少明确的标准和要求。通常情况下，教师认为教学任务就是课内教学，学生认为修完课内的学分就完成了学业，从而导致学生缺乏自主学习的内驱力，造成“教”与“学”的脱节。

合肥学院引入“Workload”（学习负荷）概念，对学生课内外学习做了很好的规划，同时，有目标地指导学生过程学习。模块中1学分=30小时的“学习负荷”，即学生必须投入 30 小时学习，并通过考核才可获得 1 学分，这 30 小时的学习量由模块负责人根据模块的需要对学生的课内外学习进行分配。教师根据模块目标合理安排课内和课外教学，学生则在学习中强化了自主学习能力，有效地促进了“教”与“学”的统一。

5. 推行过程考试制度改革，实现评价方式转型

长期以来，我国应用型本科的考核基本都是采取“卷面考试”“终结性考试”等形式，这不利于学生能力培养。针对此种情况，合肥学院进行了改革，推行“$N+2$”过程考试，考试内容不再全是书本知识，而是更加重视学生对所学知识的应用、实际动手能力以及解决实际问题等能力的考核，更加重视理论和实践的结合，更加注重过程考核，变末端考试为过程监控，实现从单纯的知识评价向以能力评价为主的多元化评价、综合性评价转变。考试次数不再局限于一次期末（或课末）考试，而是多次，即“$N+2$”（“$N+2$”中的“N”是考试次数，占总成绩的 50%，要求 $5 \geqslant N \geqslant 3$，“2”是指期末考试和读书笔记，分别占总成绩的 40% 和 10%）。

（三）改革创新点及取得成效

1. 改革创新点

在国内率先进行了模块化教学体系的研究，并在诸多方面进行了探索。

（1）在应用型人才培养方案构架上，提出改“知识输入导向”为“知识输出导向”的理念，使得学生的知识、能力和素质更加对接业界需求。

（2）在课程体系建设上，提出改“学科导向”为“专业导向”，从“学科逻辑体系”向“技术逻辑体系”转变，突破学科定式，对课程进行模块化处理，构建模块，搭建模块化课程体系。

（3）在人才培养方案的实施过程中，提出可结合模块化教学体系的特点，进行模块置换，解决人才培养的灵活性、人才培养个性化的问题。

（4）在考核评价上，提出将学生的自主学习和学分进行结合，确立基于学生学习负荷的学分计算办法，解决“教”和“学”的统一问题。

2. 取得成效

（1）该成果的应用有力地提高了学生的能力和就业竞争力。

模块化教学体系首先在学校 9 个专业试点，随后扩展到 22 个专业。通过模块化教学改革，学生的创新能力和实践能力不断提高。近五年，我校学生获省级以上奖 3 311 项，其中国家奖 1 279 项。如葡萄牙 2016RoboCup 公开赛冠军，第 20、21 届 RoboCup 机器人足球世界杯第 7 名、第 6 名，第十届“西门子杯”中国智能制造挑战赛全国总决赛特等奖（第 1 名）等。毕业生就业率始终位居全省前列，是全省高校就业工作标兵单位，毕业生 70% 左右在安徽就业，其中 55% 左右在合肥就业，学校被誉为“合肥市工程师培养的摇篮”。2018 年，学校整体进入第一批次招生，文、理科投档最低分分别高出一本控制线 14

分、15分。2019年，文、理科投档最低分分别高出一本控制线11分、14分。

（2）该成果被教育主管部门积极推广应用。

该成果从课程层面探索了有关应用型人才培养的内涵建设问题，对深化人才培养模式改革具有参考价值。安徽省教育厅多次召开专题研讨会，推广该项成果。近年来，全国543所、1 400多批次高校组团来校专题学习应用型高校建设经验。按照教育部安排，学校先后30多次为全国地方本科院校党委书记、校长培训班、转型培训班等作教学改革报告。为兄弟省教育厅和高校做120多场专题报告。《人民日报》《光明日报》《中国教育报》《中国青年报》《新华每日电讯》等媒体先后90多次报道学校改革发展情况。教育部高等教育评估中心将我校改革经验总结为“安徽现象、合肥（学院）模式”，并在本科教学合格评估过程中加以推广。

十一、厦门理工学院创意教育理论与实践教学深度融合的探索

（一）改革背景及解决问题

1. 改革背景

当今是创新竞争的时代，从根本上说是创新型人才的竞争，创意、创新、创业“三创”教育成为全球关注的焦点。

英国是全球第一个提出“创意产业”概念的国家，在世纪交替时英国已从老牌“世界工厂”成为“世界创意中心”。英国政府、企业、学校三方联动，共同打造创意教育体系，提出“3E”——Everyone（为每一位学生提供创意教育）、Every chance（提供每一个培养创意的机会）、Each stage（在每一教育阶段进行创意教育）。美国许多高校就创意教育整合新的课程理念，采用研讨课、独立研究课、实践教学和导师制等来培养学生自主学习及实践能力，注重批判性思维、全球意识、多元文化素养及团队协作能力的提升。作为亚洲四小龙的后起发达国家，韩国注重政府、民间机构、学校和企业共同合作，将教育与产业对接，突出创意教育优先发展的战略地位。

中国是世界第二大经济体，但科技创新能力还有很大提升空间，产业升级和结构调整都亟需大量创造性人才。21世纪初，中国政府提出了创新驱动发展战略，在“大众创业，万众创新”的双创背景下，注重理论与实践深度融合的“三创”教育成为国内高校普遍关注的重点。许多大学设立了与创意相关的教育平台或机构。如清华x－lab（Tsinghua x－lab），是清华大学新型创意创新创业人才发现和培养的教育平台，于2013年正式成立，倡导学科交叉、探索未知、体验式学习与团队协作的教育理念，致力于围绕“三创”，探索新型的人才教育模式。又如，上海交通大学于2015年成立上海交大—南加州大学文化创意产业学院，同济大学建立了设计创意学院，厦门理工学院成立数字创意学院，等等。

2. 解决问题

（1）创意教育未能有机融入“全人”培养。

相对于美国、欧盟和日韩等国家一直强调对学生创意思维和创新能力的培养，中国的创意教育还面临探索不充分等问题，创意教育的研究和实践仍然处于起步阶段。只有部分高校将创意教育包含在创新创业内容中，纳入本科生培养方案，独立设置创意教育学分、贯穿本科四年的高校就更少；较少高校能够建立起创意、创新、创业三位一体融合的教学体系，说明创新创意创业教育还未得到有机的融合和体现到“全人”培养中去。国内高校的创意教育融入素质教育的成分和创意类课程开设数量仍然有提升空间，创意教育培养模式有待深化改革，创意教育研究与实践，亟待加强。

厦门理工学院充分研究和借鉴先进的创意教育经验，结合学校专业和产业需求的实际情况，积极探索有效的创意教育理念与实践道路。

（2）传统教育缺少创意的灵感、欲望和智慧的培养。

创意是指对现实存在事物的理解和认知所衍生出的一种新的抽象思维及行为潜能，需要独立思考、破旧立新、异想天开的精神和勇气，以及创造性的学习能力、观察能力和思维能力。创意教育的重点在于“求异”，强调培养学生批判性思维能力。“创意教育”本质上是一种教育方式的革命，一种学习方式和思维方式的培植，传统的刻板的教育方式、学习方式和思维方式，遑论“创意教育”。

创意是生产作品的基础能力，这些作品既新颖（具原创性、不可预期），又适当（符合用途，适合目标所给予的限制）。通常学校的创意教育把重点放在方法技巧上。想做产品设计就学设计，想做电影导演就学电影，这是人们熟悉的专业与学科安排。问题在于，这样的教育其实缺少了关于创意的灵感、欲望和智慧这一基础部分的培养，使学生的知识呈现出碎片化的特点，难以超越和创新。深化创意教育，就是要采用理论与实践融合的方式，培养学生创新的“智慧”和“方法”。

（二）改革思路及主要做法

1. 改革思路

在学校教育中补充关于创意灵感、欲望和智慧的培养，引入美国教育家、哲学家约翰·杜威先生的“教育即生活、教育即成长”的做法。在学校教育里大量增加学生的兴趣和能力的培养，使学生在学校时便能接触到他们将来要融入的企业生产与社会生活，使学生成长的意志、欲望能够与真实的课题和专业发生联系。

（1）创意教育——做中学。

杜威认为教育最重要的目标是理解行动力以及培养行动力。个体的主观人格正是在行动中塑造的。因此，创意教育让学生从做中学，让教育回归学生朴素的体验，让学生觉得创意是自己正在做的事情，以及与自己的体验是完全相关的事情。

（2）创意教育——场景化。

场景化，以产品设计教育为例来看，就是恢复产品与生活的联系。把学生带到设计工作室、企业场景或用户体验的情境中，重新感受产品创作的因缘由来。现代教育的弊病之一是与社会脱节，学校所教授的理论与知识不能很好地与社会实践相联系，学生重复性地面对抽象的知识，无法理解其与生活的联系而失去学习的兴趣。二是重视教育的场景化，使学生亲身体验到学习与生活、学习与创作、创业与产品之间的有机联系，不仅使学习充满乐趣，也较容易做到学以致用。

（3）创意教育——作品化。

创意教育的做中学和场景化，要求学生以完成作品的方式来完成一个专题模块的学习及实践。创意一开始可能只是一个朦胧的想法或概念，把创意转化为作品，就是要对创意进行完善、凝练和拔高，进而不断地实践与验证，使作品能够顺利完成并实现相应的功能。

2. 主要做法

（1）发展历程。

创意教育内涵昭示着，创意教育要融入学校的本科教育需要一个从认识到行动、由试验到推广、从局部到整体的过程，体现在学校治理体系及人才培养的各个环节。

厦门理工学院非常重视创意、创新和创业教育工作。早在2009年就设立了省内首个大学生创新创业园，2009—2012年与英国中央兰开夏大学合作，开展英国文化委员会“首相倡议计划”的大学生创新创业教育项目研究；2013年，同英国切斯特大学商学院共同成立了“创业教育研究中心”，就创业教育的前沿问题展开合作研究。创意教育部分始终是关注的重点。

在国内高校中较早建设“创意思维方法”“创意训练”“创新方法TRIZ原理与应用”等课程，每年开设50门左右“三创”类的理论课及实践课程，并要求所有学生完成工程训练、创新创业类基础课和创新创意实践项目学分，文科类学生也要扎实完成1周的工程训练；成立了国内首个数字创意学院，与中国台湾多所大学开展闽台合作联合培养创意类专业学生；争取政府支持，与知名企业及高校开展“松霖杯工业设计大赛”“台达杯”和“梦想工场大赛”等知名“三创”类的赛事，增强“三创”氛围；组建创新方法研究所和发明协会等创新社团，重奖各种知识产权项目成果及兑换学分，充分调动师生创新积极性；每年设立500项大学生创新类及创业类项目，还专门设立100项左右大学生创意训练项目，面向教师设立10个左右创新创业实验班项目；还获批了福建省创新方法研究应用推广基地。

（2）典型案例。

厦门理工学院创意教育做得比较有特色的是服装与服饰设计、文化产业管理和产品设计等专业。

服装与服饰设计专业，与厦门凤飞服饰设计有限公司、厦门纺织服装同业商会等企业合作，以名师主导，创意作品领先，充分整合并有效利用学界和产业界的教育资源，建立以丰富教学内容、延展教学主体、拓宽交流合作渠道为目标的教育共同体，实现校内至校外、毕业前至毕业后的整合性思维一体化培养模式。每年学生毕业作品都在北京时装周大展风采，已被同行企业及院校认可，产生了良好的社会影响。

文化产业管理专业，在学校“亲产业”办学理念指引下，以“卓越应用型人才培养计划”为抓手，实施“文化创意项目孵化计划”“创意人才观察计划”，建构以“两实两用”（实践、实训；应用、适用）为核心的卓越文（化）创（意）师培养模式，获得社会认可。根据毕业生跟踪调查，近五年毕业生的40%已经成为项目经理或企业的中层，而且每一届中都涌现了自主创业成功的学生，如“创奇”“向天歌”“礼小签”等大学生“三创”典型，多次在国内各类大赛中获奖。

产品设计专业，注重学生创意思维及能力的培养。该专业创办于2010年，面向艺术类招生。开办之初，调研分析其他高校该专业培养方案发现，大多片面强调理论体系的系统性，忽视“三创”教育与实践的深度融合，于是提出了“产品设计专业知识深度学习及实践，掌握设计执行能力；多元学科知识广度学习及实践，提升创新创业素质”的双创型人才培养理念。在此理念指导下，构建了“问题导向，项目驱动”创新创业能力培养的课内外相结合的实践教学体系，形成了遵循“过程性知识”认知规律的“做中学”结合的教学模式，针对石材、茶周边产品、竹木产品、智能制造等领域建立了系列“场景化”的创新创业特色实践教学平台，实现了知识传授与能力培养协调共进，促进学生实践能力的提高和全面发展。最为成功的项目是基于东方美学视角的石材创意产品开发实验班项目。

①项目驱动。

2016年，“基于东方美学视角的石材创意产品开发”获批立项为厦门理工学院校企合作创新创业实验班项目。项目负责人王刚副教授邀请了万里石集团、厦门无石文化创意有限公司等企业的技术及管理骨干、设计总监作为实验班的校外导师，对来自产品设计和环境设计两个专业、涵盖2013—2016四个年级的学生，开展创意思维训练、创新创业技术培训和项目实践，包括东方美学原理、石材产品景观设计与开发流程、石材产品市场细分及管理营销、石材工业余料的升级利用等；目的在于提高受训学生的东方美学认知力、产品创新力以及创意商业化的执行力。图4－20、图4－21是石材写意画创作流程，可以看出做中学、场景化与作品化的具体应用。

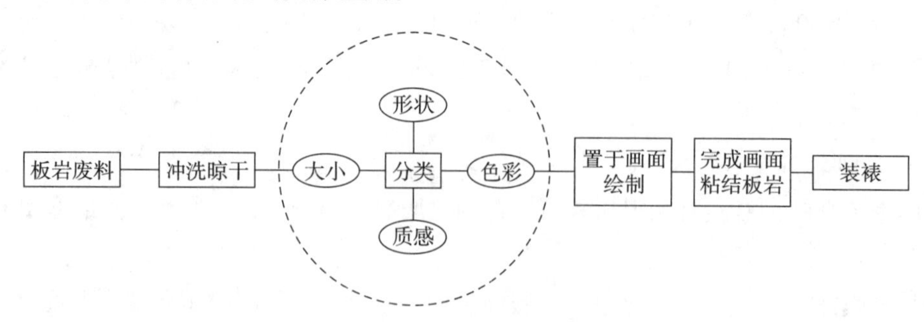

图4－20　石材写意画创作流程

图 4 – 21　实验班部分学生石材写意画作品

石材产品开发实验班项目获得了意想不到的成功，正是因为调动了学生和老师的创意与实践的兴趣，也契合了企业的需要。在“基于东方美学视角的石材创意产品开发”实验班结束之后，产品设计专业的师生继续申请了茶文化竹制品开发等项目。学校计算机专业、土木建筑工程专业的师生也持续多年参加实验班项目。实验班让老师可以和学生就一些感兴趣的专业领域及项目做自由的探索，放飞创意的梦想。

②深入改造专业。

在局部实验的经验沉淀后，产品设计专业的教师开始探索专业教育的改革。根据厦门及周边地区产业特点，定位家居产品、茶周边产品、高龄者服务等领域产品，每年落实企业服务项目 5 ~ 10 项。通过具体项目驱动，学生参与度逐年提高。集美区工业设计公共服务平台项目的落地运行，加速了创意创新项目的孵化和创新成果转化，使学生获得参与创意设计、创新产品成型制作和产业化等全流程实践的机会。2012—2017 年，产品设计专业连续 5 年参加海峡两岸文博会、福州“618”展会，连续 4 年作为国内唯一高校参加“红点在中国”活动，拉近了与产业的距离，集中展示了项目成果，接受行业的审视和评议。

通过展会，广大师生接触到明确的企业设计、市场产品及人才需求等动向信息，反哺到专业及课程群的建设。截至 2019 年，校企共建核心课程达到 5 门，量产产品 100 余款，授权发明专利 5 项，实用新型专利 68 项，荣获美国 IDA 设计奖金奖、意大利 A 设计奖银奖、欧洲产品设计奖金奖、法国 INNODESIGN 国际创新设计奖、中国创新设计红星奖等 23 个国内外设计奖项；与福建味家生活用品有限公司合作开发竹产品，量产产品 20 余款；与厦门永竹竹业科技有限公司合作开发竹产品 17 款，申请发明专利 2 项，如图 4 – 22 所示。

图 4－22　实验班部分学生竹家具设计作品

2017 年，在中国大学生“互联网＋”创新创业大赛中，厦门理工学院获得“创意组”的金奖和银奖。2018 届产品设计专业两名毕业生袁舒展、蔡恺锐同时被 QS 世界大学排名“艺术与设计类”大学排名顶尖的英国皇家艺术学院（Royal College of Art）录取为研究生。

（三）改革创新点及取得成效

1. 改革创新点

（1）成长性学习，融合理论与实践。

以学生能力的发展为目标，以学生的成长来设计课程与实践。大一阶段，对学生进行基础教育和通识教育，可以申报创意类项目，培养创意和创新创业意识。大二阶段，进入多元学科知识领域学习；学生可以申报创新类项目，培养心理能量、语言表达、执行力、领导力。大三至大四阶段，对学生进行宽口径的专业教育；学生可以申报创新或创业类项目，通过教师设计工作室、创业苗圃等渠道进入校内外实践平台与产业接触，在行动中去领悟和反思，开展“三创”实践。

（2）整体性学习，开发“三创”应用课程。

厦门理工学院是一所以工科为主的综合性高校，产品设计专业充分发挥自身学科多样性优势，整体性开发课程。例如，发挥机械工程、材料、电气工程等学科优势，结合产品设计专业特点，在课程体系中优化产品设计工程课程群；依托先导项目——工业设计创新团队的建设，展开服务地方的同时，与企业共同开发产品设计“三创”应用课程群。

（3）建立“双师型”和行业专家的导师团。

产品设计专业要求专业教师必须具有产品开发经验，并能够经常带领学生深入企业实践。按照学校政策，中青年教师必须进企业挂职锻炼。年轻教师很快从掌握一般性产品设计知识与规律的授业者成长为特定设计方向领域的“专家”。产品设计专业导师几乎都拥有个人的设计工作室，学生也分配设计工作位，直接参与教师的设计工作，漫游在鲜活和开阔的产品设计世界。不少毕业生在工作数年后又回到学校周边开设属于自己的工作室，形成了“三创”文化区域。

（4）坚持“可视化、专利化、产品化”教学特色。

专业教学，尽可能采用现代网络及媒体技术，多维度展示设计概念、思考过程、设计修正与成果，提供现代信息化背景下“可视化”交互学习实践新体验。面向企业实际需求及产业技术环境，逐步提升产品设计专业学生出作品产出意识与执行力。经过5年多的探索，师生的积极性和主动性明显提高，组织线上、线下课程作品展成为师生的自觉。2013—2019年，产品设计专业以学生为第一发明人获得授权实用新型等专利73个，并有7个专利进行了产品转化。

（5）全方位建设“三创”实践融合平台。

学校领导高度重视，着力建设了一系列“三创”实践平台，如图4－23所示，成立了大学科技园、国家级众创空间，还成立了全球安卓系统研发中心、健康医疗大数据分析与应用中心、触控产品检测中心等校企合作研发中心和产业公共服务平台。从校内实验室到产品设计研究所，从创业苗圃至国家级工业设计众创空间，为不同阶段的学生营造了“三创”实践融合的环境与氛围。

图4－23　厦门理工学院全方位创意创新创业实践平台

2. 取得成效

以创意教育为灵魂，精工实践为躯体，培养一批批有思想、有成果的学子，践行“明理精工，与时偕行”的校训。

（1）学生在学科竞赛、专利申报中取得优异成绩。

近年来，随着创意教育引领“三创”素质教育的普及和实践融合，厦门理工学院在全国各类学科竞赛中成绩愈益突出。据统计，2016年以来，厦门理工学院学子已获得国内外各类竞赛奖项近2 800项，国家级奖项1 000多项，学生获奖达7 000多人次，连续三年在全省名列前茅。

中国高等教育学会《高校竞赛评估与管理体系研究》专家组发布全国普通高校学科竞

赛排行结果，厦门理工学院在“2015—2019 年全国新建本科院校学科竞赛排行榜”上位列第 1 名。

2018 年度，在中国高校专利申请量榜单中，厦门理工学院紧随中山大学、武汉大学之后位列第 3，达到 3 113 件。

（2）校企合作、产学合作成效显著。

《厦门理工学院探索开设“创新创业实验班”的做法》经当时分管教育的副省长陈桦批示，刊登在福建省人民政府办公厅 2011 年 2 月 17 日的《今日要讯》上，向全省高校推广。2017 年被评为“全国首批深化创新创业教育改革示范高校”（全国 99 所）和“全国深化创新创业教育改革特色典型经验高校”（全国 66 所），获批国家级众创空间、全国十佳 KAB 俱乐部；“厦门理工学院创新创业教育的探索与实践”荣获第七届福建省教学成果奖特等奖。

（3）人才培养质量稳步提升。

毕业生以“创新意识足、务实精神好、动手能力强、外语水平高”等特点广受业界欢迎，一次性就业率位居全省高校前列。学校“以生为本，为产业服务”办学理念和培养具有国际视野的实践性创新型人才的办学定位，以及毕业生展现出的创意、创新及创业能力得到了社会各界的广泛认可，被誉为“地方经济的人才摇篮”“福建省最受考生欢迎的高校之一”等。省教育评估研究中心发布的《福建省高校发展潜力监测报告（2018）》显示，学校发展潜力跻身福建省 11 所重点建设高校第 6 名。

参考文献

[1] 蔡敬民，余国江．从“新建本科”向“新型本科”转变 [J]. 中国高等教育，2016 (12)：29－31.

[2] 蔡敬民．地方本科院校应用型人才培养的理论和实践探索——以合肥学院为例 [M]. 合肥：合肥工业大学出版社，2013：104－108.

后　记

随着教育部、科技部等 13 个部门于 2019 年 4 月底正式联合启动“六卓越一拔尖”计划 2.0，新工科、新医科、新农科、新文科建设全面推进。一方面，引发高等教育改革进入深水区；另一方面，要求面向新时代、新问题，打破旧壁垒，跨界寻求长期以来困扰高校理论与实践教学如何深度融合的方法。教育部高等教育司原司长、中国高等教育学会副会长张大良认为：“高等教育现代化本质上是人的现代化，要在高校人才培养中彰显现代化，科教融合、产教融合、理实融合培养人才是三个有机联系、不可或缺的着力点。科教融合是世界一流大学办学的核心理念；产教融合是产业与教育的深度合作，是高校提高人才培养质量的必然选择；理实融合是教育教学的基本规律。”这些足以表明，各个高校都需要深化理论与实践教学深度融合的教育教学改革，以此为经济转型和产业升级构建产教融合的良好生态，以及为培养德、智、体、美、劳全面发展的社会主义建设者和接班人提供基础保证。

2016 年，中国高等教育学会将“高校理论与实践教学深度融合若干问题观察报告”列为重点调研课题。课题组设计了高校理论与实践教学深度融合调查问卷，从人才培养、条件支撑、质量保障三个观测点，创新创业教育、人才培养方案修订、毕业设计（论文）、校企合作、社会实践、人事考核评聘、教师队伍、硬件条件、质量保障组织、质量保障工具、质量保障反馈 11 个维度来观测我国目前高校理论与实践教学融合的现状。课题组共收到来自 71 所不同层次高校的反馈。同时，课题组面向全国高校征集理论与实践教学深度融合案例，共收到来自厦门大学、东南大学、中国矿业大学、西安交通大学、华南农业大学、西安电子科技大学、桂林理工大学、陕西科技大学、温州医科大学、合肥学院、厦门理工学院 11 所高校的案例，涵盖内部质量保障、创新创业教育、实习改革、实践育人新模式、协同人才培养模式、工程能力教育、新工科建设、教师发展工作、全科医学、模块化课程体系、创意教育等内容，充分体现了当前我国各级各类高校理论与实践教学深度融合的有效途径、成果经验等。为准确反映高校在理论与实践深度融合方面的实践探索，课题组多次召开专题研讨会进行理论剖析、问卷设计、数据分析、案例点评等，对理论与实践教学融合的机遇与挑战、进展与现状、体系设计进行了总体观察和展望，对高校融合案例的改革背景、解决问题、改革思路、主要做法、改革创新点及取得成效进行了深入分析与总结。

中国高等教育学会副会长、秘书长姜恩来和厦门大学邬大光教授担任“高校理论与实践教学深度融合若干问题观察报告”课题组组长，负责课题研究内容的整体设计；厦门大学、东南大学、中国矿业大学、西安交通大学、华南农业大学、西安电子科技大学、桂林理工大学、陕西科技大学、温州医科大学、合肥学院、厦门理工学院等高校参与了课题研究和报告文稿撰写，具体名单为：厦门大学计国君、甘雅娟、郭志福、钟杰、薛成龙，东南大学任亚梨、杨文燮、沈孝兵、叶菁、魏永军；中国矿业大学吴祝武、陈平、郭昌清、王秀芝、陈涤缨、王义保、许盈盈、李燕、赵保全；西安交通大学王小华、陈立斌；华南农业大学姜峰、张永亮、郭燕锋、刘向东、邓谐群、李吉跃、苏熊武、曹广群、欧阳娟；西安电子科技大学肖嵩、苏涛、张宇鹏、朱伟、牛四强、郭涛、顾华玺、邓成；桂林理工大学曾鸿鹄、林华、覃业飞、李海翔；陕西科技大学王芳、李成涛、黄剑锋、王海刚、高璐、杨俊、张辉、陈英、龚永践；温州医科大学苏强、许建华、林征、林瑾；合肥学院余国江、葛春梅、汪娜、余国栋、胡国华、王桂云、毛小芳、段惠敏、徐娴；厦门理工学院葛晓宏、翁丽霞、姚金泱、张滋田、王刚、于凌云、林建国等。本报告由厦门大学计国君教授负责统稿，编委会终审定稿。

中国高等教育学会秘书处学术部主任高晓杰等同志深入课题组指导并全程参与课题研究，学术部刘好汉同志负责专家联络和资料收集统合等工作，北京理工大学出版社从报告的撰写到成书前对文辞提炼付出了艰辛劳动，报告还得到教育部重大攻关项目“高校人才培养质量保障体系研究（16JZD045）”和江苏省高等教育教改立项研究课题“五位一体实习工作体系研究与实践（2019JSJG051）”支持，在此一并表示感谢。即便有这么多的支持与帮助，限于时间和精力，资料整理及文字表述难免有疏漏不足之处，恳请各位同人批评指正。

中国高等教育学会秘书处

“高校理论与实践教学深度融合若干问题观察报告”课题组

2020 年 4 月